U0851907

深圳地铁三期工程第二阶段
盾构/TBM 创新技术应用

深圳地铁建设集团有限公司　等　编

中国铁道出版社有限公司

2021 年·北　京

图书在版编目(CIP)数据

深圳地铁三期工程第二阶段盾构/TBM 创新技术应用/
深圳地铁建设集团有限公司等编．—北京：中国铁道出版社
有限公司，2021.6
ISBN 978-7-113-27911-0

Ⅰ.①深… Ⅱ.①深… Ⅲ.①城市铁路-地下铁道-铁路
工程-盾构法-工程施工-深圳 Ⅳ.①U239.5

中国版本图书馆 CIP 数据核字(2021)第 076249 号

书　　名：深圳地铁三期工程第二阶段盾构/TBM 创新技术应用
作　　者：深圳地铁建设集团有限公司　等

责任编辑：张　瑜　　　**编辑部电话：**(010)51873017
封面设计：尚明龙
责任校对：孙　玫
责任印制：高春晓

出版发行：中国铁道出版社有限公司(100054，北京市西城区右安门西街 8 号)
网　　址：http://www.tdpress.com
印　　刷：北京汇林印务有限公司
版　　次：2021 年 6 月第 1 版　2021 年 6 月第 1 次印刷
开　　本：787 mm×1 092 mm　1/16　印张：11.5　字数：249 千
书　　号：ISBN 978-7-113-27911-0
定　　价：105.00 元

版权所有　侵权必究

凡购买铁道版图书，如有印制质量问题，请与本社读者服务部联系调换。电话：(010)51873174
打击盗版举报电话：(010)63549461

编　委　会

主　　任： 黄力平

副 主 任： 雷江松　龙宏德

委　　员： 张中安　贾　科　戴四化　赵　勇

谢晋水　周　勇　朱瑞喜　杨发克

主　　编： 贾　科

副 主 编： 宋天田　王平豪　吴蔚博　娄永录

主　　审： 黄力平　王新线　谭万忠　朱正国

刘建国　钟长平

主编单位： 深圳地铁建设集团有限公司

参编单位： 中铁南方投资集团有限公司

中铁建南方建设投资有限公司

中建南方投资有限公司

中电建南方建设投资有限公司

中国交通建设股份有限公司南方分公司

前　　言

盾构法经过近200年的发展，在我国发展迅猛，尤其在城市轨道交通建设领域，因其在施工安全、工程进度、质量保障、环境保护及施工条件等方面凸显优越性，目前已成为最主要、应用最广泛的隧道建设工法。

深圳地区地质条件极其复杂，堪称"地质博物馆"，存在大量软硬不均复合地层、高强度硬岩地层、断层破碎带、孤石、岩溶、富水砂层、沿海淤泥质地层及人工抛填石等不良地质，对盾构施工带来巨大挑战。深圳地铁历经22年的建设和发展，盾构法从无到有，从尝试到普及，再到创新应用，克服了一系列行业难题，积累了丰富宝贵的建设经验，有力推动了深圳市轨道交通工程快速建设。目前深圳地铁盾构法区间占比已达91%以上。为总结盾构技术和应用经验，进一步提升工程管理水平，由深圳地铁建设集团牵头，中铁南方、中铁建南方、中电建南方、中建南方及中国交建南方分公司等单位参与，共同编写了本书，系统回顾梳理了深圳地铁三期工程第二阶段各线路盾构/TBM创新技术应用情况。在穿越建(构)筑物、双护盾TBM、特殊地段、联络通道和辅助工法新技术应用等方面积累的一些宝贵经验，可供城市轨道交通建设、勘察、设计、施工及监理等单位相关技术人员和管理人员参考和借鉴。

全书共分七章，内容涵盖了关键施工技术、盾构/TBM设备管理、工法工艺创新及新技术应用等，例如，双护盾TBM技术应用，在"260 m极小半径曲线""分体始发""极硬岩施工""快速掘进"等方面取得了一系列创新性成果，对推广双护盾TBM工法在城市轨道交通工程的广泛应用，促进行业施工装备不断改造升级具有重要意义。各章节参编人员名单见附表，此外在本书编写过程中王文和、宋超群、周建军、刘晓阳、罗晓明、胡军凯、周智辉、罗人宾、盛艳军、贾磊、刘应军、黄际政、杨军伍、卢美茂、杨晨等人也参与了书稿审查工作。

在后续工程建设中，深铁人将继续携手各参建单位精细管理、持续奋斗、不断创新，紧紧抓住深圳建设中国特色社会主义先行示范区和粤港澳大湾区建设融合的历史机遇，继续秉持“经营地铁、服务城市”的理念，为深圳市轨道交通工程建设事业做出更大的贡献，也为我国盾构技术的发展贡献一份力量。

由于编者水平有限，书中难免有不足之处，敬请广大读者批评指正。

编　者

2020 年 12 月

目　录

第1章　概　　述

1.1　深圳地铁发展历程

在过去的20多年里，深圳地铁建设累计完成投资超3 000亿元，为深圳市最大政府投资项目建设主体。经过三个阶段建设，深圳地铁目前运营总里程达411 km，车站283座（截至2020年底），日均客流超过500万人次，按照最新的深圳市轨道交通线网规划（2016—2035年）方案，全市共规划城市轨道线路33条，总规模约1 335 km。

一期工程包括1号线东段和4号线南段2条线路，总计21.3 km，共设20个车站，有效覆盖了深圳交通主干道，并在罗湖和福田口岸实现深圳与香港的地铁直接接驳。

二期工程包括1、4号线续建，2、3、5号线5条线路，总计157 km，共设置111座车站，基本覆盖福田、罗湖、南山、宝安、前海等城市主中心和龙华、龙岗2个城市副中心。

三期工程一阶段7、9、11号线，总计107 km，68座车站，其中7、9号线是联系市中心主要居住区与商业区的城市干线，11号线的功能定位为组团快线兼顾机场快线。

三期工程二阶段共11条线段，包括2号线三期、8号线一期及二期、3号线三期、4号线三期、5号线二期及西延、6号线一期及二期、9号线二期、10号线，共136 km，总投资约1 133亿元。

四期工程包括12、13、14、16号线及6号线支线共计5条线路，总计94个车站，148.6 km。四期工程于2018年1月同时开工，预计2022年基本建成开通，届时线网总长将达到568 km。

深圳地铁已建成及在建线路信息见表1-1-1。

表1-1-1　深圳地铁已建成及在建线路信息表

序号	项目名称	途　　经	起 终 点	建设工期	总投资/亿元	线路长度/km	车站
一期建成工程							
1	1号线东段	罗湖、福田、南山	罗湖—世界之窗	1998.12.28—2004.12.28	115.53	17.332	15
2	4号线南段	福田	福田口岸—少年宫			3.972	5
	小　　计				115.53	21.304	20
二期建成工程							
1	1号线续建	南山、宝安	世界之窗—机场东	2007.7.10—2011.6.15	121.26	23.622	15
2	2号线	罗湖、福田、南山	赤湾—新秀	2006.12.23—2011.6.28	183.41	35.787	29

续上表

序号	项目名称	途　　经	起 终 点	建设工期	总投资/亿元	线路长度/km	车站
3	3号线	福田、罗湖、龙岗	益田—双龙	2006. 8. 1—2011. 6. 28	176. 25	41. 601	30
4	4号线北延(港铁)	福田、龙华	少年宫—清湖	2005. 11. 4—2011. 6. 16	62. 00	15. 940	10
5	5号线	南山、宝安、龙华、龙岗、罗湖	前海湾—黄贝岭	2007. 12. 21—2011. 6. 22	233. 83	40. 058	27
	小　　计				776. 75	157. 008	111
三期一阶段工程(数据来源:各线概算批复文件)							
1	7号线	南山、福田、罗湖	西丽湖—太安	2012. 10. 23—2016. 10. 28	278. 95	30. 202	28
2	9号线	南山、福田、罗湖	红树湾南—文锦	2012. 7. 1—2016. 10. 28	256. 80	25. 464	22
3	11号线	福田、南山、宝安	福田枢纽—碧头	2012. 4. 19—2016. 6. 28	312. 77	51. 899	18
	小　　计				848. 52	107. 565	68
三期二阶段工程(数据来源:各线概算/初步设计批复文件)							
1	5号线二期	南山	赤湾—前海湾	2015. 12. 28—2019. 9. 28	59. 59	7. 600	7
2	9号线二期	南山	红树湾南—前湾	2015. 12. 28—2019. 12. 8	100. 20	10. 790	10
3	6号线	宝安、光明新区、龙华	深圳北—松岗	2014. 12. 30—2020. 5. 28	204. 51	37. 626	20
4	8号线一期	罗湖、盐田	莲塘—盐田	2015. 12. 28—2020. 10. 28	108. 15	12. 142	6
5	2号线三期	罗湖	新秀—莲塘	2015. 12. 28—2020. 10. 28	36. 14	3. 780	3
6	3号线三期(南延)	福田	益田—福保	2015. 12. 28—2020. 10. 28	11. 85	1. 450	1
7	6号线二期	龙华、福田、罗湖	深圳北—科学馆	2016. 6. 28—2020. 5. 28	88. 28	11. 770	7
8	10号线	福田、龙华、龙岗	福田口岸—双拥街	2015. 12. 28—2020. 6. 28	319. 65	29. 310	24

续上表

序号	项目名称	途　　经	起 终 点	建设工期	总投资/亿元	线路长度/km	车站
9	8 号线二期	盐田区	盐田路(不含)—小梅沙	2019. 8. 13—2024. 6. 28	59. 81	8. 023	4
10	5 号线(黄贝岭站后—大剧院段)	罗湖	黄贝岭—大剧院	2019. 8. 13—2025. 8. 28	39. 28	2. 883	3
11	4 号线三期(港铁)	龙华	清湖北—牛湖北	2016. 8. 26—2020. 10. 28	105. 5	10. 800	8
	小　　计				1 132. 96	136. 174	93
四期在建工程(数据来源:各线工可批复文件)							
1	6 号线支线	光明新区	翠湖—武汉大学	2018. 1. 10—2022. 12. 28	37. 95	6. 130	4
2	12 号线(含 9 支)	南山、宝安	左炮台—海上田园东	2018. 1. 10—2022. 12. 28	404. 44	40. 540	33
3	13 号线	南山、宝安	深圳湾口岸—上屋北	2018. 1. 10—2022. 12. 28	229. 27	22. 436	16
4	14 号线	福田、罗湖、龙岗、坪山	岗厦北—沙田	2018. 1. 10—2022. 12. 28	401. 25	50. 300	17
5	16 号线	龙岗、坪山	大运—田心	2018. 1. 10—2023. 12. 28	300. 21	29. 200	24
6	20 号线一期	宝安	机场北—会议中心	2016. 8. 1—2021. 12. 28	113. 28	8. 430	5
	小　　计				1 486. 4	157. 036	99
线网规划							
深圳市轨道交通线网规划(2016—2035)共 33 条线,总长度约 1 335 km,其中市域快线 9 条,496 km,普速线路 24 条,839 km							

1.2　三期二阶段盾构技术应用

深圳地铁三期二阶段是地铁线网的进一步补充,也是盾构技术在深圳不断丰富和创新发展的重要阶段。

1.2.1　复合盾构技术应用

深圳地铁三期二阶段,在穿越海冲积平原、台地、丘陵区的上覆第四系全新统人工堆填层、海陆交互相沉积层、晚更新世冲洪积层、残积层,下伏混合岩或构造岩地层,盾构穿越区常存在上软下硬复合地层,广泛使用了复合式土压平衡盾构机。在填海区,复杂地层连续穿越近接同步施工建筑群取得了突出成绩,具体如下:

一是,针对填海区淤泥地层含水量高、触变性大、强度低等特点,提出旋喷桩加固地层的措施,提高盾构穿越层的承载力,确保了盾构安全顺利掘进。

二是,针对盾构施工上穿既有地铁线,提出旋喷桩联合袖阀管注浆加固技术改善盾构穿越段土层状况,通过前期的周边环境、地质条件调查、风险评估、三维仿真模拟,结合自动化监测、三维激光扫描技术,总结了一套集科学化的管理、先进化的技术于一体的盾构上跨地铁线施工工法。

三是,针对侧穿基坑、下穿综合管沟和桥梁群桩基础,采用大型岩土工程数值分析软件对盾构近接及通过建(构)筑物影响规律进行了三维仿真模拟,评价盾构穿越过程中可能出现的风险,提出了相应的应对措施,有效指导盾构施工。

四是,多个区间存在锚索侵入盾构隧道,经过多次试验研究,探索出了独特的盾构切削过锚索区的施工技术。

五是,在保证管片结构安全、使用寿命的前提下,全线盾构管片采用预埋滑槽技术,为后续区间机电安装工程快速高效实施奠定了良好基础。

六是,首次在深圳地铁采用冷冻法施工联络通道,为后续类似条件下区间联络通道施工积累了宝贵经验。

1.2.2 双护盾 TBM 技术应用

三期二阶段,除了大量使用常规的土压平衡复合盾构外,首次在深圳地铁引入双护盾TBM,先后在10号线孖岭站—雅宝站、6号线羊台山隧道、8号线梧桐山南站—沙头角站等5个区间,累计投入10台次双护盾TBM进行施工。在“快速掘进”“极硬岩施工”“不良地质连续穿越”“分体始发”“近距离下穿建(构)筑物”“260 m极小半径曲线”等方面取得了一些突破性应用成果,具体如下:

一是,实现了单月单线管片拼装356环、掘进534 m的深圳速度,创造了城市长大硬岩隧道掘进新纪录。

二是,我国“第一硬”地铁隧道羊台山隧道下穿广深港高铁线、机荷高速公路,隧道全长3.3 km,穿越的硬岩强度最高达210 MPa,尚属国内首例。

三是,梅林关站—翰林站区间受场地限制,双护盾TBM采用分体始发,在国内施工案例较少。

四是,民乐停车场出入线最小平面曲线半径仅为260 m,采用双护盾TBM施工,施工难度极大,易出现TBM卡盾、姿态难以控制、管片错台等问题。

第2章　盾构上跨、下穿建（构）筑物技术

伴随着城市化进程的不断发展，城市地下空间的开发与利用逐步深入，地铁上跨、下穿建(构)筑物已成常态。深圳地铁三期二阶段通过创新技术应用，在上跨既有运营地铁线路、下穿密集建(构)筑物群、穿越多股铁路设施和密集锚索区方面积累了成功经验。

2.1　盾构上跨既有线

2.1.1　工程概况

1. 工程概述

深圳地铁5号线南延线前湾站—桂湾站区间(以下简称“前桂区间”)上跨既有地铁11号线运营线路，两线路相交平面位置如图2-1-1所示。

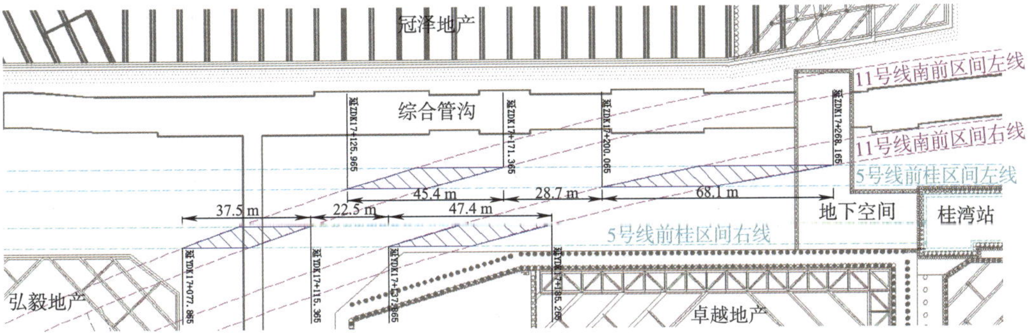

图2-1-1　5号线与11号线平面位置关系截图

隧道范围内有淤泥、砂质黏土层和砂层等，如图2-1-2所示。其中，上跨11号线的淤泥质地层主要分布在两个区域，左线ZDK17 + 268.165 ~ ZDK17 + 125.965，右线YDK17 + 185.265 ~ YDK17 + 125.965。上跨段区间隧道最小间距2.05 ~ 4.0 m，见表2-1-1。

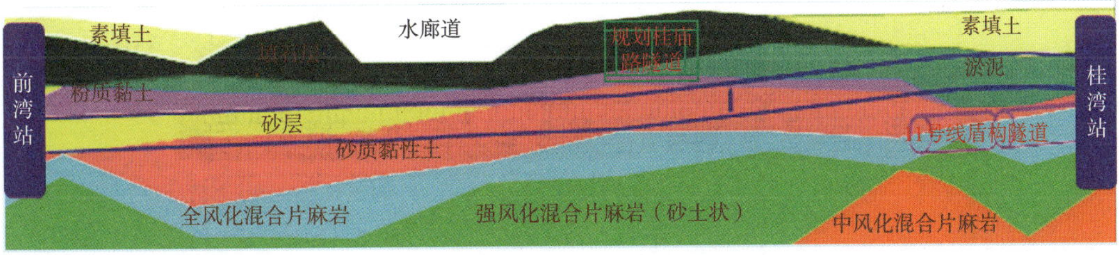

图2-1-2　前桂区间地质剖面图

表 2-1-1 上跨段位置及范围

5号线	上跨11号线	上 跨 里 程	跨越长度/m	结构净距/m
左线	右线	ZDK17 +268. 165 ~ ZDK17 +200. 065	68. 1	约 2. 05
左线	左线	ZDK17 +171. 365 ~ ZDK17 +125. 965	45. 4	约 4. 00
右线	右线	YDK17 +185. 265 ~ YDK17 +137. 865	47. 4	约 3. 86
右线	左线	ZDK17 +171. 365 ~ ZDK17 +125. 965	37. 5	约 2. 16

2. 主要控制风险

(1)由于盾构上跨已运营地铁 11 号线且线间距小,盾构推进对周边土体的扰动可能使地铁 11 号线偏离隧道设计轴线,从而给地铁运营带来安全隐患。

(2)盾构推进过程中若出现土压力控制不当可能造成 11 号线隧道管片上浮或下沉,从而偏离设计轴线。

(3)盾构过 11 号线时如果发生超挖或同步注浆不及时,可能造成地铁 11 号线管片上浮,管片严重错台。

(4)盾构过地铁 11 号线时可能由于同步注浆压力及注浆量控制不当,造成地铁 11 号线管片开裂或加速 11 号线管片渗漏水。

2.1.2 主要技术准备

1. 土体加固

(1)地表加固

前桂区间采用盾构法施工,近距离上跨 11 号线盾构隧道,侧穿卓越地块基坑和下穿规划桂庙路隧道,此范围有较厚的淤泥层,为了盾构顺利通过,提高隧道结构的抗变形能力,采取的措施是:针对淤泥层,尤其对软弱结合面进行一定范围内旋喷桩加固处理,对砂层进行针对性加固,对上跨 11 号线范围土体进行袖阀管补充注浆加固。

前桂区间在 YDK1 +479. 1 ~ YDK1 +512. 02、YDK1 +521. 04 ~ YDK1 +541. 04 两个区段采用旋喷桩孔密排咬合布置方式,加固深度为含砂地层或砂层上、下各 1 m 范围,保证旋喷桩底距离 11 号线 1 m 净距,如图 2-1-3 所示。

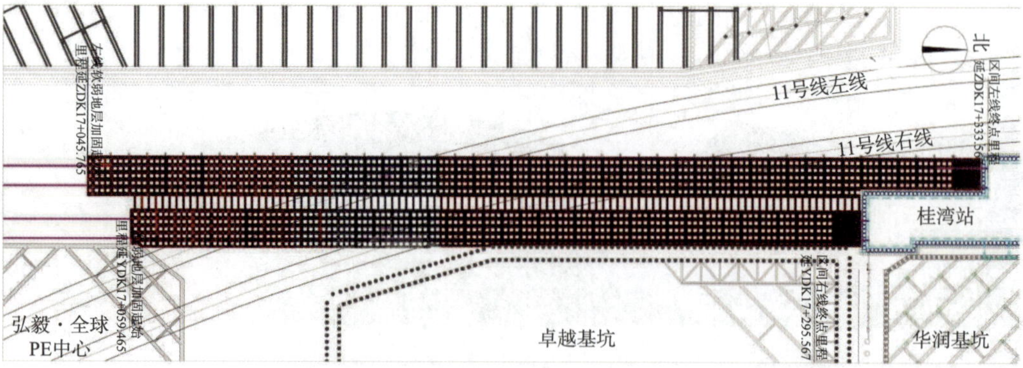

图 2-1-3 前桂区间旋喷桩加固示意图

加固参数为：

①水灰比为1∶1～1∶1.5，采用42.5级普通硅酸盐水泥。

②28 d无侧限抗压强度 $q_u \geq 1.0$ MPa，渗透系数小于 1.0×10^{-6} cm/s。

③每米水泥用量不小于200 kg，浆液喷射压力25～30 MPa，气流压力不小于0.7 MPa，提升速度不大于10～25 cm/min，透水层复喷，复喷提升速度为100 cm/min。

对11号线隧道外1 m范围内淤泥或液化砂土层进行袖阀管补充注浆加固，袖阀管采用PVC管材，间距1.5 m×1.5 m，梅花形布置。打设深度控制在11号线隧道结构外侧0.5 m，注浆材料为1∶1水泥浆，注浆压力控制在高于周边水压力0.3～0.4 MPa以内，采用多次反复注浆工艺，注浆填充率控制在0.3以内。袖阀管加固剖面如图2-1-4所示。

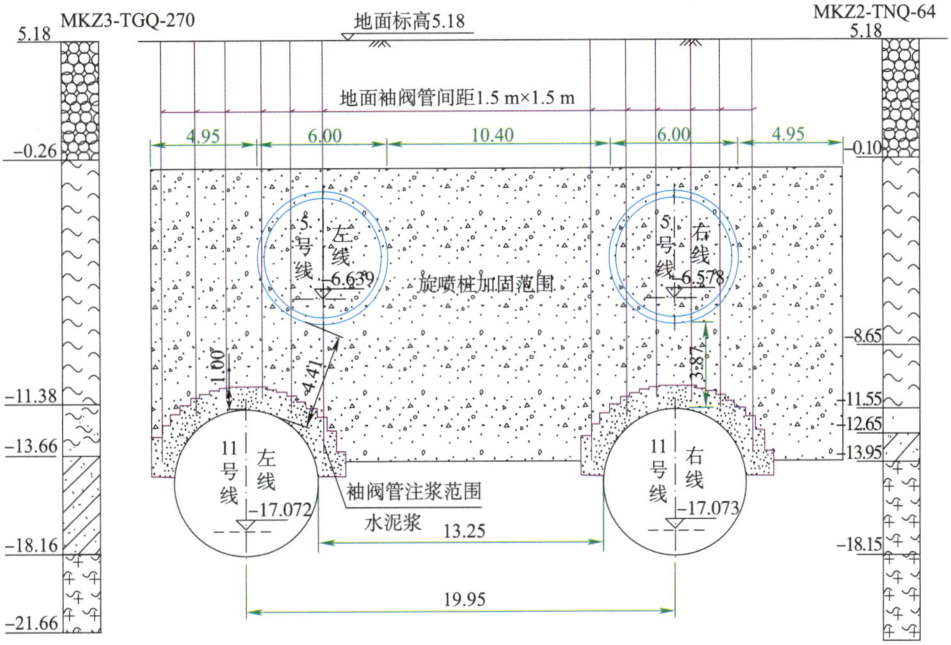

图2-1-4　袖阀管加固剖面图（单位：m）

（2）洞内加固

5号线盾构左右线分别上跨11号线南前区间，最小净距仅2 m，在洞内采取钢花管注浆加强措施加固隧道间夹持土体，减小相互影响，加固范围如图2-1-5所示。每环管片增设3根注浆管，管片预制时预埋注浆孔，注浆管选用 $\phi 42 \times 3.5$ 钢花管，单根长3 m，初拟注浆压力0.15～0.3 MPa。注浆里程为：左线ZDK17+200～ZDK17+270，ZDK17+125～ZDK17+170；右线YDK17+077～YDK17+116，YDK17+138～YDK17+185。加强注浆长度共计200 m。

2. 盾构掘进参数

（1）刀盘转速

在上跨段地层中掘进，盾构穿越淤泥质地层，因与11号线既有隧道距离较近，为减小盾构掘进对土体的扰动，应选择较小的刀盘转速，刀盘转速宜控制在1.1～1.2 r/min。

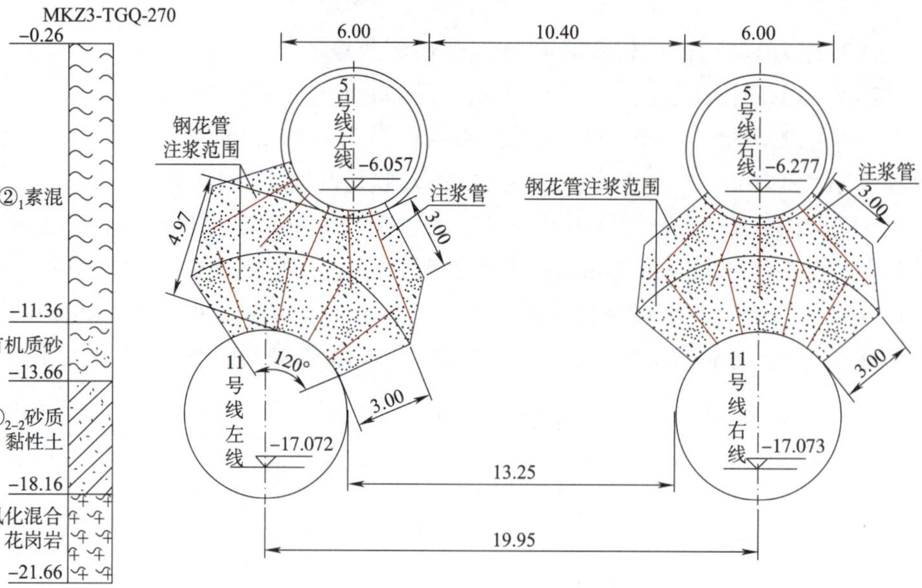

图 2-1-5　上跨段钢花管注浆示意图(单位:m)

(2)土仓压力

在上跨段淤泥质地层中,如只考虑保护刀盘,单纯按照硬岩方式掘进,势必造成超挖和地表沉降,掘进时应保持较高的土仓压力与掌子面的压力平衡,采用全土压平衡模式掘进。

(3)油缸推力和扭矩

在上跨段淤泥质地层中,刀盘扭矩保持在 2.0 MN · m 以下,掘进贯入度控制在 20 ~ 40 mm/r,推力 900 ~ 1 500 t,可根据实际情况适当调节。

(4)推进速度

由于淤泥质地层土质较软,盾体容易下沉,若掘进速度过大,刀盘切入土体过多,容易造成土体改良效果差,造成出渣困难。在此地层条件下,一般按照盾构机的贯入度指标进行控制,根据淤泥地层占掘进断面的比例,推进速度选择在 20 ~ 40 mm/min 之间。

3. 土体改良技术

上跨时,盾构穿越地层主要为淤泥地层、硬塑黏土、砂性黏土地层、局部砂层。盾构在硬塑黏性土中掘进可能出现"结泥饼"现象,导致出土不畅。对盾构机增加土仓注水管,对刀盘中心位置注水,以改良土体,防止刀盘"结泥饼"。

根据试验段掘进情况,上跨 11 号线盾构掘进采用泡沫和膨润土结合改良渣土的方式。

(1)注入泡沫

在上跨过程中,为稳定开挖面,降低刀盘扭矩,采用在刀盘面和土仓内注入泡沫的方法进行土体改良。

泡沫通过盾构机上的泡沫系统注入。泡沫由 90% ~95% 压缩空气和 5% ~10% 泡沫溶液混合而成。

(2)膨润土改良

盾构在上跨砂层中掘进选择膨润土作为渣土改良剂，以提高土的黏粒含量，补充土体的细粒组分，使土体的内摩擦角变小，增加开挖土体的流动性和保水性。

2.1.3　关键技术应用

1. 管片上浮控制措施

(1)勤测量，加大滚动循环递进式测量范围。每天对拼装完成管片前20环进行形体测量，每周对已完成拼装的区间管片全部进行形体测量，掌握管片形体变化情况。

(2)加强注浆措施，针对该地层，优化浆液配比，增加浆液黏稠度，减小坍落度，以缩短初凝时间至6 h。滞后3～5环管片跟进二次补注双液浆，缩短双液浆凝结时间(控制在15 s左右)，确保浆液填充密实，防止后期变形。适当增加止水环，加强螺栓检查和复紧。同步注浆配合比见表2-1-2。

表2-1-2　同步注浆配合比

体　　积	粉煤灰	膨润土	砂	水　　泥	水
1 m^3	550 kg	80 kg	700 kg	250 kg	440 kg

(3)按设计要求控制好盾构姿态，控制掘进速度，匀速掘进，避免盾构机“蛇行”，减少盾构机纠偏频率和纠偏量，保证盾尾间隙，控制好成型隧道管片拼装质量。

(4)做好盾构施工设备和配套设施的保养、维护。

(5)加强现场技术和管理力量，严格落实现场交接班和领导带班制度。

2. 地面沉降控制措施

(1)加强监测，根据沉降值变化大小及速率情况，分析沉降变形原因，增加监测频率，及时反馈信息。

(2)严格控制出土量，加强对出土量的计量工作。

(3)控制好盾构机姿态，选择合理的掘进参数，加强对泡沫、膨润土等添加剂的控制，进行渣土改良，保证同步注浆压力及注浆量。

(4)在脱出盾尾的10～15环管片背后进行二次注浆，浆液可采用双液浆或水泥液浆。

(5)做好信息化施工，密切注意工程地质及地表沉降变化情况，收集原始数据，并及时分析沉降原因，采取果断措施。

最终管片变形控制在允许值范围，见表2-1-3。

表2-1-3　右线上跨段施工监测成果表

工点	监测项目	对应点号	累计最大值/mm	预警值/mm	报警值/mm	控制值/mm	超允许值情况
前桂盾构区间	地表沉降	DK17＋126	4.1	21	24	30	未超限
	地下水位	SW2	1 180	1 400	1 600	2 000	未超限

续上表

工点	监测项目	对应点号	累计最大值/mm	预警值/mm	报警值/mm	控制值/mm	超允许值情况
前桂盾构区间	卓越基坑、地下空间结构沉降	JGC3	-5.6	21	24	30	未超限
	西侧综合管廊沉降	JGC6	-3.1	21	24	30	未超限
	拱顶沉降	YS/Xtt17 +235	-1.9	14	16	20	未超限
	净空收敛	YS/Xo17 +275	0.7	8	10	12	未超限
	底板隆起	DBS7	1.3	14	16	20	未超限

注:变化值中"+"表示隆起或扩张,"-"表示沉降或收缩。盾构右线地面各测试项目累计变形值包含左线盾构掘进影响的变形值。

3. 既有线安全保证措施

(1)施工现场加强同地铁运营管理部门的联系,密切配合,使盾构施工对地铁的干扰减小到最低程度。

(2)掘进过程中,严密监视螺旋输送机的出渣情况,及时调整渣土改良的参数,使出渣的速度与掘进的速度相匹配,使土仓压力保持稳定。

(3)加强盾构姿态的测量,严格控制盾构姿态,避免在上跨过程中出现较大的纠偏。

(4)严格控制每环同步注浆量并及时进行二次注浆。

(5)盾构在穿越过程中存在塌方风险,严格控制盾构掘进参数。

(6)利用自动化监测结果及时调整施工参数,指导施工,提高掘进水平。加强对施工土压力、出土量、推进姿态、推进速度、同步注浆管理。自动化监测系统示意如图 2-1-6 所示。

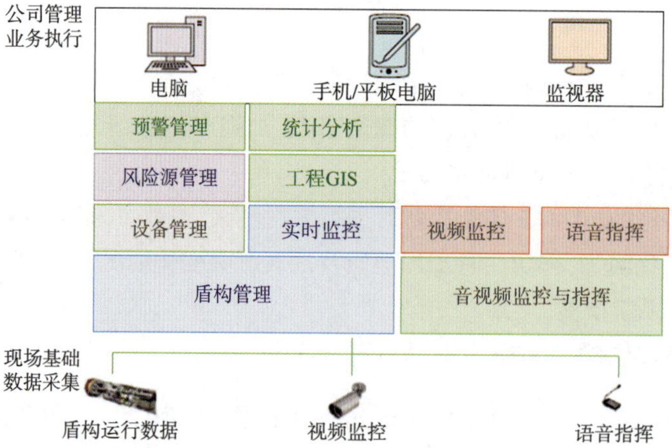

图 2-1-6　自动化监测系统示意图

上跨完成后,11 号线左线观测成果见表 2-1-4 和表 2-1-5,右线观测成果见表 2-1-6 和表 2-1-7。

表 2-1-4　左线垂直位移分析统计表

统　计　项　目	里　　程	观 测 点 号	变形量/mm
左线垂直位移本期变化最大值	ZDK17 +487	L50-3	-1.6
左线垂直位移累计变化最大值	ZDK17 +537	L40-4	-3.5

表 2-1-5　左线水平位移分析统计表

统　计　项　目	里　　程	观 测 点 号	变形量/mm
左线轴线方向本期位移变化最大值	ZDK17 +572	L33-4	-1.0
左线轴线方向累计位移变化最大值	ZDK17 +682	L11-3	-1.8
左线垂直轴线方向本期位移变化最大值	ZDK17 +572	L33-1	1.7
左线垂直轴线方向累计位移变化最大值	ZDK17 +592	L29-5	-5.0

表 2-1-6　右线垂直位移分析统计表

统　计　项　目	里　　程	观 测 点 号	变形量/mm
右线垂直位移本期变化最大值	YDK17 +692	R12-2	-1.2
右线垂直位移累计变化最大值	YDK17 +597	R31-1	3.4

表 2-1-7　右线水平位移分析统计表

统　计　项　目	里　　程	观 测 点 号	变形量/mm
右线轴线方向本期位移变化最大值	YDK17 +492	R52-3	0.7
右线轴线方向累计位移变化最大值	YDK17 +507	R49-2	-2.5
右线垂直轴线方向本期位移变化最大值	YDK17 +512	R48-4	-1.3
右线垂直轴线方向累计位移变化最大值	YDK17 +602	R30-3	-4.0

2.1.4　经验小结

针对性的软弱地层加固方案，合理的掘进参数选择，及时地监控量测，充足的应急物资准备是本次成功上跨的关键所在。前桂区间左线于 2017 年 4 月 3 日始发，5 月 6 日完成上跨 11 号线施工；右线于 5 月 25 日始发，6 月 23 日完成上跨 11 号线施工。根据上跨段地表监测成果、5 号线隧道管片成型质量及 11 号线自动监测成果分析，5 号线上跨 11 号线既有运营隧道安全可控，同时成型隧道轴线偏差满足规范要求。

2.2 TBM 上跨既有线

2.2.1 工程概况

深圳地铁 6 号线出入线隧道在 ZCK0 + 851.3 处上跨已经运营的地铁 4 号线，出入线隧道为 TBM 双洞单线断面，地铁 4 号线隧道为单洞双线矿山法隧道，两隧道均处于微风化岩层中，地质条件较好。出入线隧道与地铁 4 号线隧道的夹角约 68°。TBM 左线隧道与地铁 4 号线的竖向净间距约为 3.5 m，右线约为 3.2 m。TBM 上跨地铁 4 号线平面如图 2-2-1 所示，剖面如图 2-2-2 所示。

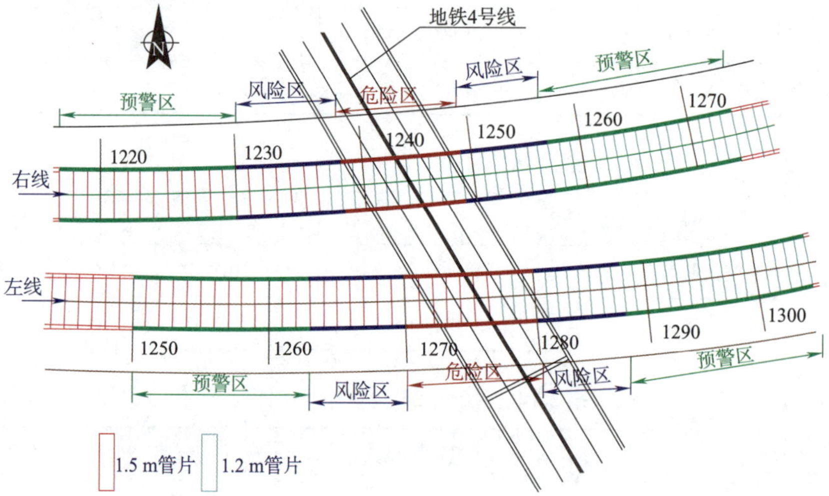

图 2-2-1　TBM 上跨地铁 4 号线平面图

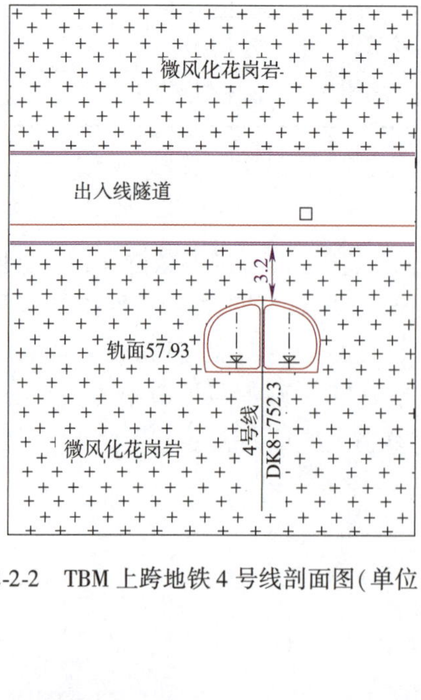

图 2-2-2　TBM 上跨地铁 4 号线剖面图(单位：m)

2.2.2　主要技术准备

1. 分析评估报告

专项方案编制完成后，根据工程的施工步骤流程，结合地层分布和地下水的储藏特征对整个施工过程中的结构变形参数进行了复核验算，得出一份详细的上跨施工分析评估报告。

2. 隧道现状调查

TBM 到达上跨地铁 4 号线安保区之前，对地铁 4 号线隧道表面、渗漏点、裂缝情况进行检测和记录，对轨道轨距、轨道横纵断面坡度进行了测量。

3. 振动监测

为了解 TBM 掘进机推进时对施工周边环境的影响程度，为 TBM 上跨 4 号线施工过程提供依据，在上跨 4 号线施工前在同等地质条件段左线隧道内进行了一次振动监测，监测右线刀盘通过时对周边环境的振动影响。

4. 试验段设置

为确保 TBM 安全、顺利通过风险源，按照专项施工方案要求，选取民乐停车场出入线左线 TBM 隧道 801 ~ 900 环位置作为试验段进行分析。收集 TBM 在微风化花岗岩地层各项掘进参数，为正式穿越风险源积累经验，保障安全。

5. 既有线自动化监测

本项目以自动化监测为主，人工监测为辅。人工监测主要是对自动化监测数据进行校核，并作为应急监测储备。为了便于监测数据的连续有效性及可比性，人工监测与自动化监测均采用同一监测点。

根据本项目现场条件，结合相关规范及设计要求，本项目上行线监测里程为 KR8 + 680 ~ KR8 + 810，下行线监测里程为 KL8 + 680 ~ KL8 + 810。上、下行线共布置 16 个监测断面，上、下行线每个断面 5 个测点，共计 80 个测点。根据相关规范及设计要求，本项目变形监测控制指标见表 2-2-1。

表 2-2-1　变形监测控制指标一览表

序　号	监 测 项 目	预警值(黄色)	报警值(橙色)	控制值(红色)
1	结构绝对变形量/mm	6.0	8.0	10.0
2	差异变形/(mm/10 m)	2.4	3.2	4.0
3	振速监测/($mm \cdot s^{-1}$)	7.5	—	—

6. 应急预案

针对施工过程中可能出现的各种风险，提前进行了桌面应急推演，并制定应急预案，做好与运营单位的协调，并储备相应的应急物资。

2.2.3 关键技术应用

1. 区段分级管控措施

(1)区段划分

根据工程特点把整个区域分为两个预警区、两个风险区、一个危险区(正跨区域),见表2-2-2。

表2-2-2 危险区域环号划分表

区　间	左　线	右　线
前预警区(20 m)	1251~1263	1218~1230
前风险区(10 m)	1264~1270	1231~1238
危险区	1271~1280	1239~1249
后风险区(10 m)	1281~1288	1250~1257
后预警区(20 m)	1289~1305	1258~1274

上跨施工区段已累计掘进1 200余环,考虑管片缝隙叠加影响,从实测管片坐标计算着手,精准地计算出刀盘抵达预警区前的隧道里程和相对应的安装环号,以便提前采取相应的控制措施。

(2)TBM掘进管控

严格按照试验段拟定的参数控制掘进,随时关注掘进参数、出土量的变化。虽然前期已探明此段无断层,但为防止出现突变情况,利用每班刀盘螺栓复紧时间安排技术人员进入刀盘位置观察地层情况。

(3)TBM盾尾脱离管控

把盾尾脱离第二个预警区,界定为上跨施工完成区,对风险区和危险区安排二次注浆。二次注浆采用后方注浆方式,利用已经脱离盾壳的数环管片的注浆孔进行选择性壁后注浆,注浆以压力控制为主,注浆压力控制在0.35~0.45 MPa。浆液选用双液浆,以填补单液浆凝固缩水带来的缝隙,使整个成型隧道更加稳固。通过后期的管片二次复测成果对比分析,成型隧道管片下沉量在规范允许范围内。

2. TBM掘进参数

TBM上跨既有线施工过程中,掘进参数的选择非常重要,在能有效破岩的原则下尽量遵循刀盘低转速、低贯入度,连续掘进,尽量减少刀盘对地层的振动和干扰。

(1)推力

通过对图2-2-3的分析得出:区段推力波动范围较大(5 600~12 000 kN),1268~1283环基本稳定维持在8 000 kN左右,1284环出现一次明显的下降,直至1286环开始上升,1251~1255环中间个别环号推力较小,总体较为稳定。

(2)掘进速度

分析图2-2-4、图2-2-5、图2-2-6可以看出,掘进速度波动较为频繁(33~81 mm/min)。

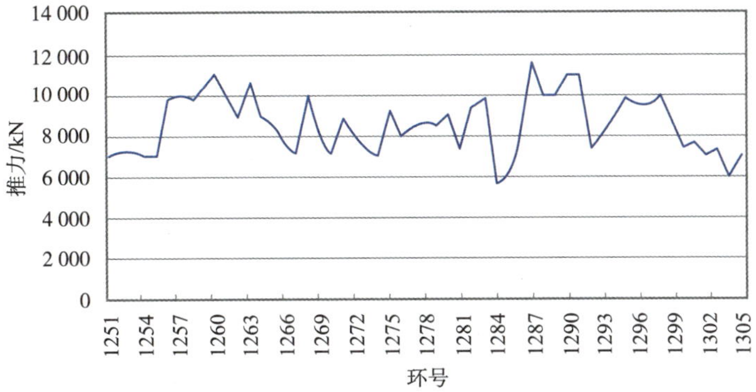

(a)推力折线图

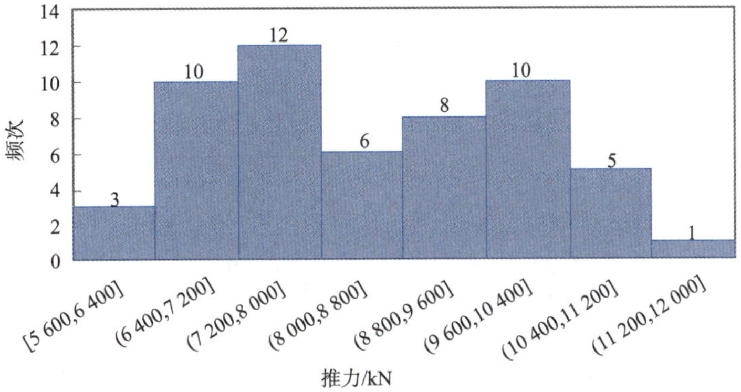

(b)推力直方图

图 2-2-3　区段推力分析图

折线图中峰值为 1284 环 80 mm/s，其对应推力为 5 600 kN，同时为本区间掘进最小推力，前后推力减小速度反而变大，判断 1283 ~ 1285 环为断层破碎段。通过直方图可得出，掘进速度频次最高的区段为 45 ~ 65 mm/s，对应散点图上推力区间为 6 000 ~ 11 000 kN。

根据设计图纸，左线上跨 4 号线区间地质情况为：围岩等级为Ⅳ级，隧道底板、侧壁及顶板以微风化岩层为主。推力速度组合图表明上跨 4 号线控制区间地质情况基本为断层，以挤压破碎带为主。现场施工情况与地勘资料存在差异。

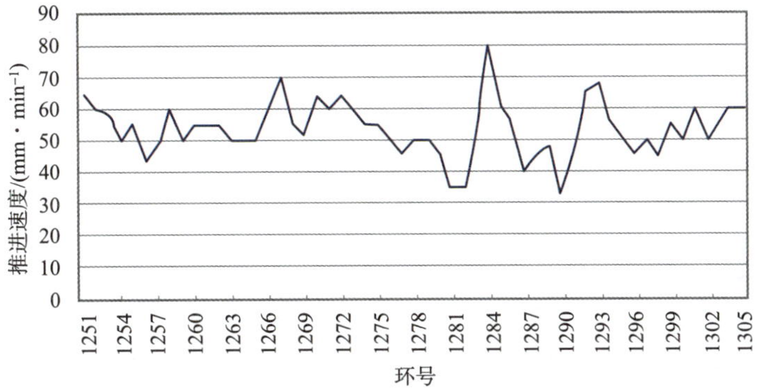

(a)推进速度折线图

图　2-2-4

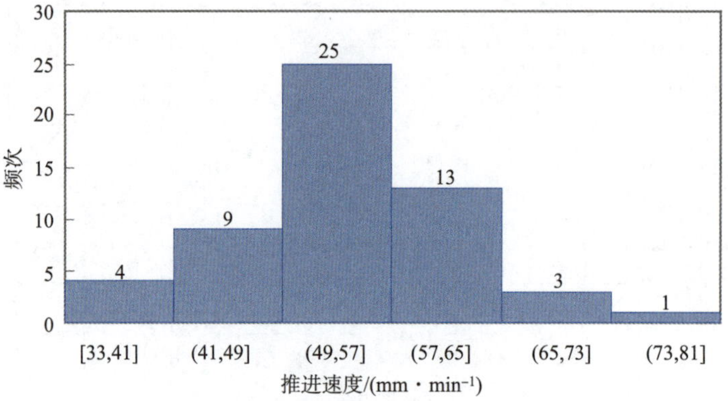

(b)推进速度直方图

图 2-2-4 区段推进速度分析图

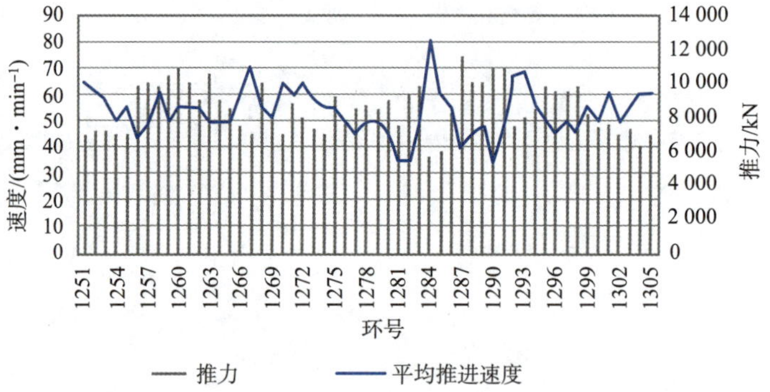

图 2-2-5 区段推力速度组合图

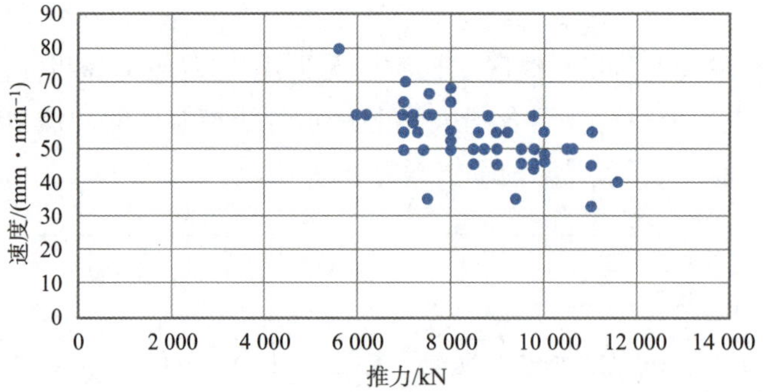

图 2-2-6 区段推力速度散点图

(3)刀盘转速

通过图 2-2-7 可以看出,刀盘转速总体范围在 7 ~ 7.5 r/min 之间,虽然变化幅度较小,但在上跨区域变化频率较大,基本在 7.2 r/min 上下波动,波动值 ±(0.1 ~ 0.2)r/min。为避免穿越施工期间刀盘转速过快加大对岩层的扰动,要严格控制刀盘转速。

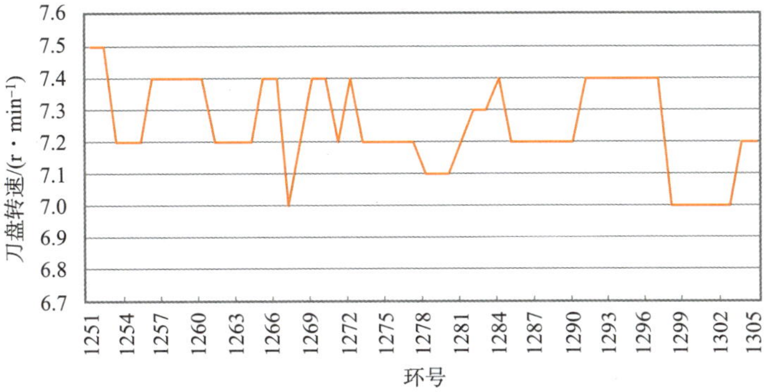

(a)刀盘转速折线图

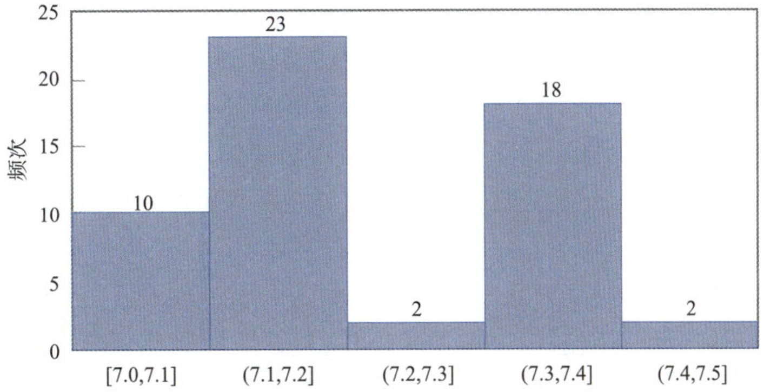

(b)刀盘转速直方图

图 2-2-7　区段推进刀盘转速分析图

(4)刀盘扭矩

TBM 刀盘扭矩在掘进过程中也是动态变化的,通过图 2-2-8 分析得出,其与总推力变化规律相似。1280 ~ 1282 环波动幅度较大,1264 ~ 1279 环基本稳定维持在 1 600 kN · m 左右,扭矩变化范围在 1 400 ~ 1 700 kN · m 的频率最高。

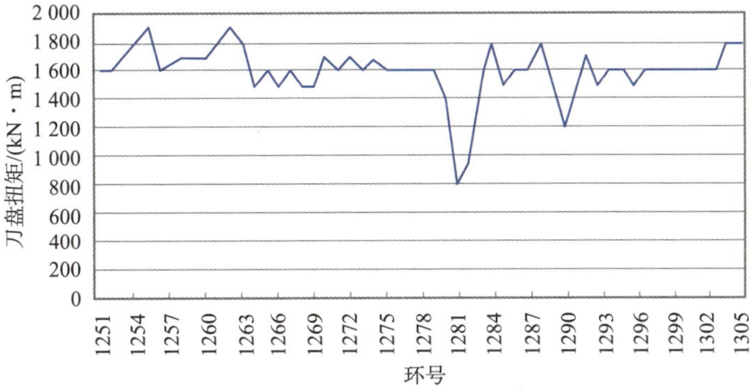

(a)刀盘扭矩折线图

图　2-2-8

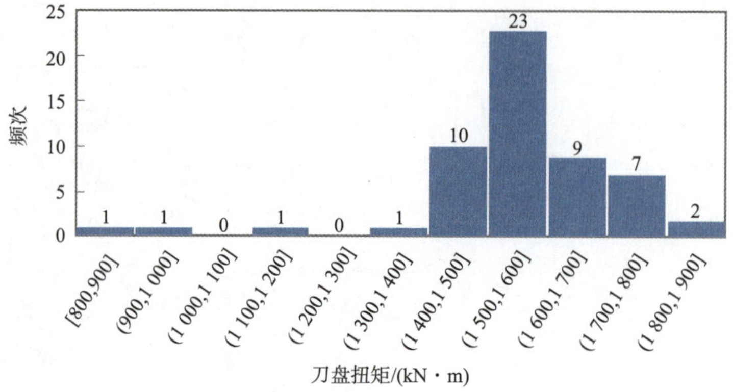

(b)刀盘扭矩直方图

图 2-2-8　区段推进刀盘扭矩分析图

3. 豆砾石吹填与注浆

在双护盾 TBM 施工中,通过豆砾石吹填与同步注浆使管片和岩体形成稳定的整体,可以有效抑制地层沉降,及时、充足地吹填豆砾石与同步注浆是控制地层变形的重要保障。

(1)豆砾石吹填

豆砾石底拱吹填坚持"脱离护盾一环就必须吹填一环"的原则。豆砾石吹填工艺原理是将豆砾石运输罐车与豆砾石喷射机上料系统连接,打开放料阀使豆砾石放入皮带机的上料口,启动皮带机将豆砾石输送到豆砾石喷射机上方料斗,通过控制料斗下方的放料阀门,将豆砾石均匀输送到豆砾石喷射机接料口,在放料的同时启动豆砾石喷射机,这时豆砾石有序地分配到豆砾石喷射机内各料腔,通过压缩空气,豆砾石经管道压送到喷头至管片外侧与围岩之间的空腔中。

为确保豆砾石吹填饱满,防止管片受力不均发生侧向偏移,豆砾石吹填时采取自下而上、两侧对称的施工工艺。

(2)注浆参数

水泥浆在洞外进行拌制,水泥浆水灰比为 0. 8∶1 ~ 1∶1,一般注浆量为计算体积的 1. 5 ~ 2. 0 倍,注浆压力为 0. 3 ~ 0. 5 MPa,局部特殊条件可增加到 0. 5 MPa。注浆以压力控制为主,注浆终止压力控制在 0. 6 MPa。

4. 自动化监测

在 TBM 上跨地铁 4 号线施工过程中,充分贯彻了信息化施工的原则,网络及现代化通信设备被大量采用。提前在 4 号线隧道内布设多个监测断面和监测点,制定了详细的信息监测、传递、信息分析和反馈机制。在 TBM 设备操作室设置无线网络,以确保第一时间与 TBM 操作室进行沟通和信息互换。

2. 2. 4　经验小结

停车场出入线隧道近距离上跨既有地铁 4 号线,成功的关键是:进行了试验段施工和总结;对既有线进行了技术、结构、影响程度、风险等方面的调查及评估;对既有线进行了振动监测和自动化监测;在 TBM 调度室成立上跨联合指挥部高效决策机制。

2.3　盾构下穿既有线

2.3.1　工程概况

1. 工程概述

深圳地铁 9 号线西延线高新南站—红树湾南站区间,区间左线长 1 993.2 m,右线长 1 994.8 m。区间隧道采用两台 ϕ6280 盾构机进行施工,成环隧道外径 6.0 m,内径 5.4 m,中心环宽 1.5 m,厚 0.3 m。隧道主要穿越中粗砂、粉质黏土、全风化及中风化花岗岩。左线隧道埋深 11.6 ~ 24.31 m,右线隧道埋深 10.92 ~ 24.44 m。

区间 628 ~ 638 环下穿 2 号线右线,640 ~ 650 环下穿 2 号线左线,最小垂直间距为 1.895 m,如图 2-3-1 所示。

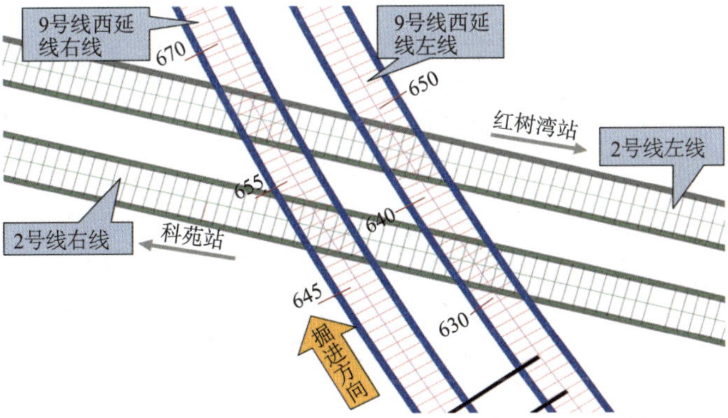

图 2-3-1　穿越地段线路平面示意图

盾构下穿处地质情况如下:<1-1>素填土、<2-1>淤泥质黏土、<3-5>砾砂、<6-2>硬塑状砾质黏性土、<12-1>全风化花岗岩、<12-2-1>强风化花岗岩。其中,区间隧道洞身范围内<6-2>硬塑状砾砂质黏土、<12-1>全风化花岗岩。

2 号线洞身范围内为<3-2>粉质黏土、<3-5>砾砂、<6-2>硬塑状砾砂质黏土,如图 2-3-2 所示。

2. 工程重难点

(1)施工距离近,从 2 号线既有运营隧道下方穿越,最小垂直距离约 1.895 m。

(2)地质条件较为复杂,穿越地段存在基岩突起,典型上软下硬地层。

(3)地质条件差,地层较为敏感。2 号线运营隧道所在的地层为<3-5>砾砂层、<6-2>硬塑状砾质黏性土层。

(4)地面为沙河高尔夫球场,该球场地面为砂层填土,透水量非常大,地表松软、不稳定。

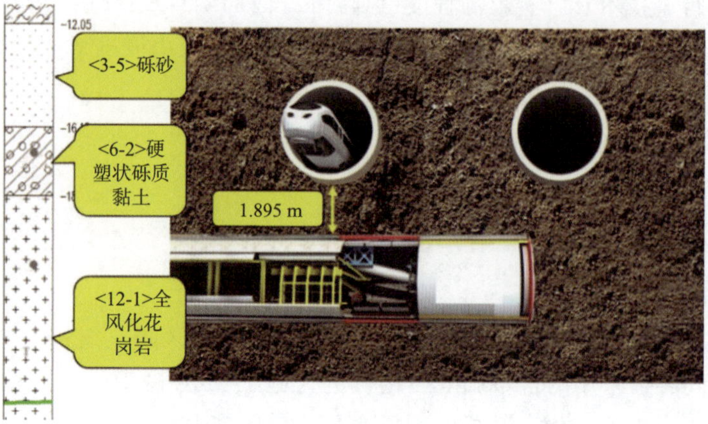

图 2-3-2　下穿 2 号线剖面示意图

2.3.2　主要技术准备

1. 地质勘查

穿越前应认真研究相关地质详勘报告，判断穿越地层并做好相应的技术准备，并进行了补勘，补勘报告揭示：与左线相比，右线有岩层侵入洞身，属于上软下硬不利工况，如图 2-3-3 所示。施工前应做好应对措施。

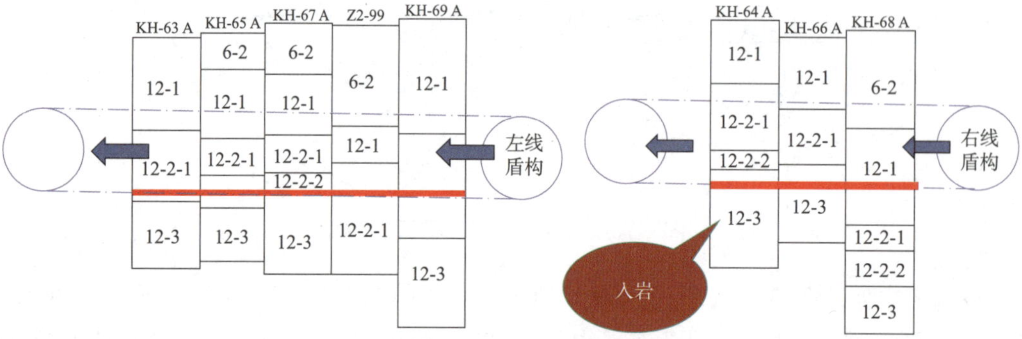

图 2-3-3　左右线补勘地质对比

2. 地质雷达扫描

提前对下穿 2 号线段地面进行超前地质雷达探测(图 2-3-4)，结果显示：小里程侧，地表 0 ~ －0.25 m 范围内波形振幅较强，土层相对松散，含水率较高；大里程侧，地表 0 ~ －1.5 m、－6.5 ~ －14 m 范围内振幅均匀、较强，属含水率大的松散地层，下穿施工时易引起不均匀沉降。

3. 地面加固范围及换刀筹划

经研究，重点对 2 号线隧道结构周边的地层采取二重管无收缩双液 WSS 工法进行双液注浆加固。

图 2-3-4　地质雷达扫描及报告截图

(1)右线穿越 2 号线前,为保证顺利下穿,提前进行地面 WSS 注浆加固,填充加固 2 号线隧道周边的土体,同时可作为止水帷幕。

(2)因右线岩面高于左线,且有可能在下穿 2 号线左线过程中提前进入上软下硬地层,右线在完成 608 环拼装后带压开仓换刀,以确保右线顺利下穿。

WSS 注浆加固范围:平面 36 m × 10 m,布置 37 排共 405 个注浆孔,梅花状布置,间距 1 m。先在 2 号线左右线两侧 3 m 及中间各施作一排深层注浆孔,作为止水帷幕与止浆墙,主要加固 2 号线隧道两侧的砾砂层,稳定 2 号线隧道。隧道两侧共计布设 64 个孔,钻孔深度 22 m,注浆深度自地面往下 4 m 至 22 m,其余位置布设 341 个孔,钻孔深度 14 m,注浆深度自地面往下 4 m 至 14 m,主要填充加固地面以下 4 m 范围内的松散地层(<3-5>砾砂层、<2-2>中粗砂层等),防止在掘进过程中地面出现大范围的不均匀沉降。注浆孔位布置如图 2-3-5 所示。

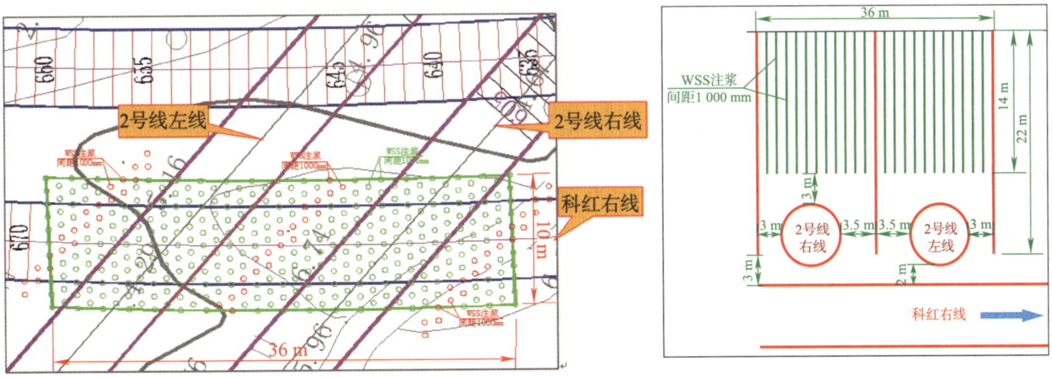

图 2-3-5　注浆孔位布置示意图

4. 既有线现状调查

在穿越前、后应进入既有线隧道进行现状调查,查看隧道情况,对管片螺栓进行复拧。同时采用三维激光扫描技术(图 2-3-6)记录隧道的裂缝、漏水点、错台、掉块等信息,建立隧道的穿越前状态档案,以便与穿越后的状态进行对比分析,为施工造成的影响提供数据支撑。

图 2-3-6　三维激光扫描图及隧道断面图

5. 现场调查与沟通

施工前,还应对穿越区域地面状况进行现场勘查,排查可能存在的安全隐患及风险点,为可能存在的理赔提供支持材料。

6. 关键节点验收与应急预案桌面推演

施工前,召开盾构下穿 2 号线关键节点验收与应急预案桌面演练,参与部门有地铁公司各建设管理部门、运营总部、设计勘察、施工、监理、监测等参建单位,进行应急预案的联合桌面推演。梳理盾构下穿各项准备工作情况,明确各责任主体应急职能,确保在发生事故时能第一时间各自进入角色,降低事故或事件造成的社会影响。

2.3.3　关键技术应用

1. 施工中技术控制

(1)保持施工连续性,避免停机。盾构施工秉持“匀速、连续”两个要点。盾构推进中,调整好盾构机姿态,使实际施工隧道轴线与设计轴线尽量保持一致,减少纠偏。

盾构机推进时速度不宜过快,设定为 20 ~ 30 mm/min 左右,扭矩 1 400 ~ 1 600 kN · m,刀盘转速设置在 1. 1 ~ 1. 2 r/min。若提前遇到岩层,贯入度降低为 10 mm/min 左右,扭矩提高到 3 000 ~ 3 500 kN · m,刀盘转速设置在 0. 8 ~ 1. 0 r/min。

(2)土压力控制

本工程穿越段盾构隧道覆土深度约 25 m,正常情况下盾构掘进控制土压(土仓顶部土压力)为 2. 6 ~ 2. 8 bar。土压升高或降低对 2 号线成型隧道都是不利的,容易造成隧道的位移和变形,所以在掘进过程中要严格保持掘进面的土压稳定,并根据地面及 2 号线隧道内沉降观测数据及时调整。土压波动控制在 ±0. 1 bar 范围之内。

(3)注浆措施

在施工过程中,优化浆液配比,缩短浆液的初凝时间,提高管片背后同步注浆质量。合理控制注浆压力、注浆量，严格检查浆液配比及质量，保证注浆效果。注浆量每环控制在8～10 m^3，注浆压力控制在3.0～3.5 bar。

对盾尾后第5～10环位置进行二次注浆（双液浆）作为封水环，注浆压力范围为2.0～3.0 bar，水灰比为0.6∶1～0.8∶1，水泥∶水玻璃=1∶0.8～1∶1。注浆宜取至少4个点位，目的是阻止管片背后形成汇水通道，防止地下水通过汇水通道流至盾体前方。

2. 综合监控量测技术

（1）运营线路自动化监测（图2-3-7）

在整个施工过程中，不但要采取更为严格且科学的施工方法，而且需要采用高精度、自动化的隧道监测设备监控既有隧道变形，以指导施工。在2号线成型隧道内布设监测断面，每1 h出一份数据。

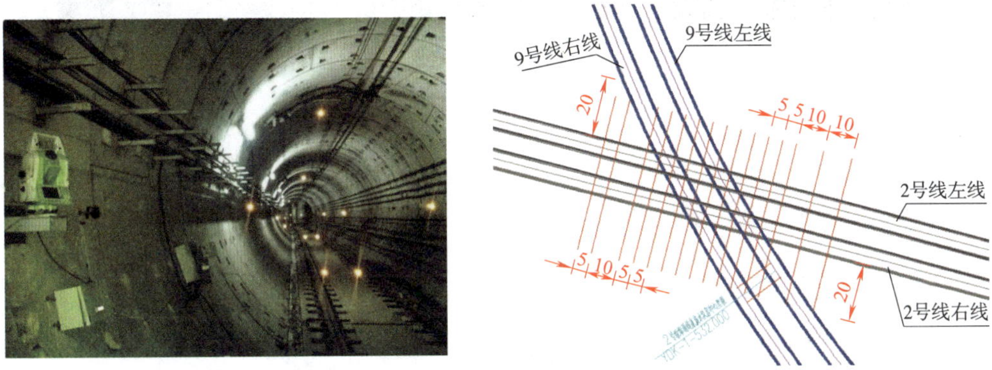

图2-3-7 区间自动化监测布置（单位：m）

（2）地面监测（图2-3-8）

在沙河高尔夫球场内布设监测点，地面监测1 h出一次电子版数据，一天出一次纸质版报告。

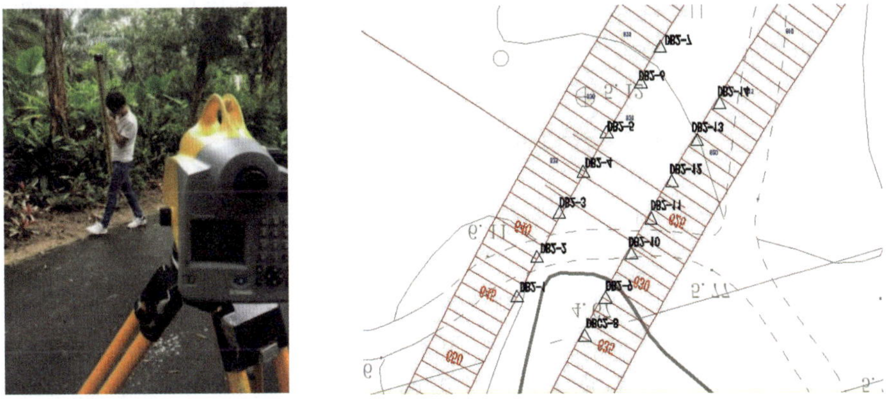

图2-3-8 地面监测布置

（3）现场巡视

在穿越过程增加地面巡查频率，调整为24 h专人巡视；运营2号线隧道内每天请点进入巡查。对隧道管片掉块、滴水、错台现象,道床沉降、轨道、接触网的几何尺寸进行检查,如图2-3-9所示,并配合运营部门进行处理。

图2-3-9　地面巡视及2号线巡查

3. 领导带班制度

在盾构穿越期间,参建各方共同配合协作。穿越期间,业主、设计、监理、施工、监测等相关单位人员轮流到施工现场值班,确保24 h有带班领导。

2.3.4　经验小结

2017年6月12日右线刀盘开始进入2号线范围,至6月23日,左线第667环拼装完成,盾构机盾体出2号线范围,历时11 d,盾构安全下穿地铁2号线。

2号线自动化监测,各监测点无异常测值。地面沉降监测,无异常测值,巡视未发现异常信息。三维激光扫描显示,2号线隧道净空未出现异常变化,未发现隧道管片掉块、错台等现象;轨道以及接触网测量数据无变化以及明显异常。

本次成功下穿既有运营线路,与精心筹划以及事前、事中、事后技术管控密不可分,通过合理控制掘进参数,仔细调整盾构姿态,并加强变形监测,实现顺利下穿。

2.4　盾构下穿浅基础建筑物

2.4.1　工程概况

深圳地铁6号线南庄站—公明广场站区间盾构从南庄站西端头始发,下穿红花山公园、公明中学园丁楼、振明路、光明水务公明分公司,侧穿农村商业银行,再下穿金辉路,止于盾构吊出井(位于南庄站—公明广场站区间明挖段),区间隧道为两条并行的单线隧道,如图2-4-1所示。左、右线平面线间距为9.97~15.00 m。平面曲线半径分别为550 m、400 m,线路最大坡度为7.645‰,区间在ZDK44+855.687处设置1个联络通道及废水泵房,区间管片断面外径为6 m,管片厚0.3 m。

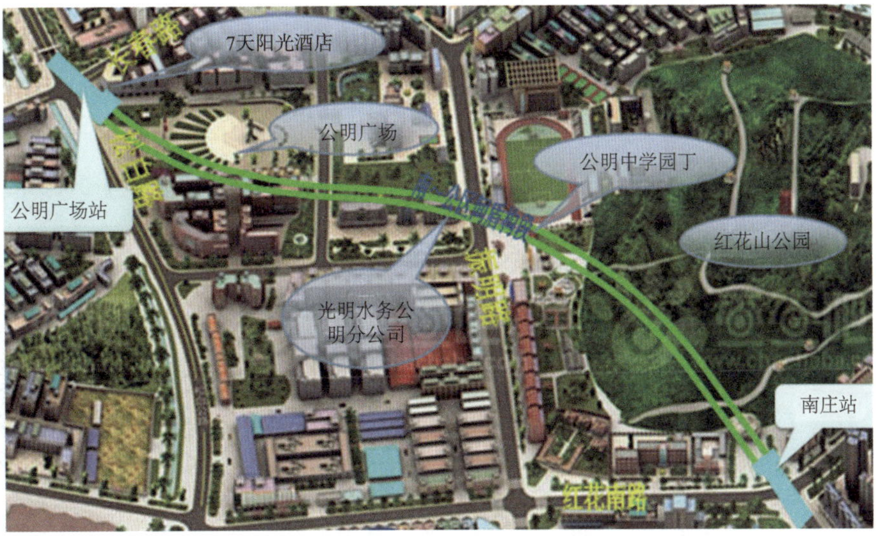

图 2-4-1　南庄站—公明广场站区间平面位置图

区间地层范围内自上而下为：<1-1>素填土、<3-3>中粗砂层、<3-4>砾砂层、<5-2>硬塑状砾(砂)质黏性土、<9-1>全风化混合花岗岩层、<9-2-1>强风化混合花岗岩(土状)、<9-2-2>强风化混合花岗岩(半岩半土状)、<9-3>中等风化混合花岗岩、<9-4>微风化混合花岗岩(局部)。左线地质纵断面如图 2-4-2 所示，右线地质纵断面如图 2-4-3 所示。

图 2-4-2　左线地质纵断面图

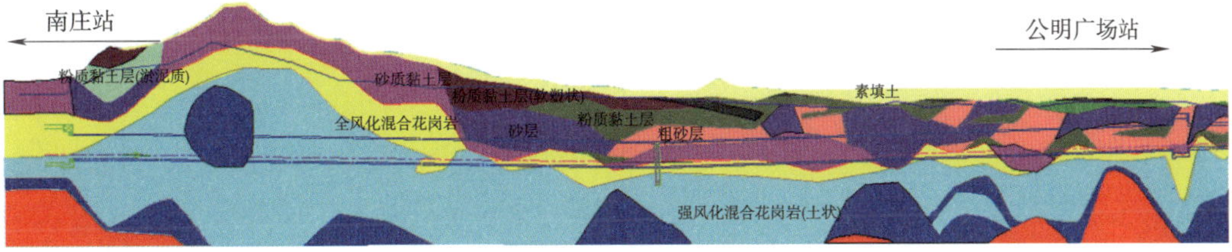

图 2-4-3　右线地质纵断面图

南庄站—公明广场站区间右线盾构从里程 YDK44 +829(324 环)开始，至里程 YDK44 +850(337 环)结束，共计 14 环，下穿公明中学 5 层园丁楼；左线盾构从里程 YDK44 +799(317

环)开始,至里程 YDK44 + 832(325 环)结束,共计 8 环,侧穿公明中学 5 层园丁楼,如图 2-4-4、图 2-4-5、图 2-4-6 所示。该楼房为 20 世纪 80 年代浅基础房屋,基础形式为独立扩大基础,基础埋深约 2 m,曾于 2012 年进行地基加固,盾构隧道下穿前对该楼进行了清空并警戒。

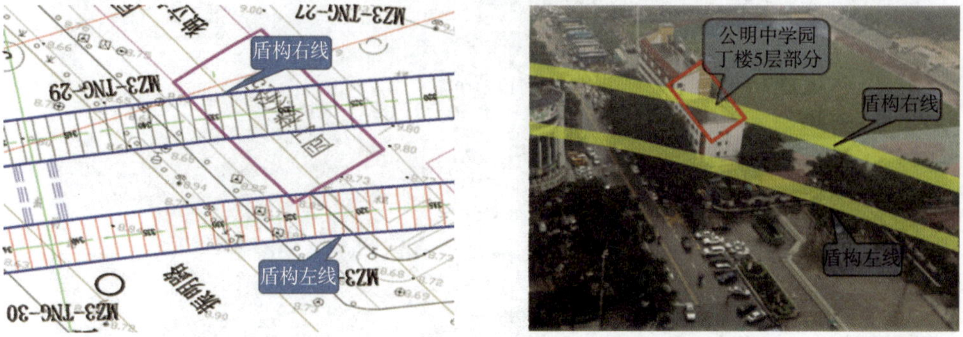

图 2-4-4　左右线隧道与建筑物的平面关系图

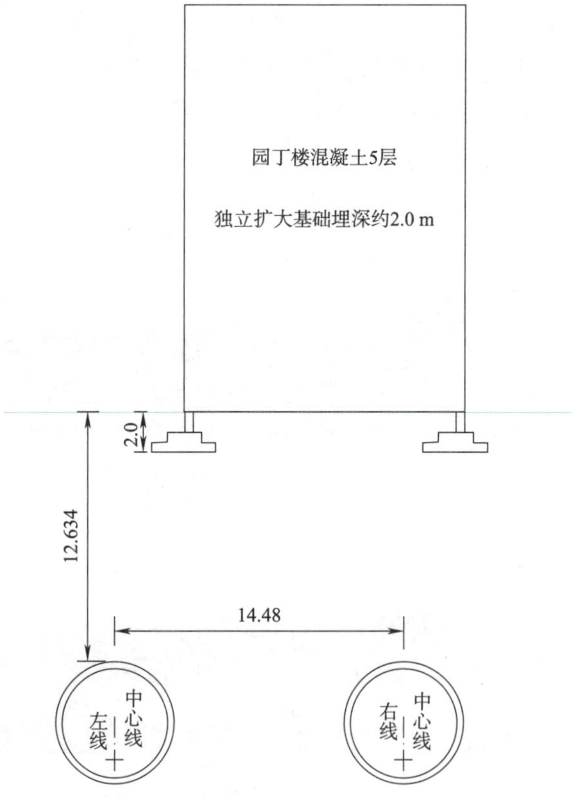

图 2-4-5　隧道下穿建筑物剖面图(单位:m)

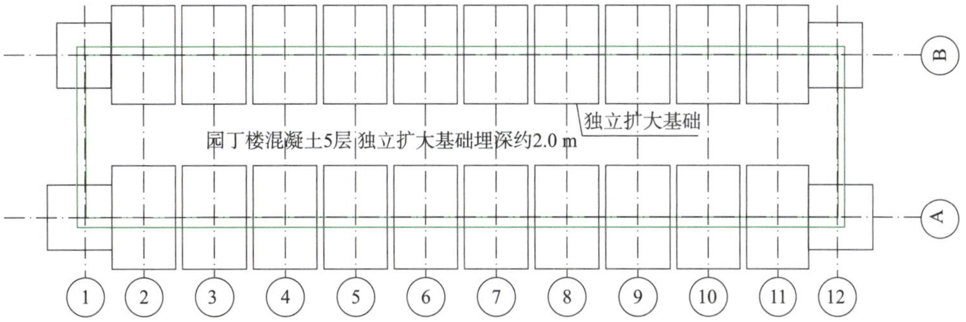

图 2-4-6　建筑物基础平面图

2.4.2　主要技术准备

1. 监控量测

(1)地面沉降监测

地面沉降监测点根据隧道正上方建(构)筑物情况来布置,沿隧道中线方向每隔 5 m 布设一个沉降观测点,每隔 30 m 布设一个监测横断面,监测范围为盾构机头前方 30 m、盾尾 50 m 范围内。

(2)建筑物监测

建筑物位于隧道正上方,容易受到盾构隧道掘进的影响,除了常规的测点布设外,还需在盾构机推进前做详细调查,掘进施工过程中应定期巡查。

园丁楼监测布点情况如图 2-4-7 所示。

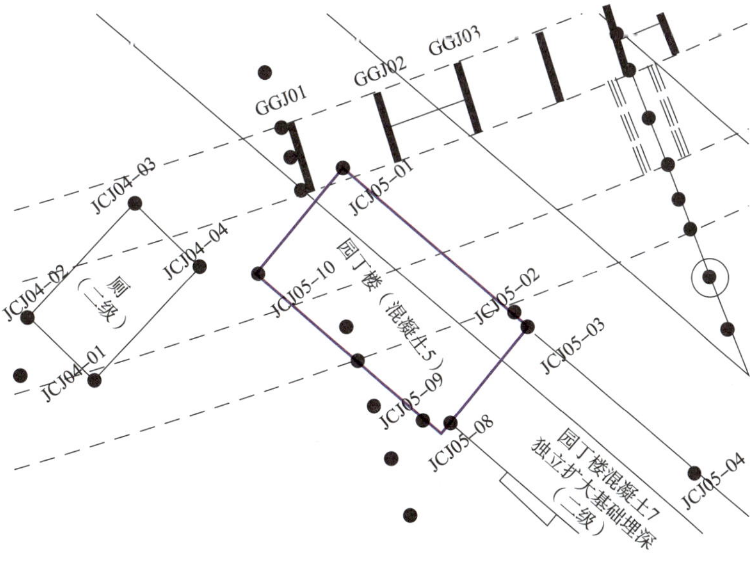

图 2-4-7　园丁楼监测布点平面图

2. 注浆加固

盾构施工前,采用袖阀管沿房屋周边 2 排布置,间距 1.5 m,梅花形布置,内、外排与地面呈 30°、35°角斜打。进行跟踪注浆,注浆材料为水泥水玻璃双液浆,水泥:水玻璃为1:1;注浆压力为 0.5 ~1.5 MPa,注浆压力逐步提升,地面或周边建筑物发生隆起等变化时应停止注浆。注浆加固平面如图 2-4-8 所示,断面如图 2-4-9 所示。

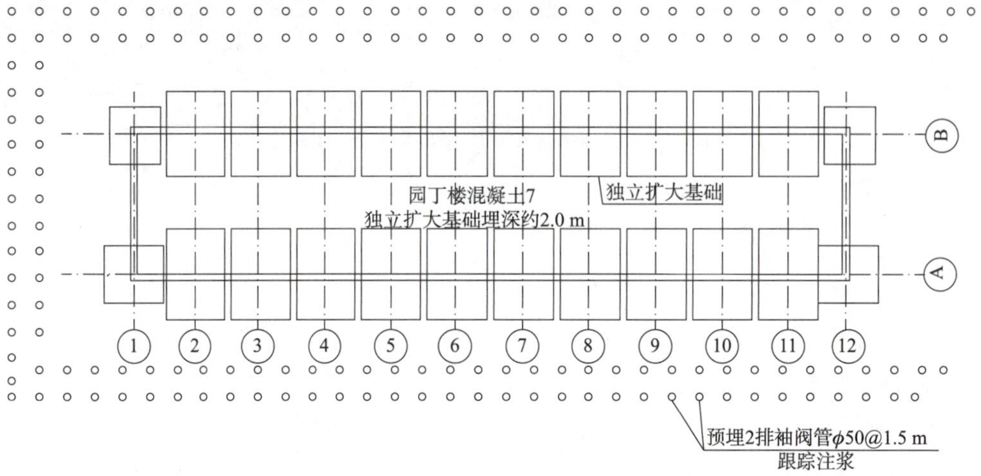

图 2-4-8　园丁楼注浆加固平面图

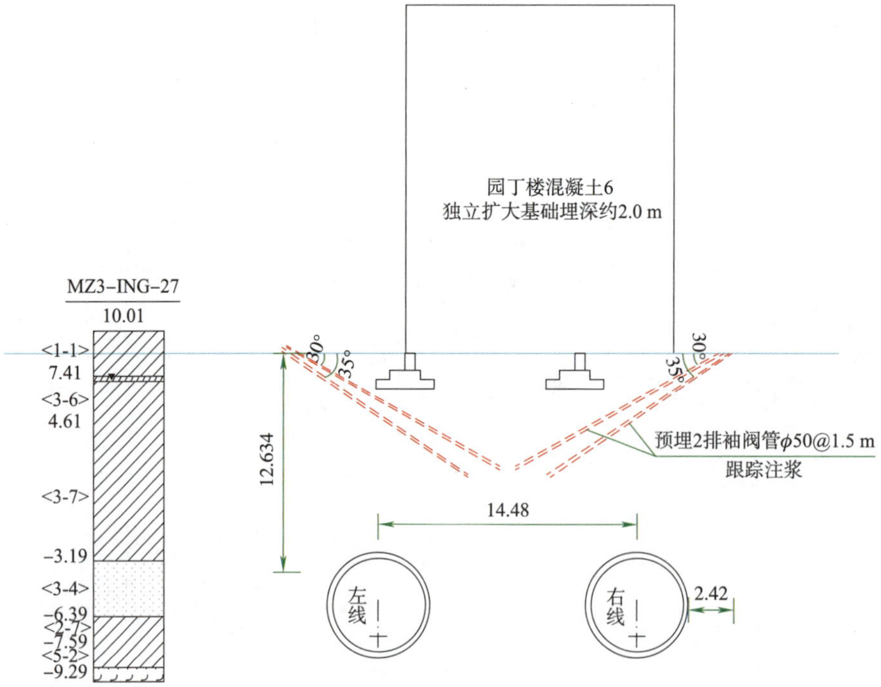

图 2-4-9　园丁楼注浆加固断面图(单位:m)

2.4.3　盾构掘进参数控制

在盾构穿越建筑物前，设置合理长度的试推段。在试推段中，分别设定不同的施工参数，模拟穿越建筑物的工况条件，总结出盾构穿越时的最佳施工参数，以及同步注浆和二次注浆参数。

1. 土压力控制

根据隧道埋深、地面加载及地面沉降情况，土仓土压力保持在 1.34 ~ 1.46 bar 较为理想。在盾构掘进过程中，为保持切口土压平稳，使波动值控制在设定值的 ±0.1 bar 范围内，可以保证地层稳定。掘进土压力变化如图 2-4-10 所示。

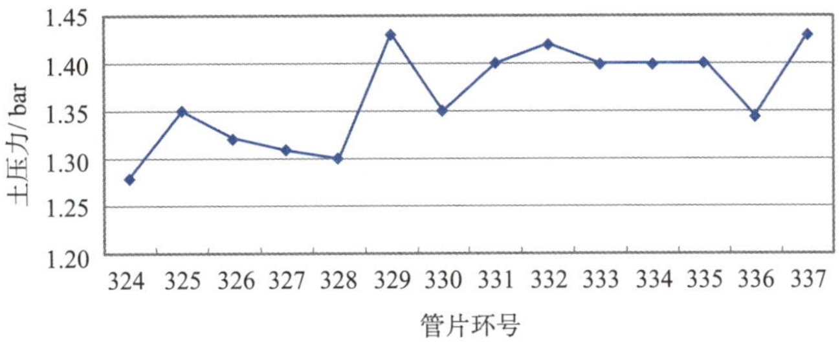

图 2-4-10　掘进土压力变化图

2. 掘进速度控制

盾构机掘进至 324 环时，地质为均一软弱的 <3-3> 中粗砂、软弱可塑的 <3-7> 粉质黏土以及 <9-1> 全风化混合花岗岩。为保持盾构正常掘进，在盾构机通过楼房过程中，将掘进速度控制在 30 ~ 50 mm/min，以便保证出土量，保持正面土压力稳定和注浆效果良好。掘进速度变化如图 2-4-11 所示。

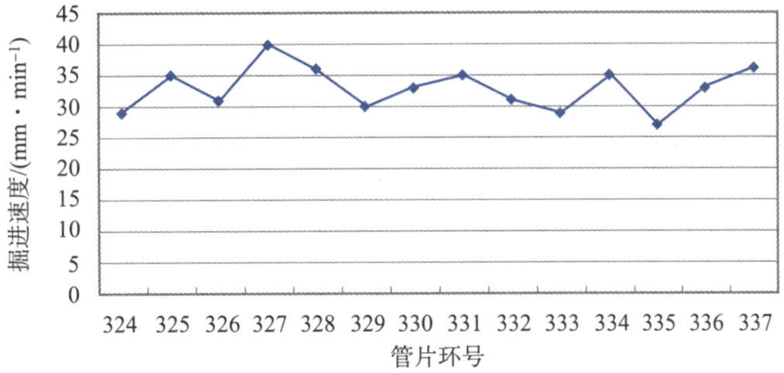

图 2-4-11　掘进速度变化图

3. 同步/二次注浆控制

每环同步注浆量实际平均值约为 7.6 m^3/环，为理论值(约 4.1 m^3/环)的 185%。在同步注浆过程中，需合理掌握注浆压力，控制在 0.3 ~ 0.6 MPa 较为合理。

同步注浆采用的浆液材料主要有粉煤灰、水泥、砂和膨润土。本工程浆液配比见表 2-4-1，在施工过程中，可根据实际情况微调。

表 2-4-1 同步注浆浆液配比(kg/m³)

材　料	膨润土	水泥	粉煤灰	砂	水
配　比	60	160	320	720	330

浆液主要性能指标:

初凝时间:一般为 5 ~7 h。

浆液结石率:大于 96%,即固结收缩率小于 4%。

浆液稳定性:倾析率(静置沉淀后上浮水体积与总体积之比)小于 5%。

同步注浆专门成立注浆班对压入位置、压入量、压力值做详细记录,并根据地层变形监测信息及时调整,在确保压浆工序施工质量的前提下,方可进行下一环的推进施工。

二次注浆采用双液浆作为注浆材料,能对同步注浆起到补充和加强作用,对管片周围的地层起到充填和加固作用。二次补强注浆根据地质情况及注浆记录情况,结合监测情况,应由注浆压力控制,注浆压力控制在 0. 3 ~0. 4 MPa。

4. 总推力控制

推力根据地质条件不同而异,软弱地层中掘进推力较小,本次平均推力为 17 637 kN,如图 2-4-12 所示。

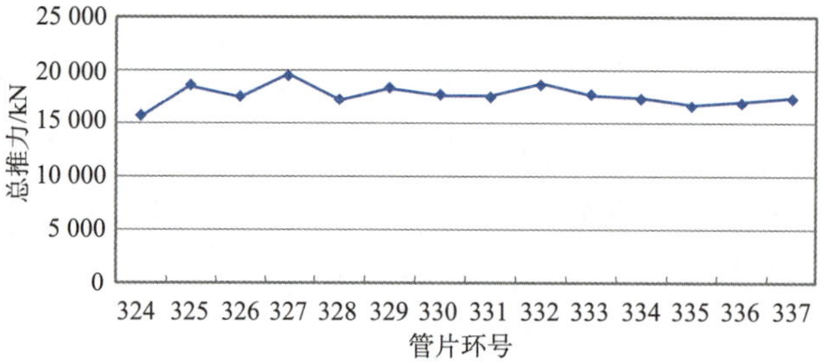

图 2-4-12　总推力变化图

5. 扭矩控制

在软弱地层中掘进刀盘扭矩平稳,平均约为 1 236 kN · m,刀盘转速宜控制在 1.0 r/min,根据扭矩大小和出渣的情况决定盾构机的推进速度,尽量使刀盘扭矩控制平稳。刀盘扭矩变化如图 2-4-13 所示。

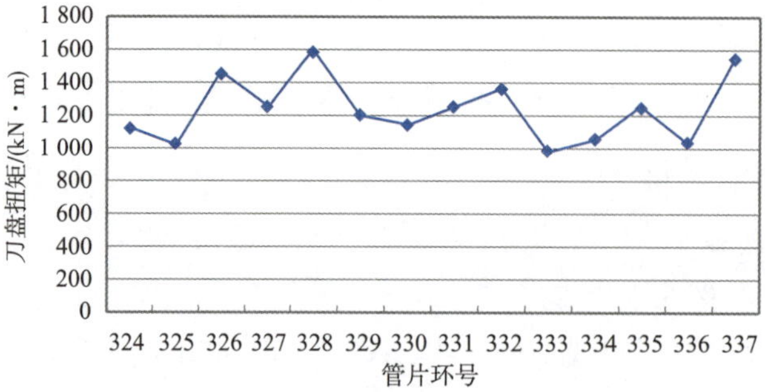

图 2-4-13　刀盘扭矩变化图

2.4.4 地表沉降控制

1. 监测点布置

园丁楼共布设 6 个监测点，分别是 JCJ05-01、JCJ05-02、JCJ05-03、JCJ05-08、JCJ05-09、JCJ05-10，如图 2-4-7 所示。在盾构穿越前完成监测点布设及初始值采集。

2. 沉降变化情况

观察测点 JCJ05-01 和测点 JCJ05-10，盾构刀盘到达前地表已经存在 -1 ~ -2 mm 的沉降量(图 2-4-14)，盾构机通过后最大沉降量为 -6 ~ -7 mm(图 2-4-15)，因此在过房屋前通过适当加大切口土仓压力来控制地面隆起，可以减少地表相对沉降量。

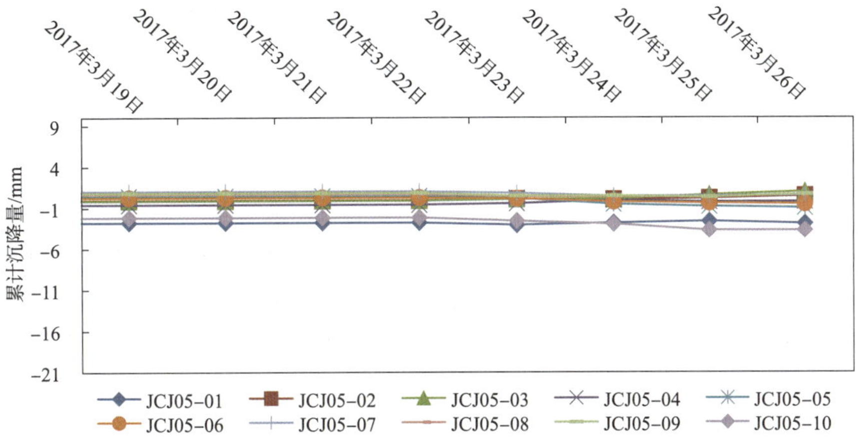

图 2-4-14　建筑物测点沉降量随时间变化图(一)

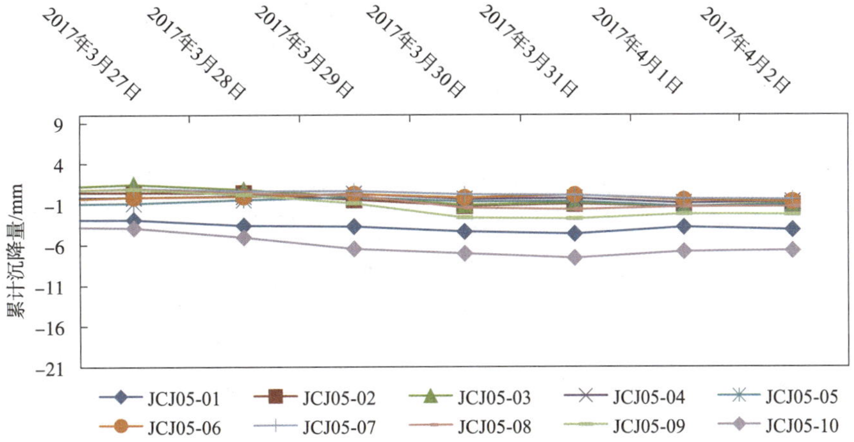

图 2-4-15　建筑物测点沉降量随时间变化图(二)

盾尾间隙是盾构机掘进过程中引起地面较大沉降的主要因素，本次掘进过程中加大了同步注浆用量，在盾尾通过后仍有一定沉降。

盾构在掘进时，对土体扰动的影响范围较大，在盾构机通过后长时间内仍会产生一定的沉降,施工过程中对后续管片进行管片注浆,确保地层稳定是必要的,同时对后续地面沉降的监测工作也是必不可少的。

2.4.5 经验小结

南庄站—公明广场站区间盾构下穿建筑物,且建筑物基础为独立承台浅基础的学校园丁楼,社会影响大。

掘进中为保证建筑物和工程本身安全,对各项参数进行持续分析、优化和总结,使得盾构机的各项参数达到最佳匹配,最终地表沉降及建(构)筑物沉降有效控制在允许范围内。穿越建筑物后,建筑的最大沉降量控制在 -6 ~ -7 mm,保证了建筑物及工程本身的安全,积累了施工经验,同时也为其他类似工程提供了经验,取得了良好的社会和经济效益。

2.5 盾构下穿深基础建筑物

2.5.1 工程概况

深圳地铁 6 号线二期深圳北站—梅林关站区间从深圳北站预留工程接口处开始,沿新区大道中央绿化带布置,整体呈南北走向,至石龙路口盾构井处转至地下进行盾构施工,区间下穿 ϕ500 次高压燃气管道、书香学校及地铁 4 号线路基过渡段桩基至梅林关站。

深梅区间盾构隧道左线在 ZDK12 +983.02 ~ ZDK13 +046.02(489 ~530 环)下穿书香小学,实际下穿长度约为 58.6 m,右线在 YDK12 +983.02 ~ YDK13 +046.02(496 ~502 环)下穿教学楼,如图 2-5-1 所示。本次下穿影响二区教学楼,楼体为四层混凝土框架结构,基础形式为承台 + 预应力管桩。承台厚 1 200 mm,有单桩、双桩、三桩、四桩 4 种桩基形式的结构尺寸,预应力管桩直径 400 mm,采用静压形式施工。其中左线盾构主要下穿 12 个承台、24 根桩基,右线下穿 2 个承台、6 根桩基。学校教学楼桩基平面示意和承台平面结构尺寸分别如图 2-5-2、图 2-5-3 所示。

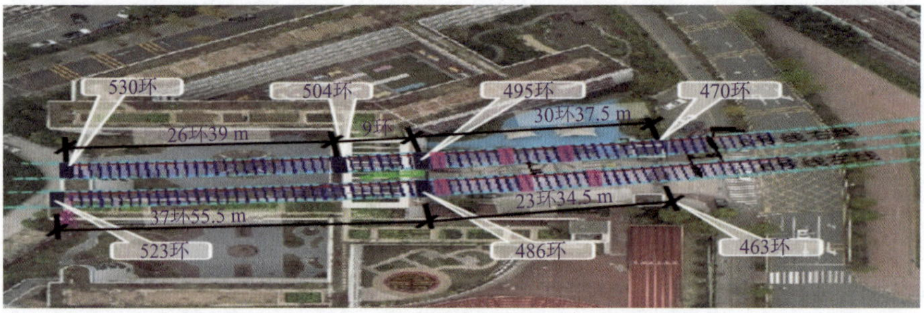

图 2-5-1 下穿学校平面图

下穿段地质(学校前院至后院)从上至下为杂填土、砾质黏性土、全风化粗粒花岗岩、中风化粗粒花岗岩、微风化粗粒花岗岩。根据对学校方面的资料调查,该地段原为山谷,地势偏低,后在学校原始位置及附近回填了将近 16 m 深的杂填土,通过地质详勘报告以及前期

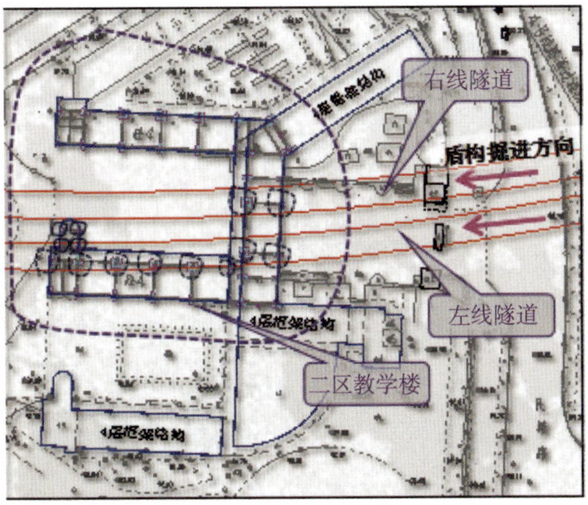

图 2-5-2　学校教学楼桩基平面示意图

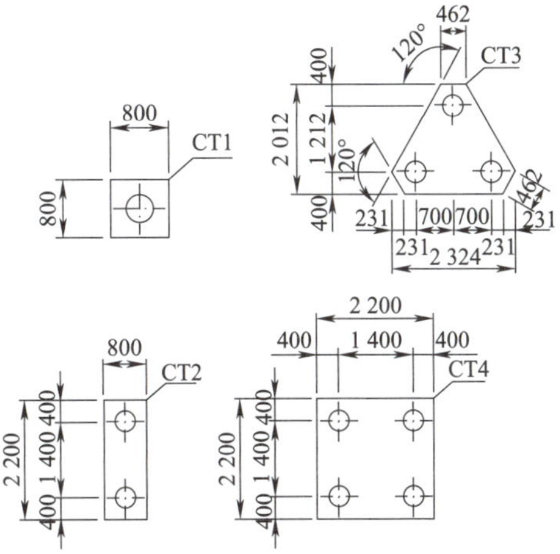

图 2-5-3　承台平面结构尺寸图(单位:mm)

钻孔取芯,芯样中夹杂有树叶、塑料等杂物,进一步证实了该地段地层的不稳定性。左右线地质剖面分别如图 2-5-4、图 2-5-5 所示。

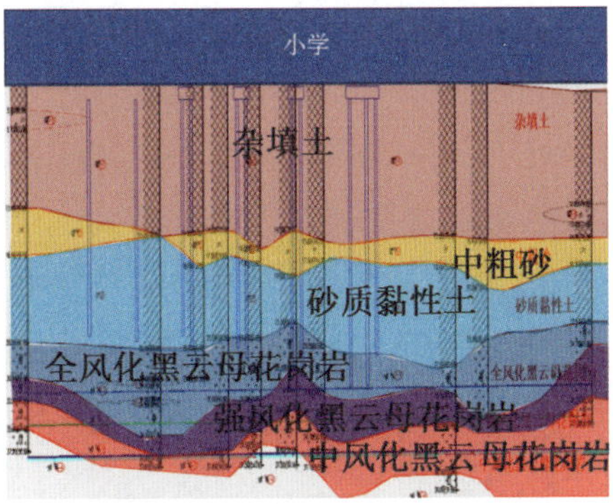

图 2-5-4　左线地质剖面图

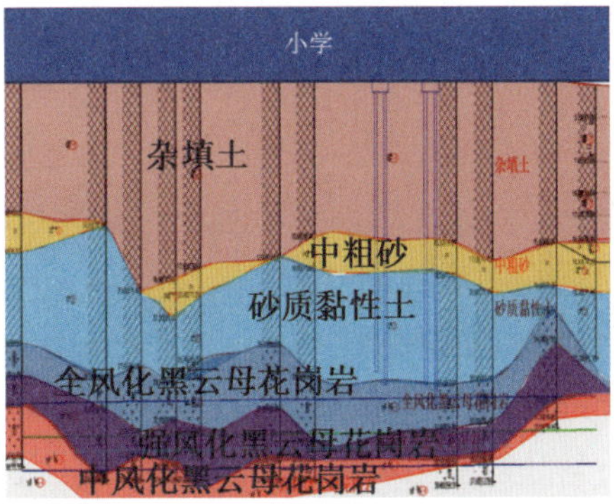

图 2-5-5　右线地质剖面图

2.5.2　主要技术准备

1. 地面建筑物预加固

为保证盾构机能够顺利下穿学校,利用暑假时间完成了对教学楼基础的预加固。加固平面如图 2-5-6 所示。

具体加固措施如下:

(1)加固方式

加固范围 1:在左、右线盾构下穿的桩基础周围采用袖阀管预注浆加固,加固深度为地面下 3 m 至强风化层下 1 m;其他部分采用三重管旋喷桩加固,加固范围为盾构洞身 6 m 范围或中风化岩面。

加固范围 2:对左线隧道上方桩基采用袖阀管预注浆加固,加固深度为地面下 3 m 至填土层下 1 m。

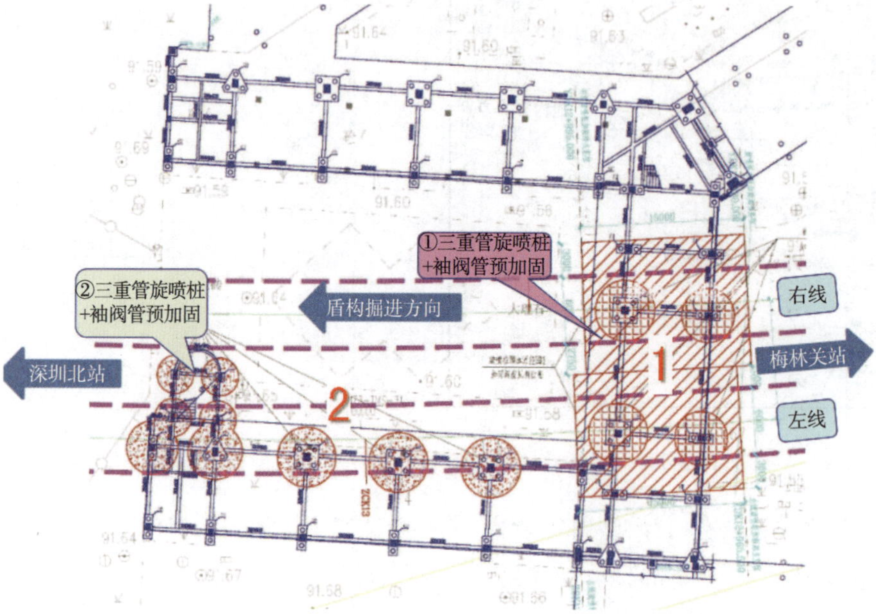

图 2-5-6　加固平面图

(2)加固目的

提高盾构施工影响范围内管桩侧摩阻力,满足桩基承载力要求。

2. 掘进过程控制措施

(1)盾构姿态控制

掘进过程中控制好盾构姿态,加强盾构推进过程中的同步注浆及二次补浆。另外使用密封质量好的盾尾油脂,通过加大盾尾油脂压注量来防止浆液通过盾尾流失。

(2)备品配件储备

盾构推进过程中长时间的停机易造成地面大量的沉降,为了确保盾构机连续平稳推进,在穿越前对盾构机及其他故障和缺陷,会同设备供应商共同检测修理,并对可能出现的故障预先做好修理准备,主要设备零件的备件在施工前配备齐全。

(3)掘进过程管理

在盾构下穿建筑物期间,进行 24 h 人员不间断巡视,一旦发现异常迹象,立即上报各级领导,并根据情况采取适当措施进行处理。

(4)二次注浆管控

管片脱出盾尾后采用二次补强注浆来满足工程质量要求。二次补强注浆根据始发时地层情况选择材料和浆液配比,采用双液浆。双液浆配比为:水泥浆液水灰比为 0.8∶1(质量比),水玻璃溶液配比为水玻璃∶水 =0.6∶1(体积比),水泥浆液∶水玻璃溶液 =1∶1(体积比)。

(5)掘进参数控制

掘进期间,为确保掘进安全和地面建(构)筑物安全,采用表 2-5-1 所示掘进参数。

表 2-5-1　下穿期间掘进参数卡控表

序号	部位	地层	推进控制参数								
			刀盘扭矩/（kN·m）	刀盘转速/（r·min^{-1}）	推进速度/（mm·min^{-1}）	贯入度/（mm·r^{-1}）	总推力/t	土仓压力/bar	出渣量	同步注浆	渣温/℃
1	开仓结束复推前50 cm	上软下硬（砂土状强风化、中风化粗粒花岗岩）	<1 000（波动控制在200）	0.8	<6	<7.5	推进之前务必将中心电位流量计归零，再缓慢增加，结合刀盘扭矩大小调整推力：推力不得超过2 800 t	2.3（波动控制在0.2）	推进之前务必计算渣箱内渣土方量。在推进过程中按照油缸行程每10 cm记录出土量：每出1箱土，推进行程<310 mm为异常	1. 每环注浆量大于6 m^{3}时，压力不得大于0.3 MPa；2. 每环注浆量小于6 m^{3}时，压力不得大于0.35 MPa	38 ℃为预警值，若渣温超过45 ℃立即停机
2	正常推进段	上软下硬（砂土状强风化、中风化粗粒花岗岩）	<1 300（波动控制在200）	1	<10	<10	<2 200（如盾构机还未脱困，则推力不得超过2 800 t）				
3	470～485（书香小学前院）	上软下硬（全风化、砂土状强风化、中风化粗粒花岗岩）	<1 300（波动控制在200）	1	<10	<10	<2 200				
4	486～523（下穿教学楼）	上软下硬（全风化、砂土状强风化、中风化、微风化粗粒花岗岩）	<1 300（波动控制在200）	1	<10	<10	<2 200				

2.5.3 沉降预警响应

盾构下穿学校期间共发生沉降预警三次,局部地表最大沉降预警达到65 mm,但下穿总体可控,未对学校上学造成影响。

1. 预警概述

第一次沉降预警发生于2018年11月2日,沉降累计值最大的点为JCC10-3(-22.4 mm)。当时左线盾构累计掘进至531环,盾构机已脱出学校教学楼10环,停机准备带压开仓。右线累计掘进至480环,刀盘位于484环位置。刀盘距教学楼11环(16.5 m),右线盾构机正在掘进中。

第二次沉降预警发生于2018年12月2日,沉降累计值最大的点为D13028-2(-32.42 mm)。右线于11月22日停机带压开仓检查更换刀具,于11月30日晚开始复推。复推参数如下:推力2 200~2 400 t,扭矩1 300~1 500 kN·m,平均速度7 mm/min,同步注浆量8 m^3/环,各项掘进参数正常。

第三次沉降预警发生于2018年12月14日,沉降累计值最大的点为CJC10-6(-63.16 mm)。当时左线开累掘进533环,盾构机已出学校教学楼11环,正在掘进中。右线盾构开累掘进536环,刀盘位于540环位置。

2. 原因分析

(1)第一次沉降预警分析

①该段隧道拱顶覆土为杂填土,其厚度较厚(16 m以上),该地层对盾构施工扰动敏感,地表沉降反应速度快。同时隧道开挖面又为上软下硬地层,在上软下硬地层中盾构机掘进速度缓慢、扰动大,导致地表沉降较大。

②该段隧道范围地层上部为全风化花岗岩,中下部为岩土分界面,地层水丰富,掘进过程出渣较稀,地层失水较多引起地表沉降。

③地层裂隙水较丰富,管片背后填充的浆液不能及时固结,初凝时间增长,同时在盾构施工中同步注浆浆液很难对隧道拱顶的空隙填充密实,导致管片脱出盾尾后沉降速率较大。

(2)第二次沉降预警分析

①监测点预警位置与右线盾构机带压开仓位置吻合,由于该段地层杂填土较厚(16 m以上),地层的气密性较差,带压开仓期间土仓内的气体沿地层中的空隙溢出对地层造成扰动。

②带压开仓期间盾构机停机时间较长,盾体与围岩之间的间隙未能及时填充,在地层应力重新分布及释放时引起地表沉降。

③前期左线下穿时对地层已有扰动,造成一定的沉降,右线通过该地段时会造成二次扰动,形成叠加沉降,同时致使地面沉降速率较大。

(3)第三次沉降预警分析

①在12月11日右线盾构螺旋机壁因磨穿突然漏泥,土体水土流失约30 m^3(土仓内实际有24 m^3),因水土流失引起刀盘前方局部坍塌,造成地表出现较大沉降。由于该地的隧道

拱顶杂填土覆土较厚，地层气密性差，气压辅助掘进工法无法在该地层中实现，因此左、右线盾构掘进时均采用渣土满仓的掘进模式。

②左、右线隧道纵向距离过近，另外左、右线盾构机又在同时掘进，对地层的扰动加剧。

③虽然左、右线盾构机的盾尾均已脱出教学楼，但因盾构掘进施工引起的地层固结沉降持续时间较长，该现象在杂填土地层中尤为明显。

3. 响应措施

(1)采取了隧道内二次补充注浆跟进的措施，对因同步注浆未能填充密实的空隙或因浆液收缩形成的空隙进行填充，同时在洞内施注止水环箍，封堵汇水通道，并加强建筑物监测。

(2)为了确保学校建筑物的安全，控制地面沉降，在随后的掘进过程中通过注入克泥效，使之填充盾壳与土体间间隙。

(3)地面打孔注浆对土体进行加固，控制地表沉降。地面共布设5个注浆孔，深度25 m（拱顶上方5 m），累计注入水泥90 t。地表进行地质雷达探测密实情况，经探测，无异常，洞内及时采用二次注浆对管片背面进行填充。

2.5.4　关键技术应用

1. 喷涌、漏渣控制措施

上软下硬地层是深圳盾构施工的重难点，掘进过程中易发生喷涌。

应对措施：

(1)掘进时往土仓注入高分子聚合物，阻挡地下水的来源，减少螺旋机出渣时的喷涌。

(2)掘进过程中通过注入克泥效，填充盾壳与土体的间隙。

(3)盾尾后方每隔5环进行二次注浆，管片脱出盾尾后5环，二次注浆及时跟进。

(4)适当提高仓压，使仓压大于水压，减少地层水流进土仓。

(5)掘进过程中将自制的小土斗放到螺旋机出闸口下，减少漏渣清理时间。

2. 保压控制措施

(1)在掘进过程中通过膨润土系统加入膨化后的钠基膨润土浆液，提高地层的气密性。

(2)带压开仓时采用膨化后黏稠的优质钠基膨润土浆液造泥膜，并通过洗仓来减少漏气量。

(3)已经出现塌方等特殊情况时，采用“衡盾泥”辅助新工法。

(4)推进过程中采用满仓掘进模式，严格控制出土量。

3. 刀具管控措施

上软下硬地层是深圳盾构施工的重难点，上部是回填杂土，较厚，地层较为敏感，下部是微风化粗粒花岗岩，强度最大可达140 MPa，刀具经过软硬交界面时会发生撞击，造成刀具非正常磨损较多，带压开仓较为频繁。

应对措施：

(1)上软下硬地层刀具磕碰较多，降低刀盘转速。

(2)定期对所使用的刀具进行检测，应选用韧性较好、抗冲击能力强的刀具，如扁齿滚刀。

(3)当正面滚刀磨损量达15 mm必须更换,边滚刀磨损量达10 mm必须更换;遵守"拆一装一"的换刀原则。

(4)根据地质及掘进中刀具磨损周期情况,制定详细的换刀计划,并在过程中严格执行,减少因刀具非正常磨损耽误的时间,提高掘进效率。

2.5.5 经验小结

由于本次下穿书香学校,因场地限制不具备爆破条件,故只能采用地面预注浆方式对地层进行加固,在保证安全的情况下,勤开仓检查刀具,对刀具磨损大的及时更换,保证掘进的正常速度,匀速通过,降低下穿风险。需注意以下几个方面:

(1)下穿前做好建(构)筑物调查,调查清楚建(构)筑物基础及结构形式,并采取针对性措施。

(2)利用周末和寒暑假期间提前做好学校地质补勘工作,摸清地质。

(3)下穿前做好相应地质的掘进参数优化,精细化管理。

(4)做好工序衔接,避免下穿期间不必要的停机。

(5)下穿前提前做好易损配件的储备。

2.6 盾构下穿多股道铁路

2.6.1 工程概况

深圳地铁10号线禾花站—平湖站区间采用盾构法施工,线路出禾花站大里程端始发井后沿平吉大道下穿天悦酒店、水门路居民楼,进入融湖时代花园桩基预留通道区段后,继而下穿福星街居民楼、金丽华酒店、运营中的广深城际铁路和平湖火车站,最后进入平湖站小里程端接收。区间左线长790.5 m、右线长777.8 m,区间设一座联络通道兼泵房。区间管片采用C50、P10混凝土管片,管片外径6.0 m、内径5.4 m、宽度1.5 m,隧道覆土厚10.0~15.9 m,采用两台土压平衡式盾构机进行掘进施工。

区间下穿平湖火车站8条股道,广深城际铁路正线4条、辅线2条、货运线2条,轨道道床为碎石道床。中间站台3座、人行天桥1座、电气化立柱6根、铁路货场1座、通信信号塔1座和火车站办公楼和候车室站房。站内一、二站台办理广深线城际业务,广深铁路日常运行客货列车繁忙,站内地下管线众多。区间左线在里程ZDK28+975.540~ZDK29+024.810,右线在里程YDK28+972.500~YDK29+021.000处,下穿站内铁路、人行天桥、站台和站房等设施。左线侧穿人行天桥桩基,桩基距离隧道外边水平最小距离1.14 m。下穿站内办公楼和候车室均为浅基础,穿越长度分别为49.3 m、48.5 m,线间距17.138~19.130 m。下穿段坡度均为8.4‰,隧顶到铁路轨面埋深14.969~15.383 m。下穿铁路段平面如图2-6-1所示。

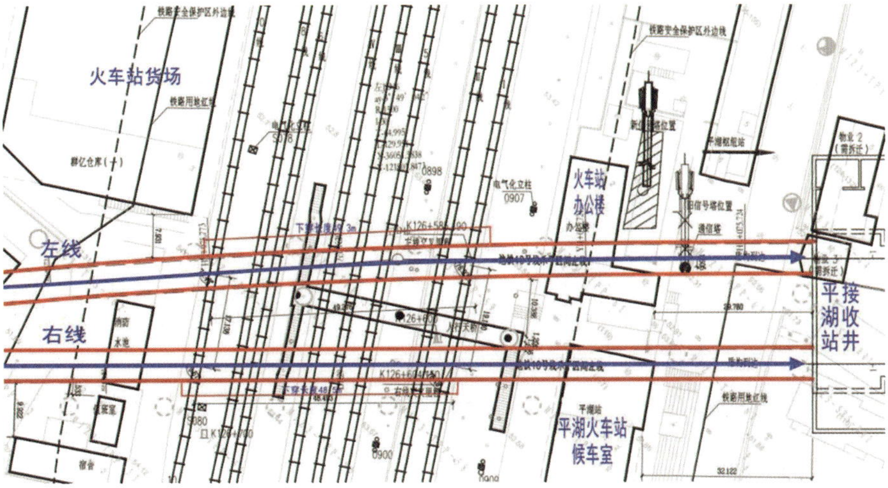

图 2-6-1　下穿铁路段平面截图

下穿铁路段覆土主要为素填土、粉质黏土、全风化砂岩、土状强风化砂岩、块状强风化砂岩，区间隧道穿越地层主要为土状强风化砂岩，灰褐色，原岩结构大部分破坏，岩石风化剧烈，呈硬土状，局部夹块状强风化及中等风化岩块。块状强风化砂岩灰黑色，岩石风化强烈，节理裂隙很发育，岩石锤击易碎，部分用手可折断，夹较多中等风化岩，为极软岩～软岩，实测岩体完整性指数 K_v 为 0.11～0.14，平均值为 0.13，岩体极破碎，岩体基本质量等级为Ⅴ级。地下水位埋深 1.4～5.6 m，主要为第四系松散岩类孔隙水和基岩（构造）裂隙水。下穿广深铁路段地质断面如图 2-6-2 所示。

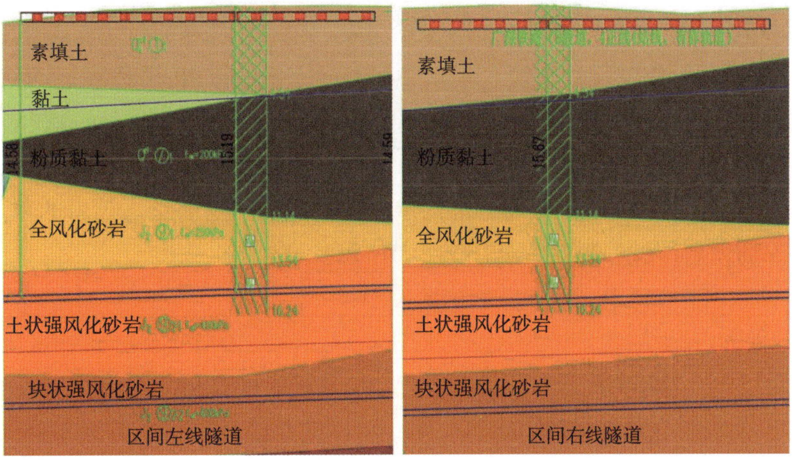

图 2-6-2　下穿广深铁路段地质断面图

2.6.2　重难点分析

（1）盾构从运行中的广深城际铁路下通过，由于铁路运输的重要性，必须确保安全万无一失。本区间下穿铁路为一级风险,且下穿铁路施工手续繁琐和办理周期长,对接铁路业务部门多。

(2)广深城际列车运行速度快,行车密度大,运行铁路规范对轨道及路基沉降要求极其严格,沉降要求已经超出正常情况这种地层中盾构施工所能控制的最大值,必须采取其他辅助施工保障措施。

(3)盾构近距离侧穿人行天桥桥桩和站内浅基础办公楼和候车室,站内设施和地下管线多。

(4)由于无法对铁路进行扣轨加固和路基注浆加固,盾构长距离下穿铁路,确保铁路的行车安全,控制好地面沉降,快速掘进下穿通过施工技术难度大。

(5)站内需监测区域面积大、布点数量多、要求精度高,日常施工监测受到限制。

2.6.3 主要技术准备

为了确保盾构能快速、安全、平稳地下穿广深铁路和火车站内设施,必须超前谋划组织,精细化管控以指导施工。以下为下穿铁路的施工管理组织措施和技术措施。

1. 涉铁手续的办理和方案评审

(1)盾构施工前应严格按照铁路相关规定完善涉铁工程审批手续,手续完备后盾构机才能从铁路下方掘进穿过。

(2)与铁路相关业务单位需办理手续主要有:向广铁集团总工室申请办理对设计方案评审意见的广施函,向广铁集团工务处申请办理工函,与铁路各业务部门签订安全协议,凭办理的广施函、工函及与各个站段签订的安全协议向广铁集团工务处申请办理铁路营业线安全施工许可证。

(3)编制切实可行的施工、安全、监测专项方案,提前组织专家对施工方案进行论证,确保方案满足规范要求,提交广铁集团总工室进行专项方案的审查,出具评审意见。

(4)招标选用铁路部门认可的自动化系统监测单位对下穿铁路区域进行自动化系统监测的布点和监测。

(5)涉铁手续流程繁琐和对接业务部门多,办理周期长,需要纳入项目的重点工作,早对接早办理。深圳地区涉铁办理流程如图 2-6-3 所示。

2. 下穿铁路前准备工作

(1)设备保养

下穿前对盾构机及相关配套施工设备进行全面系统的检查和保养,储备充足的配件,减少故障停机时间,使设备在最佳状态下运行。下穿广深铁路前对盾构机刀盘刀具进行检查和更换,提高切削效率,避免盾构机在下穿铁路期间因刀具的磨损而造成停机,增加施工风险。

(2)物资供应

对现场材料每天进行数量统计,根据原材料的供货周期,提前进行材料采购,确保物资供应。提前和管片供应商提出管片供应数量及进场时间,不同管片型号要合理供应,避免出现需要的管片供应不足现象。

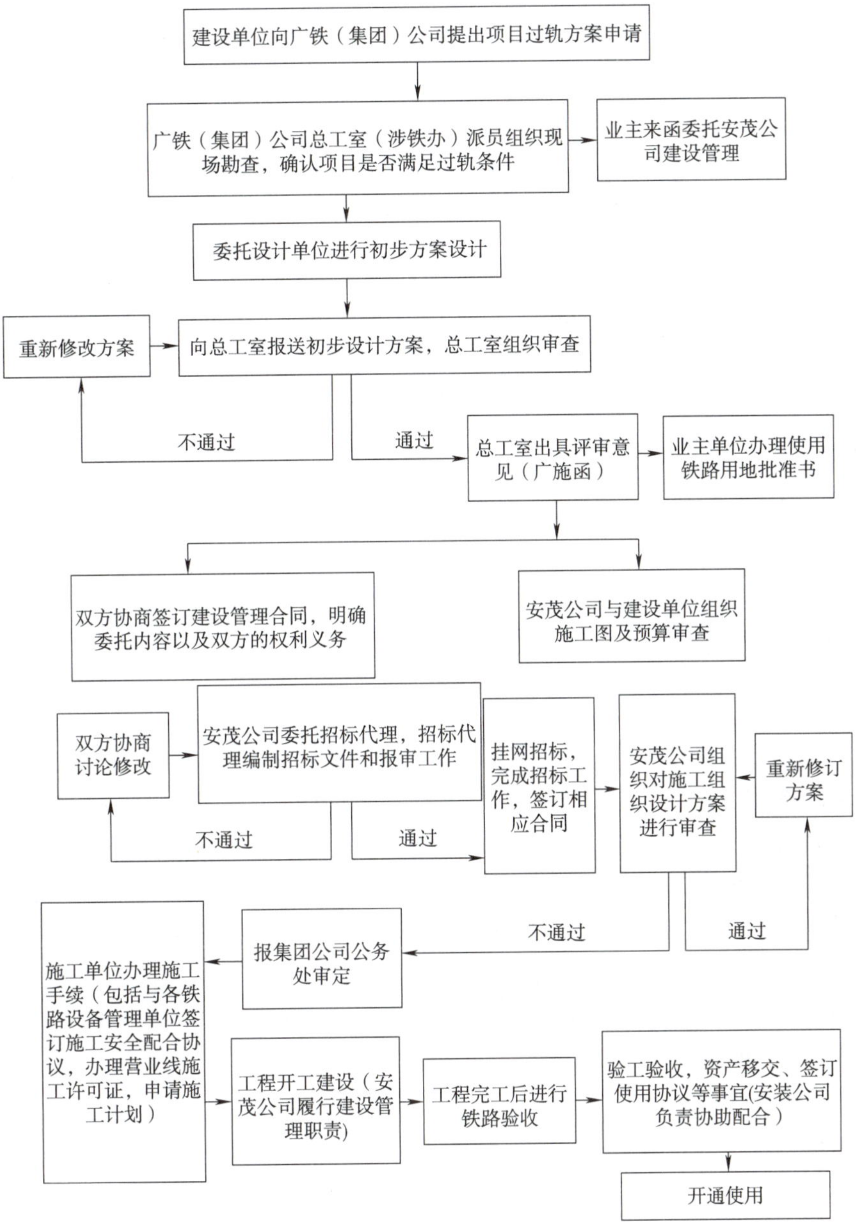

图 2-6-3　涉铁工程业务申请办理流程图

(3)人员保障

成立由建设单位、监理单位和施工单位组成的各级工作小组进行相关工作的协调、指导,下穿铁路前配备优秀的管理人员、操作人员和施工人员,管理人员实施作业的监控,确保每一工序和流程都能准确、快速的实施。

(4)应急演练

针对地铁施工过程中可能对铁路设备、行车造成的危害与事故,制定专项应急方案,并进行演练。最大限度地减少突发事件及其造成的影响,保障铁路运输安全。

3. 下穿期间的施工组织

(1)遵循"分项实施,突出重点,合理安排,统筹兼顾"的总体思路,合理配置生产要素和施工组织。

(2)建立监控及信息反馈的联动机制,数据采集处理后,形成监测日报、周报和月报等文字信息材料,及时根据监测数据进行盾构施工参数调整。

(3)为保证铁路运营和盾构下穿施工安全,同时考虑下穿范围处于平湖站内,与铁路部门沟通,施工期间广深铁路普速及动车通过车站时限速至 80 km/h,发现异常及时采取处理措施,确保铁路运营安全。

(4)合理优化施工组织,先进行右线盾构下穿铁路施工,待右线穿越出铁路区域后再进行左线盾构下穿铁路施工,避免工序干涉,减少停机时间。

2.6.4 关键技术应用

1. 试验段预演

为确保盾构下穿铁路安全,降低下穿铁路时的施工风险,将下穿铁路货场前右线 100 m(364 环~430 环)定为穿越铁路施工掘进试验段。

(1)试验段设置目的

①验证施工前制定的各项掘进参数,通过对掘进参数及地面沉降监测进行系统分析,确定制定的掘进参数能否满足沉降控制要求,及时调整不合适的参数,确保盾构进入铁路前掘进参数达到最优。

②总结地表沉降规律,在试验段掘进过程中,需要详细地分析各阶段沉降值与掘进参数的关系,通过有针对性地调整掘进参数,确保地表沉降得到有效控制。

③总结注浆施工注浆压力对地面变形的影响,在避免地面下沉的前提下严防地面隆起。

④调整盾构机的性能,在试验段磨合好盾构机的各项性能,同时加强盾构机的维保,降低盾构下穿铁路期间设备故障率。

(2)掘进参数总结

试验段的盾构推进参数和地面监测情况见表 2-6-1。

表 2-6-1 试验段盾构机掘进参数和监测情况

环　号	土压值/bar	刀盘转速/(r/min)	推进速度/(mm·min^{-1})	总推力/kN	出土量/m^3	同步注浆量/m^3	地面沉降量变化/mm
364~373	1.4~1.5	1.3~1.6	14~24	12 434~13 909	67	7	-2.58
374~383	1.4~1.5	1.3~1.6	15~33	12 225~13 356	65	7	-2.4
384~393	1.4~1.5	1.3~1.6	22~34	10 323~13 286	66	7	-2.1
394~403	1.4~1.5	1.3~1.6	14~38	9 640~13 963	69	7	-2.03
404~413	1.6~1.7	1.3~1.6	8~22	9 353~14 867	67	7	-0.11

续上表

环　　号	土压值/bar	刀盘转速/(r/min)	推进速度/(mm·min^{-1})	总推力/kN	出土量/m^3	同步注浆量/m^3	地面沉降量变化/mm
414～423	1.4～1.5	1.3～1.6	20～33	8 406～11 567	66	7	-1.09
424～430	1.4～1.5	1.3～1.6	22～33	10 214～12 258	66	7	-2.67

从表2-6-1中可以看出，土压值保持在0.14～0.15 bar，推进速度保持在8～38 mm/min，同步注浆量控制在7 m^3，出土量控制在65～67 m^3，地面沉降变化量数值在-2 mm左右。在实际推进过程中，将土压值调整到大于理论值0.2 bar时，推进速度和刀盘扭矩有所降低，推力也相对增大，但地面沉降值控制最佳。

根据试验段管片测量数据，管片成型后有10～20 mm的上浮量，盾构机姿态垂直方向可以控制在-10～-20 mm推进，以弥补管片上浮带来的偏差。

2. 下穿段参数设定

(1)掘进参数

根据试验段的掘进参数和监测数据分析，下穿广深铁路段掘进参数设定见表2-6-2。

表2-6-2　下穿广深铁路段掘进参数

序　　号	项　　目	参　　数	备　　注
1	土仓压力	1.6～1.7 bar	土仓压力波动控制在±0.2 bar
2	刀盘转速	1.3～1.6 r/min	
3	刀盘扭矩	2 500～3 200 kN·m	
4	推进速度	20～25 mm/min	
5	推力	≤15 000 kN	
6	盾构姿态水平偏差	±20 mm	
7	盾构姿态垂直偏差	-10～-20 mm	
8	每环姿态纠偏量	≤10 mm	
9	同步注浆量	6.5～7 m^3	
10	每环出渣量	64.3～69 m^3	按每斗土方的行程量控制
11	同步注浆压力	≤5 bar	
12	泡沫液混合液总流量	≤70 L/min	
13	FER	12～14	
14	泡沫原液比例	3%～4%	采用分散型泡沫剂

以上数据不匹配的时候优先保证土仓压力，通过调整渣土改良剂的配比和用量，以及调整刀盘转速来提高掘进速度、降低刀盘扭矩和油缸总推力。

(2)同步注浆

下穿广深铁路段砂浆的初凝时间要比一般地段短,根据试验室的试验,对砂浆的配合比进行调整,砂浆的初凝时间控制在3 h,1 d强度0.6~0.8 MPa,同步注浆浆液配比见表2-6-3。

表2-6-3 同步注浆浆液配比

水泥/kg	砂/kg	粉煤灰/kg	水/kg	膨润土/kg
140	860	420	410	40

(3)二次注浆

在管片脱离盾尾6环时,推进过程每隔一环进行二次注浆,开孔点位在1或11点位上方,开孔深度应大于0.5 m,以打穿壁后的同步注浆砂浆层。注浆过程注意观察管片有无出现错台和开裂,有上述情况发生时及时停止注浆。双液浆配比及浆液主要性质见表2-6-4。

表2-6-4 双液浆配比及浆液主要性质

水 灰 比	A液:B液(体积比)	凝结时间/min	水玻璃波美度/(°Bé)	注浆压力/MPa
100:150	1:1	1~3	35~40	0.2~0.4

(4)克泥效注浆

克泥效注浆使用范围从盾构在下穿广深铁路前10环开始至盾构下穿穿越出广深铁路平湖站房后10环止,通过从盾构机中盾位置的径向孔处同步注入克泥效,填充盾壳与土体之间的间隙,减小地面沉降。克泥效的注入点在11点~1点钟位置,克泥效浆液每环注入用量按1.3倍的渗透系数考虑,大约为0.96 m^3。克泥效浆液配比见表2-6-5。

表2-6-5 克泥效浆液配比

水/kg	克泥效粉/kg	水玻璃/L	水玻璃波美度/(°Bé)
850	400	50	≥40

3. 管片选型和拼装

每环推进结束后操作手需要对盾尾间隙进行实际测量,根据线路的走向、盾构机姿态和盾尾间隙情况动态调整管片布局。盾尾间隙小于45 mm时需要根据情况调整拼装管片的类型和封顶块的拼装点位,避免管片因为盾尾间隙小而发生管片破损。

管片拼装时相邻管片平整度控制在±2 mm以内,纵向相邻环环面平整度控制在±3 mm以内。管片螺栓拼装好后进行拧紧,管片出盾尾后进行二次复紧。拼装过程注意拼装质量,避免管片破损和止水条损坏。

4. 管片加强配筋

下穿铁路段范围内采用加强配筋型管片,管片主筋形式对比见表2-6-6,同时对管片增设注浆孔(封顶块除外),由原来每块管片上1个增加到3个,从而整环注浆孔达到16个。通过增加注浆孔可以为后期二次注浆提供更多注浆点位,必要时可以进行深孔注浆加固。

表 2-6-6　管片主筋形式对比

管片类型	配筋形式(内侧)	配筋形式(外侧)
普通型	$4\phi20+8\phi18$	$4\phi18+8\phi16$
加强型	$4\phi22+8\phi20$	$4\phi20+8\phi18$

5. 管片壁后地质雷达检测

在盾构下穿完广深铁路出站房后，采用地质雷达对下穿广深铁路和站房范围内管片壁后注浆质量进行探测，探测盾构隧道管片壁后注浆厚度、密实度以及是否存在空洞等缺陷。探测一般分 3 个部位进行，沿着隧道顶部和左右拱腰连续探测。通过地质雷达的探测能有效检测隧道顶部是否存在空洞，指导对管片壁后空洞部位的二次注浆，避免对铁路的运营留下安全隐患。

6. 监控量测

(1)监测内容

为保障广深城际铁路的运营安全和提高监测效率，本项目采用自动化监测系统对盾构下穿平湖火车站内的路基、站台、电气化立柱和人行天桥等进行布点监测，根据监测数据及时调整盾构机掘进参数，控制指标见表 2-6-7 和表 2-6-8。

表 2-6-7　轨道几何尺寸变形控制值

项　目	轨　距	水　平	高　低	轨　向	三角坑(直线扭曲)
控制值	+4 ~ −2 mm	5 mm	5 mm	4 mm	4 mm
报警值	限制 70%	限制 70%	限制 70%	限制 70%	限制 70%

表 2-6-8　路基变形控制值

项　目	报 警 值	控 制 值	监测点布置
路基水平和竖向位移	7 mm	10 mm	隧道轮廓线外 25 m 范围内，纵向每 5 m 布置一测点；25 ~ 50 m 范围内，纵向每 10 m 布置一测点

(2)监测数据分析

本次监测共布置监测点 342 个，监测结果见表 2-6-9。

表 2-6-9　变形监测成果汇总

序　号	监　测　项　目	监 测 点	累计变化最大值/mm
1	轨面 H 轴位移监测	GM5-7	−0.22
2	路基 H 轴位移监测	LJ4-2	−0.23
3	天桥 H 轴位移监测	TQ1-1	0.13
4	接触网 H 轴位移监测	JCW4-2	−0.16
5	建(构)筑物 H 轴位移监测	FJ1	−0.08

通过监测成果汇总表数据可以分析出，整个盾构下穿广深铁路过程地面沉降各项指标均符合规范要求，盾构顺利通过。

2.6.5 经验小结

通过前期下穿广深铁路前试验段的掘进参数总结和筹划，下穿期间采取的各项施工组织和技术措施为成功下穿广深铁路提供了坚定的基础。禾花站—平湖站区间盾构下穿广深铁路右线用时 7 d、左线用时 6 d，安全平稳地下穿广深铁路、站台、人行天桥和站房等设施，地面沉降值满足要求，确保了站内铁路和设施的安全，关键在于：

（1）根据下穿段的地质进行试验段的掘进参数收集和分析，为下穿广深铁路时提供合理的参数设置。

（2）掘进时做好参数的选择和控制，严控同步注浆和二次注浆量，减少隧道和地面沉降变形。

（3）施工过程合理安排施工步骤，严密组织和精细管控，强化现场监测和信息反馈。

2.7 盾构穿越高密集锚索区

2.7.1 工程概况

1. 盾构区间与锚索关系

深圳地铁 9 号线二期高新南站—红树湾南站盾构区间在靠近高新南站接收端的深圳湾科技生态园二期约 150 m 范围内有 215 束锚索全部或部分侵入隧道结构范围。左线范围 90 m 共 122 束锚索，右线范围 150 m 共 154 束锚索。区间线路与锚索平面关系如图 2-7-1 所示。

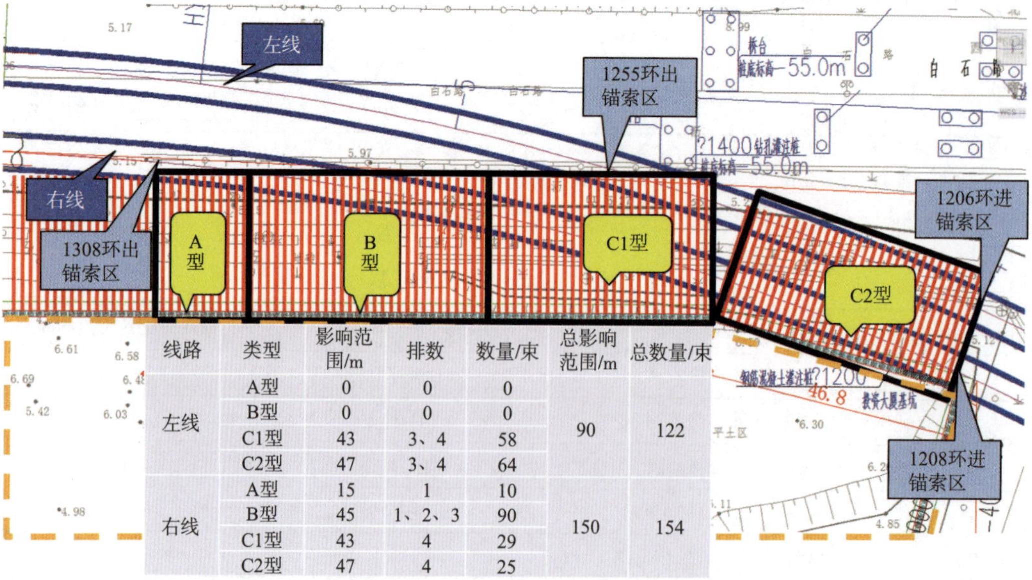

线路	类型	影响范围/m	排数	数量/束	总影响范围/m	总数量/束
左线	A型	0	0	0	90	122
	B型	0	0	0		
	C1型	43	3、4	58		
	C2型	47	3、4	64		
右线	A型	15	1	10	150	154
	B型	45	1、2、3	90		
	C1型	43	4	29		
	C2型	47	4	25		

图 2-7-1　区间线路与锚索平面关系图

2. 工程地质与水文地质

区间隧道顶部覆土 16 m，地层主要依次为 <1-1> 素填土、<2-2> 中粗砂、<3-5> 砾砂、<6-1> 可塑状砾质黏性土、<6-2> 硬塑状砾质黏性土。洞身范围主要为 <3-5> 砾砂、<6-1> 可塑状砾质黏性土。砾砂层含水量丰富，具有中等透水性，补给充分，与距离 80 m 大沙河存在水力联系。地下水主要为松散层孔隙水和基岩裂隙水。区间地质剖面如图 2-7-2 所示。

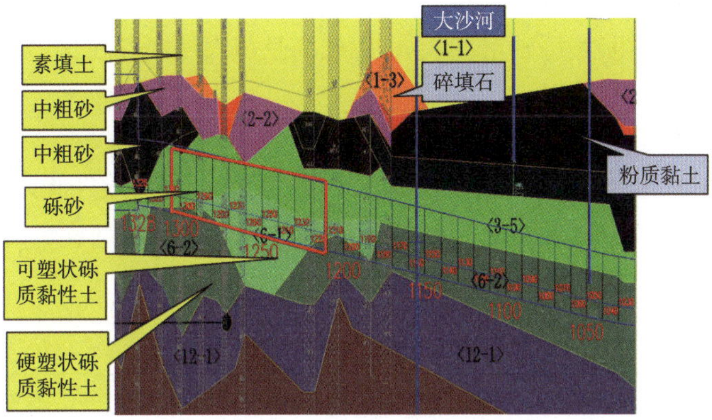

图 2-7-2　区间地质剖面图

3. 地面周边及管线情况

地面管线较多，主要有 2 个高压电缆沟、2 个 4.2 m × 1.6 m 混凝土雨水箱涵、1 根 ϕ1200 钢供水管、1 根 ϕ600 钢供水管、1 根 ϕ500 混凝土污水管等，埋深在 1.1 m 至 5.7 m 不等，如图 2-7-3 所示。

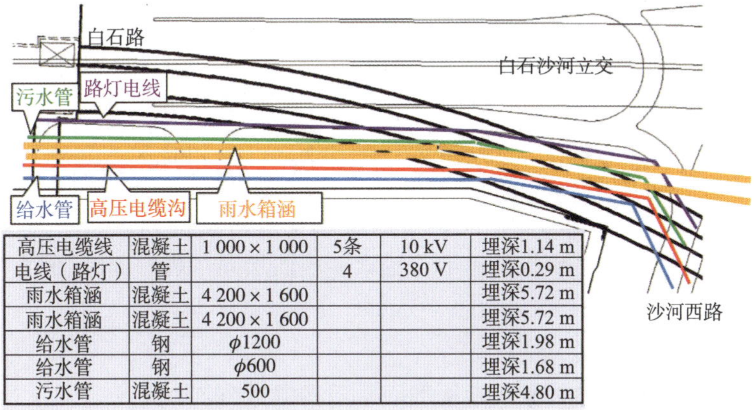

高压电缆线	混凝土	1 000 × 1 000	5条	10 kV	埋深1.14 m
电线（路灯）	管		4	380 V	埋深0.29 m
雨水箱涵	混凝土	4 200 × 1 600			埋深5.72 m
雨水箱涵	混凝土	4 200 × 1 600			埋深5.72 m
给水管	钢	ϕ1200			埋深1.98 m
给水管	钢	ϕ600			埋深1.68 m
污水管	混凝土	500			埋深4.80 m

图 2-7-3　锚索区市政管线图

2.7.2　工程重难点及方案比选

1. 工程难点

（1）高密度、大数量锚索区

①锚索缠绕刀盘会减小刀盘实际开口率，造成扭矩及推力增大，土体不易进入土仓，易引起地面及周边管线较大变形，严重时会使刀具失去破岩能力，盾构机无法掘进。

②锚索卷入土仓后，易缠绕螺旋输送机，无法出土，盾构机无法掘进。

③锚索在地层中受扰动后，会对盾构带压开仓作业和注膨润土建立泥膜带来较大影响。

(2)周边环境复杂

①地下管线较多，迁改困难，施工场地有限，含占蛇口片区供水60%～70%的1根直径1.2 m给水管、2个4.2 m×1.6 m大型雨水箱涵。

②地层多为富水中粗砂、砾砂层，地下水位较高且与大沙河存在水力联系，水源丰富，施工难度大。

2. 方案比选

高密集锚索区对盾构施工带来极大挑战，根据相关的工程实践经验以及技术标准，提出三种施工方案：拔除锚索后盾构推进、暗挖施工+盾构空推、地面加固+盾构掘进。方案比选见表2-7-1。

表2-7-1 方案比选表

施工方案	费用	工期/d	风险分析
拔除锚索后盾构推进(原设计方案)	较高	350	(1)科技生态园自有功能性管线已投入使用，包括高压电缆、雨水管、给排水管、污水管、消防管道等，且大部分埋设于原设计方案涉及的范围内，无法迁改； (2)施工场地协调困难，设计方案所涉及的区域不能提供； (3)作业空间受限，锚索拔除成功率低； (4)富水砂层中拔除锚索涌水涌砂风险大； (5)工期较长
地面加固+盾构掘进	高	250	(1)需封闭白石路转沙河西路辅道； (2)需占用生态科技园部分场地
暗挖法+盾构空推	最高	562	(1)矿山法竖井施工需占用白石路右转沙河西路辅道； (2)矿山法隧道位于<3-5>砾砂层，局部洞顶有约2.8 m厚淤泥层，需确保冻结法施工质量，确保施工安全； (3)需分段采用冻结法加固后开挖，工期长，费用高

最终，结合施工地段实际的地质水文状况、多次专家论证(包括两次院士级别的论证)，本次施工最终选择采用"地面旋挖处理部分锚索+地面加固+盾构掘进"的方法。

2.7.3 关键技术应用

采用"地面旋挖处理部分锚索+地面加固+盾构掘进"的方法。

主要施工流程：施工准备→旋挖钻处理锚索→三重管旋喷桩加固→WSS注浆加固→盾构推进→开仓处理锚索→盾构推进→接收→场地恢复。

根据锚索侵入隧道的数量及长度，综合分析，统筹兼顾施工方法。

1. 旋挖桩机处理锚索

在地面允许的条件下，通过旋挖桩机旋挖钻进的方式(图2-7-4)，切断部分锚索，释放锚索张拉应力,切断后的锚索形成自由端残留在地层中,减少了盾构掘进的困难。

图 2-7-4 旋挖钻处理锚索

2. 地面加固

(1)锚索段地层处于富水砾砂层,在锚索区地面不受管线影响的区域,采用三重管旋喷桩加固,确保盾构机强推时地层、管线、建筑物不受扰动。

(2)针对箱涵下方存在的垂直加固盲区,左线约 50 m,右线约 60 m,需补充斜向加固(图 2-7-5),以确保施工安全。

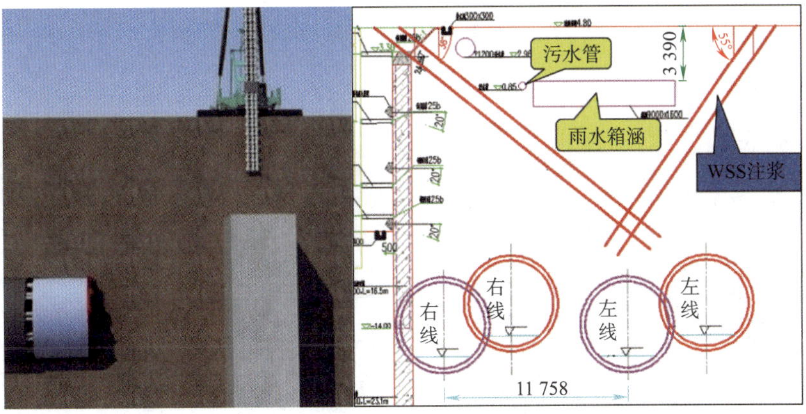

图 2-7-5 锚索区进行三重管旋喷桩加固及 WSS 斜向注浆(截图)

(3)箱涵两侧各采用 1 排 WSS 工法进行地层填充注浆,雨水箱涵、污水管由于埋深较深,采用 WSS 工法从地面斜向注浆加固,起到保护管线的作用。

(4)在盾构进入锚索段前、后设置停机换刀点。在进入锚索段前,左、右线各增设一处停机换刀点:左线 1086 环处,右线 1092 环处。待盾构机到达此处,带压开仓检查刀盘,更换刀具,确保顺利通过锚索段。在通过锚索段后,左、右线各增设一处停机换刀点:左线 1270 环处，右线1315环处，待盾构机到达此处，带压开仓检查刀盘，更换刀具，确保顺利接收。

3. 盾构掘进

当旋挖桩机处理锚索、地面加固完成后，盾构机推进。设定掘进参数如下：

(1)合理选定掘进模式和主要掘进参数。为了尽可能让盾构挤压土体，让锚索在土体中随盾构前进后滑动，掘进模式采用土压平衡模式，切口压力通过补充气压和补充泥浆来实现。

(2)盾构在锚索段加固区掘进时，速度不宜过快，控制在10 mm/min左右。速度过快可能导致一处锚索没有通过，又与下处锚索重叠，增大刀盘扭矩。

(3)为了防止锚索缠绕过多，困住刀盘，刀盘扭矩控制在2 000～2 500 kN·m。一旦出现扭矩超负荷自动停机，迅速反转刀盘。

(4)充分利用二级螺旋输送机对喷涌防治的功能，改良液化土体。向土仓内注入大量膨润土对锚索进行润滑，注入分散剂等土体改性剂，增加土体流塑性，便于盾构挤压式推进。

(5)刀盘转速及方向控制：刀盘转速不宜过快，设定在1.0 r/min，不得频繁转换刀盘旋转方向。

(6)刀盘缠绕锚索会增加对土体的扰动，带来部分土体流失。盾构同步注浆要上调充填比例至1.8～2.0，注浆量8～10 m^3/环。在距离盾尾5环的位置及时进行二次补注双液浆，注浆压力不应超过0.8 MPa，以形成止水环，对隧道管片进行固定。

(7)密切关注螺旋输送机出土情况，是否有锚索排出，同时密切关注渣温情况。

4. 开仓检查

(1)锚索段掘进过程中，尽可能做到有计划地开仓检查，定期检查刀盘，清理锚索，避免因掘进困难而造成的被动开仓；开仓位置尽量选在地面预注浆加固过的范围，如图2-7-6和图2-7-7所示。

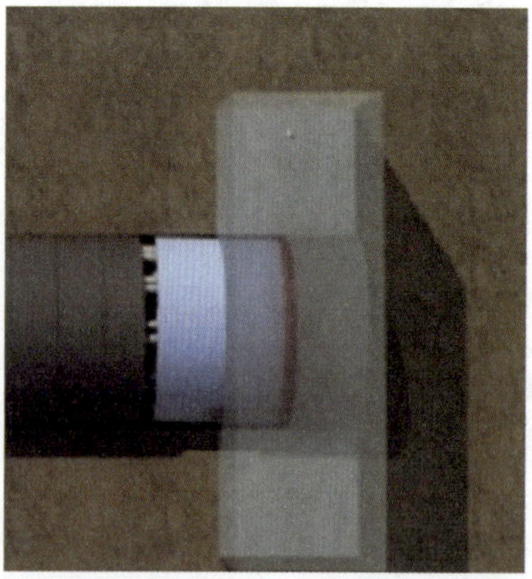

图2-7-6　盾构机在加固区停机开仓

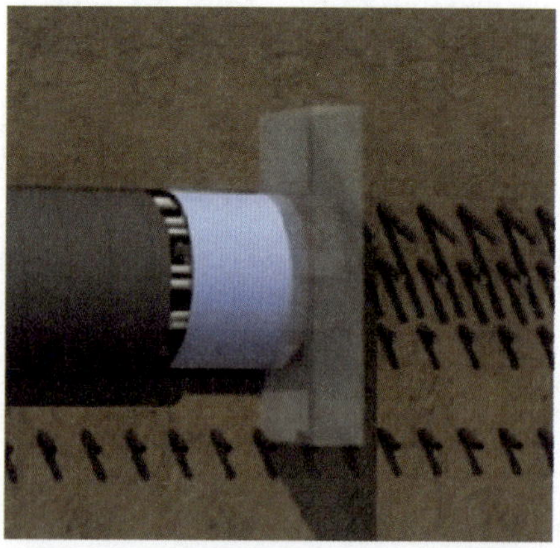

图2-7-7　盾构机在锚索区超前注浆加固

(2)当出现刀盘扭矩过大、渣温升高、刀盘前出现异响等异常情况，应及时开仓检查，使用液压钳切除缠绕在刀盘开口处的锚索，待锚索清理完毕，继续掘进。

(3)开仓前,利用盾构机自有的超前注浆孔,加固刀盘前方1.0~1.5 m范围的土体。

5. 应急措施

(1)当盾构机在加固区域内出现不能出土的情况时,应迅速判断是否进行开仓处理缠绕刀盘的锚索。开仓作业前准备工作需做好,一旦开仓,必须保证连续作业,开仓后观察掌子面情况,确认稳定后再进仓处理,避免使用动火作业,尽可能采用液压切断。

(2)盾构机使用的螺旋机无伸缩功能,前闸门无法关闭。当螺旋机出现异常时,可向螺旋机前端注入聚氨酯,并通过中盾径向孔注聚氨酯形成环箍,切断地下水补给,清理螺旋出土器内锚索。

(3)在进行挤压式掘进时,必须对地面情况加强巡视及监测,提高监测频率,发现地面情况变化较大,应立即停止推进。

2.7.4 实施效果评定

1. 盾构通过锚索段时数据分析

通过对锚索测量定位和对盾构参数的跟踪(表2-7-2,图2-7-8,图2-7-9,图2-7-10),判断盾构应于1208环进入锚索区域。

表2-7-2 掘进参数统计

线路	类别	平均速度/($mm \cdot min^{-1}$)	推力/t	扭矩/(kN·m)	出土量/m^3	注浆量/m^3	注浆压力/bar	掘进环数/(环·d^{-1})
右线	平均值	36.38	1 215.17	2 212.79	67.75	7.1	2.8	6.33
	最大值	55	1 569	3 000	75	11.1	3.1	9
	最小值	15	972	1 370	59	5.9	2.5	2
左线	平均值	47.02	1 211.04	1 945.96	68.87	7.186 5	2.78	6.28
	最大值	62	1 818	3 041	74	12.6	2.9	9
	最小值	5	797	769	65	6.2	2.6	1

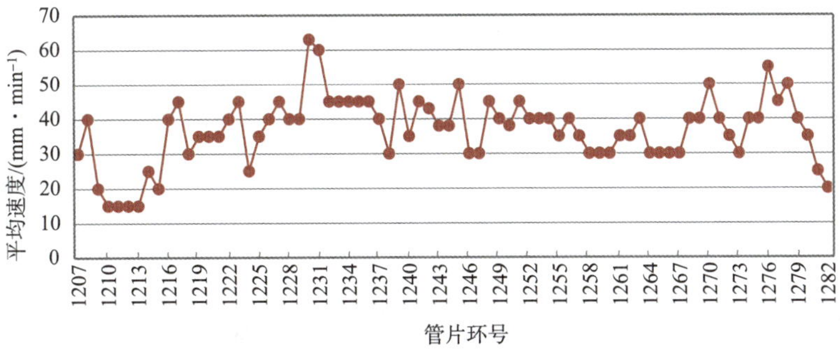

图2-7-8 平均速度参数曲线

通过上述数据的分析可以看出,随着盾构在锚索区域内的掘进深度,锚索自由端即使已

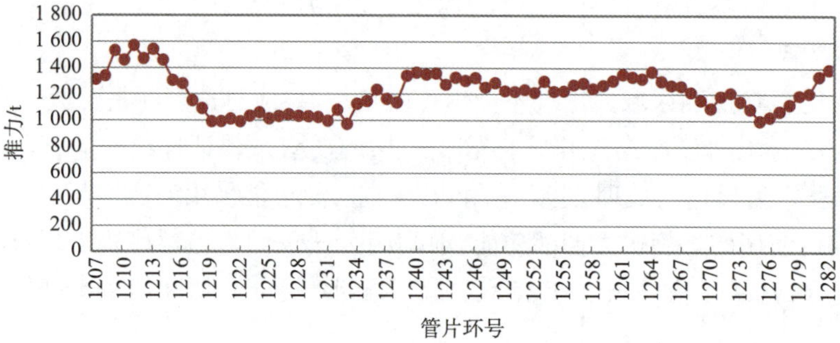

图 2-7-9　掘进推力参数曲线

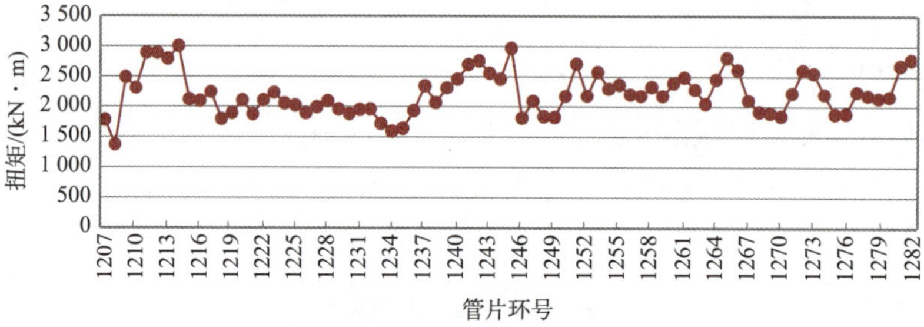

图 2-7-10　掘进扭矩参数曲线

被旋挖钻切断,也会对盾构机的推进速度和扭矩造成较大影响(推进速度下降 50%以上,扭矩峰值达到 3 000 kN · m),几乎为正常掘进的 1 倍,但仍可看出,与盾构机额定扭矩 4 500 kN · m、脱困扭矩 5 300 kN · m 相比,仍有较大富余量。

盾构机推力平均为 1 215 t,较进入锚索区域时 1 600 t 的数值稍低,是采取略欠压模式的体现。结合地面监测情况可看出,在略欠压模式下,盾构机掘进未引起地面明显沉降。

2. 实施效果

(1)施工情况

右线 2018 年 5 月 23 日 ~6 月 16 日,历时 25 d。期间开仓 1 次耗时 8 d。施工质量控制良好,地面无异常。开仓共 8 d,带压进仓 21 次,清理刀箱渣土及仓内锚索。

左线 7 月 5 日 ~25 日,历时 21 d。期间开仓 1 次耗时 7 d,清理锚索及更换刀具。施工质量控制良好,地面无异常。开仓共 7 d,带压进仓 36 次,检查刀具 40 把,其中更换单刃滚刀 28 把,中心双刃滚刀 6 把,均为正常磨损。

掘进时间情况见表 2-7-3,仓内锚索情况如图 2-7-11 所示。

表 2-7-3　掘进时间统计

线　路	穿越环数	停机时间/d	开仓耗时/d	穿越耗时/d(不含开仓)	总耗时/d	备　注
右线	150	0	8	7	15	穿越后开仓
左线	50	7	7	7	21	穿越中遇到孤石

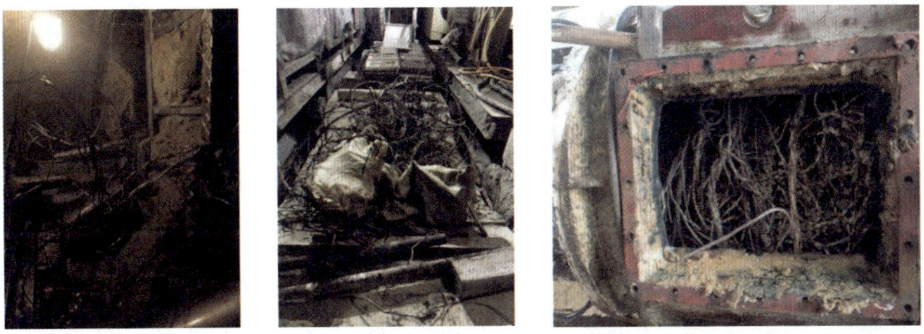

图 2-7-11　仓内情况及清理出的锚索

(2)地面监测情况

右线穿越后最大地表沉降 -16.8 mm(监测点 DBC244-1),左线穿越后最大地表沉降 -18.6 mm(监测点 DBC244-1),未达到预警值,地面建(构)筑物及管线安全。

通过两次穿越发现,沉降主要发生在右线穿越过程,主要原因是锚索扰动,左线穿越时沉降基本稳定,左线穿越后最大沉降仅 1.8 mm。

2.7.5 经验小结

通过 9 号线西延线高新南站—红树湾南站区间复杂环境下盾构穿越高密集锚索区的工程实例,在传统以清除锚索为主要思路的方法以外,提出了一种在复杂环境下以盾构掘进为主、地面旋挖处理与地面注浆加固为辅的盾构穿越锚索区施工方案,实现了盾构顺利穿越锚索区,可为今后盾构穿越锚索区施工提供借鉴和参考。

第3章　双护盾TBM技术应用

深圳中部多为海岸山脉地貌，地铁线路向北部、东部延伸过程中需穿越高大山岭，岩性以中、微风化基岩为主，种类含花岗岩、统角岩、凝灰岩，部分强度达 120 MPa 以上。深圳地铁在三期工程首次引入双护盾 TBM 进行地铁隧道施工，分别在 10 号线孖岭站—雅宝站区间隧道、6 号线羊台山隧道、6 号线民乐停车场出入线隧道、6 号线梅林关站—翰林站区间隧道、8 号线梧桐山南站—沙头角站区间隧道共 10 条隧道中应用。这些工程实践经验的积累，为 TBM 技术在深圳地区山岭隧道应用奠定了坚实基础。

3.1　双护盾 TBM 应用实践

3.1.1　TBM 选型依据

TBM 选型过程是一个多因素综合考量的过程，要针对具体的工程地质"量体裁衣"。选型需要重点考虑工程地质、水文地质条件，线路周边环境条件、沿线场地条件、周边管线，受影响建筑物及地下洞室的结构特性、基础形式、现状条件及可能承受的变形，一次连续掘进隧道区间最大长度、工程工期，同一区域类似工程施工隧道的变形监控量测资料等，综合评估来确定 TBM 形式和配置，如图 3-1-1 所示。

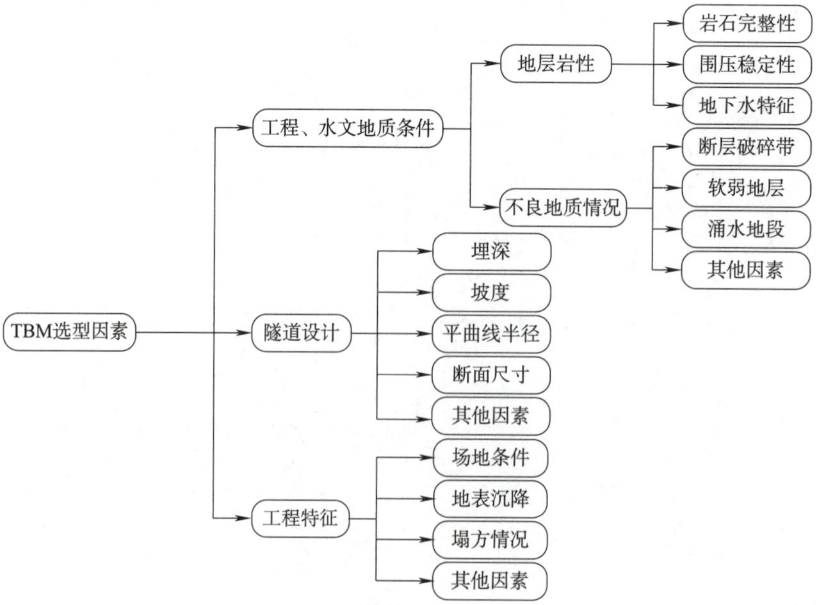

图 3-1-1　TBM 选型因素

不同类型的 TBM 都有其针对性的地质适应性,因此需要对敞开式 TBM、单护盾 TBM、双护盾 TBM 进行综合比选分析。通常认为敞开式 TBM 适应围岩条件较好,岩石为中硬岩、坚硬岩、极硬岩,单轴抗压强度在 50 ~ 300 MPa 之间,岩石稳定性要求较高,一般开挖围岩为Ⅰ、Ⅱ、Ⅲ级围岩。单护盾 TBM 主要应用于地质松软地层,即围岩的稳定性差,单轴抗压强度在 50 MPa 以下的Ⅳ、Ⅴ级围岩。因为在此类围岩等级强度下使用敞开式和双护盾 TBM 无法支撑洞壁,不能有效提供反作用力,因此只能选择单护盾 TBM。双护盾 TBM 适应地层较广,岩石为软岩、中硬岩、坚硬岩,单轴抗压强度在 20 ~ 150 MPa 之间,岩体较完整至破碎都可适应,通常可适应围岩有Ⅱ、Ⅲ、Ⅳ、Ⅴ级围岩,但当遇到破碎带或膨胀围岩、地应力大而导致围岩大变形时有卡机风险。各类 TBM 适应的围岩强度等级如图 3-1-2 所示。

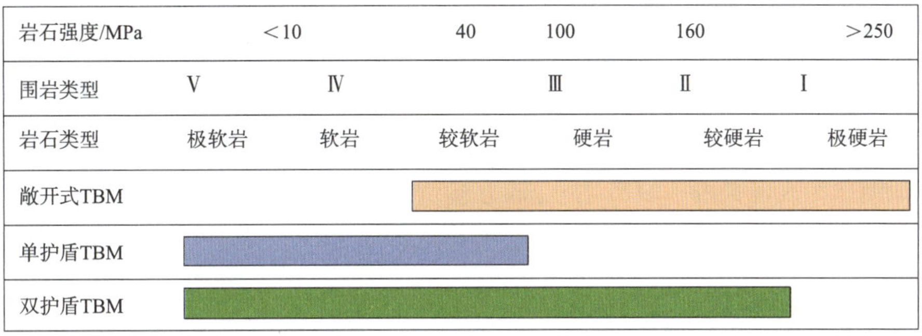

图 3-1-2 各类 TBM 地质适应性选型参考示意图

3.1.2 深圳地区适用性分析

1. 双护盾 TBM 原理

双护盾 TBM 主要由装有刀盘及刀盘驱动装置的前护盾、装有支撑装置的后护盾、连接前后护盾的伸缩部分和安装预制混凝土管片的尾盾组成。其结构如图 3-1-3 所示。双护盾 TBM 具有双护盾模式和单护盾模式两种掘进模式。

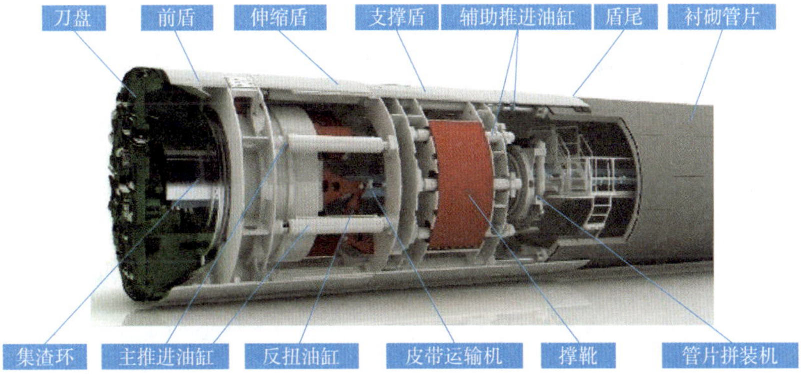

图 3-1-3 双护盾 TBM 结构

在掘进硬岩时采用双护盾模式：通过侧向撑靴紧撑在洞壁上，为刀盘和前护盾提供反力，掘进与安装管片能同时进行，施工速度快。

软弱围岩时则采用单护盾模式，不再使用侧向撑靴，依靠推进油缸支撑在管片上提供掘进反力，TBM 掘进与管片安装不能同步。

2. 深圳地区双护盾 TBM 应用要求

由于城市地铁施工的特殊性，双护盾 TBM 在城市地铁施工过程中很大程度上受施工场地狭小、地下管线密集、地面建(构)筑物等因素影响，需要满足以下条件：

(1)深圳地铁 TBM 始发场地通常狭小，多采用竖井分体始发。由于同一隧道区间存在软土及硬岩，因此区间施工通常采用矿山法 + TBM 法施工相结合的方式，因此要求 TBM 设备整机各部件能够方便拆解、运输和吊装。

(2)深圳地铁穿越地层以中、微风化花岗岩为主，岩石石英含量高，岩石单轴抗压强度普遍较高，多在 70 ~ 220 MPa 之间，要求 TBM 满足在极硬岩条件下施工的针对性设计，必要时需要针对特殊硬岩地层对刀具做针对性的改造。

(3)深圳作为我国最发达城市之一，地上建(构)筑物密集、地下管线复杂，地铁线路的规划和设计普遍面临小曲率半径施工问题，要求双护盾 TBM 装备设计满足极限小曲率半径转弯要求。

(4)深圳地区地质复杂，结合目前施工的线路，多数隧道施工区段会遇到断层破碎带，因此要求深圳地区双护盾 TBM 在选型设计时，要针对断层破碎带设计针对性的辅助配套处理设备，避免设备卡机风险。

(5)地铁主体结构设计寿命为 100 年，隧道管片成型综合质量是一个重要关注点，要求双护盾 TBM 配置安全便捷的辅助施工设施，如管片拼装设备、豆粒石回填设备、注浆设备等。

3.1.3 双护盾 TBM 应用实践

1. 极限小半径施工

深圳轨道交通 6 号线民乐停车场出入线隧道采用双护盾 TBM 施工，线路起点为梅林关站—翰林站区间，出区间后以 $R_1 = 300$ m 曲率半径往西转，沿塘朗山西行 1 km 后以 $R_2 = 260$ m 曲率半径往东转接入民乐停车场线路，如图 3-1-4 所示。TBM 始发端即为 $R = 260$ m

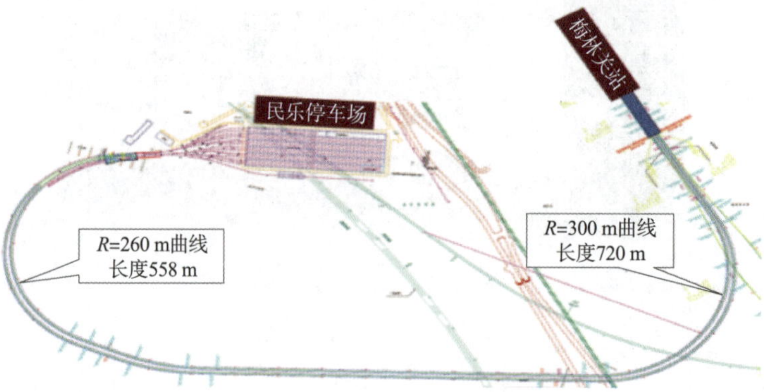

图 3-1-4　民乐出入线隧道工程示意图

的小半径曲线，且穿越地层为全断面微风化花岗岩，岩石强度高，该工况下的小半径施工难度极大，在世界范围内都相当具有代表性。

在穿越地层为全断面微风化花岗岩的始发端小半径施工中，极容易导致空推步进过程中出现主机卡盾现象，且施工中刀具消耗频繁、测量工作巨大、施工中导向系统顶台不稳定，随着管片振动而振动，传统全站仪固定方法完全无法施工。

（1）小半径施工空间受限、步进困难

由于单洞双线隧道二衬施工已完成，TBM 刀盘与二衬结构面最小距离仅 10 cm，且矿山法段断面形式变换频繁以及 $R=260$ m 的小半径空推都极大地增加了空推步进施工难度，在空推步进过程中出现了空间受限及步进受阻问题。小半径空推如图 3-1-5 所示。

图 3-1-5　$R=260$ m 小半径空推

在这种 $R=260$ m 小半径施工过程中，为了保证顺利通过该区域，首先进行施工预先模拟，找到干涉危险区域，过程中需重点对净空断面较小区域加强断面测量，模拟实际相对位置关系，精准控制导台轨面高程，提前预埋反力孔套筒保证反力架孔孔深，非标准截面导台两侧植筋混凝土浇筑平齐轨面，提高侧向支撑力，确保导台结构稳定。

此外，在步进过程中由于预埋的钢盒子变形和部分区段钢盒子埋深不够，导致导台混凝土破损、开裂，步进受阻，建议后续工程可以做双排反力支撑、加深钢盒子预埋位置，在设备上合理调配油缸驱动力分配，平时加强滑轨的润滑及保养。

（2）刀具消耗规律分析

直线段非正常磨损换刀占总体换刀比例：左线为 10%，右线为 15%，每延米刀具损耗量：左线为 2. 38 把/m，右线为 2. 04 把/m，如图 3-1-6 所示。

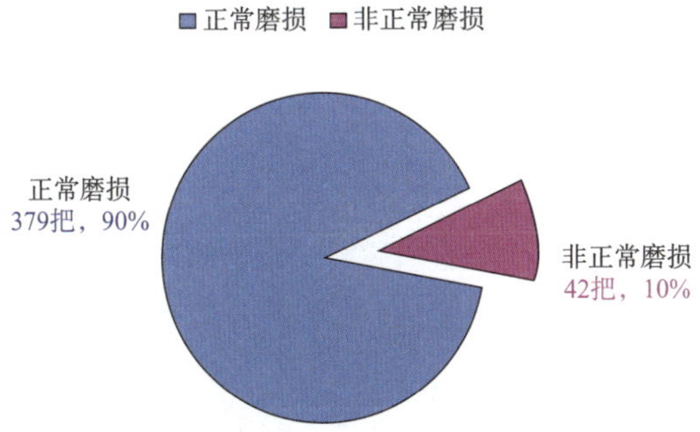

（a）左线

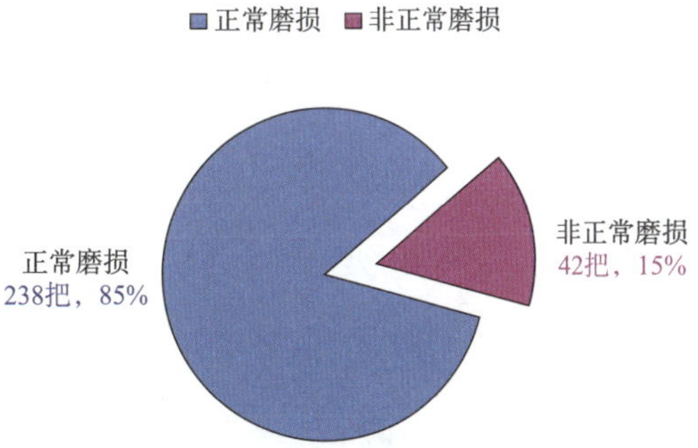

（b）右线

图 3-1-6　左、右线直线段刀具消耗

小半径曲线段非正常磨损换刀占总体换刀比例：左线高达18%，右线高达21%，通过计算发现小半径曲线段每延米刀具损耗量：左线为2.04把/m，右线2.70把/m，如图3-1-7所示。

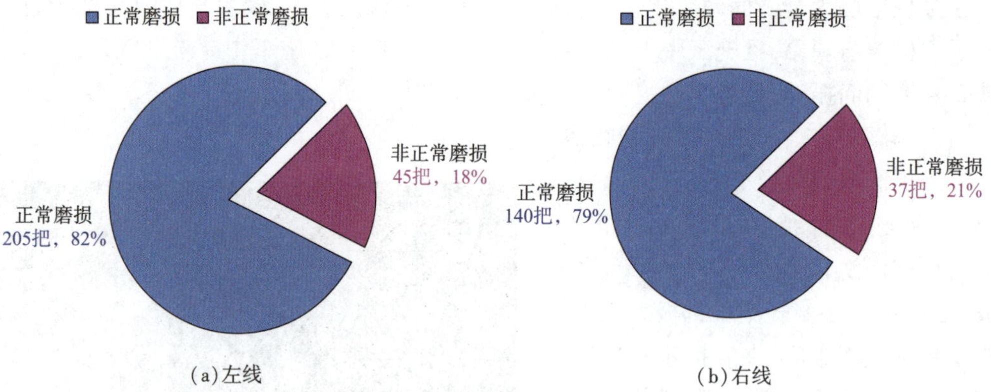

图3-1-7　左、右线小半径刀具消耗

通过上述研究发现：左、右线异常损耗换刀量占比，小半径曲线段明显高于直线段，说明小半径曲线段施工刀具损耗异常情况出现的更加频繁，小半径施工掘进难度更高，小半径曲线施工更需加强刀具管理。

左线停机更换刀具次数在直线段为37次，在小半径曲线段为29次。直线段长度超过小半径曲线段446.3 m，但停机换刀次数仅比小半径曲线段多出8次。发现小半径曲线段平均每17.54 m就需停机进行换刀工作，直线段平均每26.9 m才需要停机进行换刀。可以通过此规律合理组织换刀及刀具检修时间，提高施工效率。

(3)测量问题

小半径圆曲线施工换站空间狭小，每次人工导线点引至全站仪处要多次转站，始发端即是260 m圆曲线半径导致洞内导线布设十分困难，且全断面微风化花岗岩小半径掘进TBM在掘进过程中振动幅度大，导致测量导向系统顶台不稳定，随着管片振动而振动，传统全站仪固定方法完全无法施工。

经过多次试验对传统的测量顶台采取改进措施后，顶台高度尽可能短，使顶台架圆盘中心位置距管片竖向高度在46 cm左右。当顶台一根锚杆无法满足固定要求时，可以采用多根锚杆加强固定。通过该测量方式的改进，成功解决了振动无法测量的问题。此外，针对振动测量问题在其他项目上也有设置封闭环解决振动的成功案例。施工过程中可依据现场实际情况灵活采用。

2. 分体始发技术

深圳轨道交通6号线梅林关站—翰林站区间TBM始发场地狭窄，受地面场地制约，为实现隧道的整体性，需要从车站区间分界里程开始即拼装管片，因此采用分体始发方案，如图3-1-8所示。

双护盾TBM分体始发需完成与正常始发同样的施工功能，这些功能除回填灌浆外均可由主机完成，所以分体始发时主机需就位且实现主机动作的基本配套系统能提供服务。分

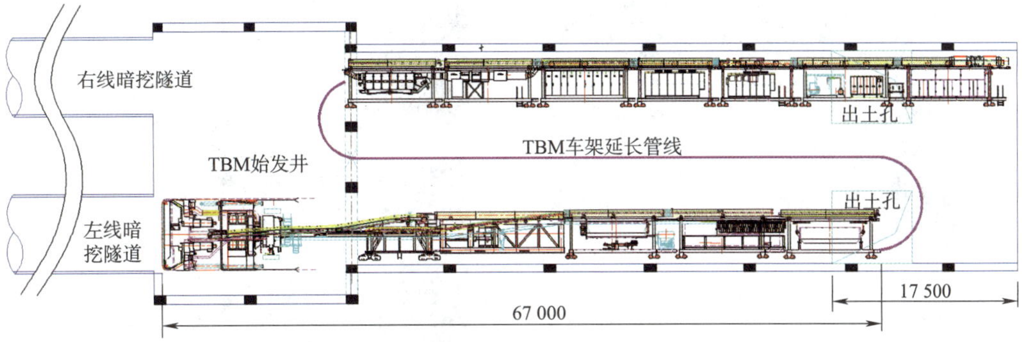

图 3-1-8　双护盾 TBM 分体始发图(单位:mm)

体始发步骤如下:

(1)首先将 4 号～10 号台车下放至车站右线底板或地面上,将设备桥及 1 号～3 号拖车下放至左线底板上,主机下井组装。

(2)连接管线,3 号与 4 号拖车之间采用延长管线连接,整机开始调试。

(3)将主机及 1 号～3 号拖车步进至盾尾通过始发井主体结构 1 m 后,开始空推拼装管片,直至刀盘与掌子面接触。

(4)拆除延长管线及 4 号～10 号拖车之间的连接管线,将 4 号～10 号拖车移至左线底板上,再次连接 4 号～10 号拖车之间的管线,用延长管线连接 3 号与 4 号拖车,整机调试后利用始发井出渣进料再次始发。

(5)TBM 向前掘进 70 m 后,拆除延长管线,将 4 号～11 号拖车移至暗挖隧道内,再次连接 3 号～11 号拖车间管线,整机调试后再次始发掘进。

在城市地铁施工过程中,因空间限制采用分体始发需要结合地质条件做好预案,掘进过程中需适时调整掘进参数,控制好掘进姿态,加强测量校准,此外应用于城市地铁隧道施工的双护盾 TBM 配套选择时需要综合考虑分体始发与后续施工的需求。

3. 极硬岩施工

深圳地铁 6 号线羊台山隧道选择双护盾 TBM 施工。羊台山隧道岩性为致密微风化花岗岩,其平均天然饱和单轴抗压强度为 180 MPa,最大达到 210 MPa,石英含量达 70%,其特性在城市地铁 TBM 施工中实属罕见,掌子面及取芯岩样如图 3-1-9 所示。

TBM 施工带来的困难主要在于设备掘不动,施工进度缓慢,掘进参数调整效果差,出渣渣样为粉末状,刀具磨损严重,换刀频繁,该级别强度的岩石在城市地铁施工中难度极大。

(1)硬岩段施工问题

通常采用岩石的单轴抗压强度 R_c 来判断 TBM 工作条件下隧道围岩开挖的难易程度,岩石单轴抗压强度与 TBM 掘进速度关系曲线如图 3-1-10 所示。

①$R_c \geqslant 150$ MPa 时,岩石的可掘进性差,刀具磨损严重,掘进效率低下。

②当 30 MPa $< R_c <$ 150 MPa 时,岩石属中等坚硬,掘进速度快,效率较高,随着岩石强度的增大,掘进速度不断降低。

图 3-1-9　掌子面及取芯岩样图

③当 $R_c \leqslant 30$ MPa 时，岩石强度低且大多位于不良地质带，围岩稳定性差，容易发生坍塌。

该硬岩区域最大岩石单轴抗压强度为 $R_c = 210$ MPa，属于极硬岩施工，该区段施工刀具磨损消耗剧烈，换刀频繁，刀盘刀具设计改进前基本无法破岩。

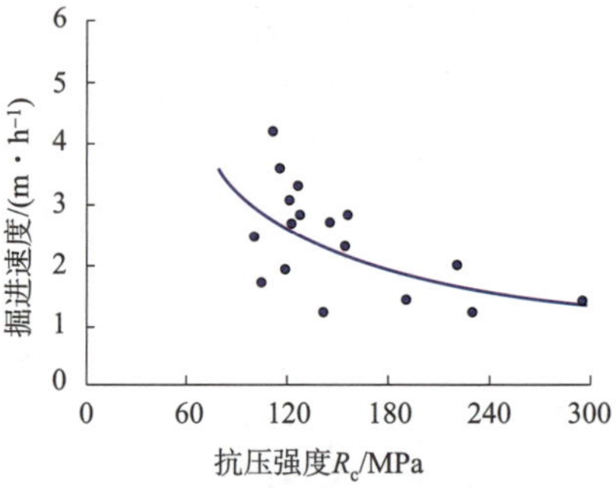

图 3-1-10　岩石单轴抗压强度和掘进速度关系曲线

(2)刀盘针对性设计

在刀盘刀具的设计上充分考虑了刀盘和刀间距的设计，刀盘面板采用 270 mm 锻造钢板，保障刀盘正面强度，连接法兰采用 340 mm 锻造钢板，保证刀盘抗倾覆能力，刀盘面板覆盖耐磨钢板，增强刀盘耐磨性能。正面及边缘滚刀采用了 19 英寸的大尺寸滚刀增强破岩能力。此外，考虑小的刀间距有利于破岩，能够有效降低刀盘振动、延长刀具使用寿命的特点，中心刀刀间距设置为 89 mm，正滚刀刀间距 86 mm、82 mm，如图 3-1-11 和图 3-1-12 所示。

图 3-1-11　羊台山隧道刀盘设计

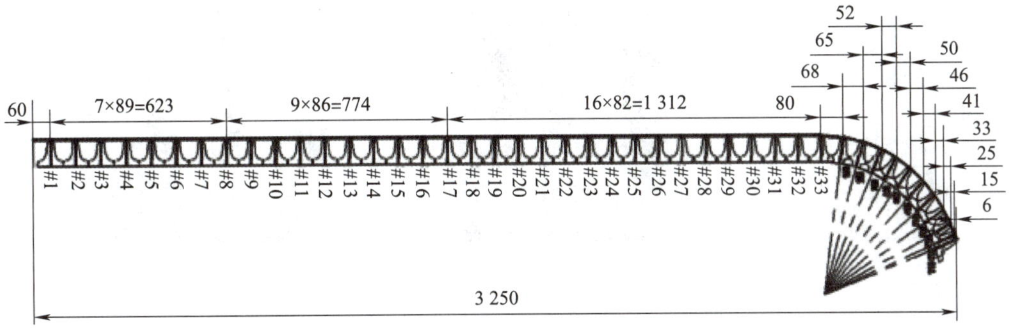

图 3-1-12 刀间距设置(单位:mm)

尽管在设备选型设计中已经考虑到了硬岩段施工的针对性设计,但羊台山隧道地层围岩完整性好、岩石强度高,导致 TBM 掘进贯入度小,调整推力无明显改善。刀具磨损严重,在此区域掘进参数为:刀盘转速 6.3 r/min,主推力 13 500 kN,贯入度 1.0 ~ 3.0 mm/r,掘进速度 7 ~ 18 mm/min。当提高转速,依靠刀具高转速来冲击破岩效果较差,贯入度较小。现场也尝试了不同厂家刀具,效果均不佳,没有实质性改进。该区间段极硬岩施工是制约整个区间隧道施工的难题。

此外截至 2018 年 10 月 22 日,左线 TBM 共掘进 2 010 m,右线 TBM 掘进 1 359 m,换刀 338 次,更换滚刀 1 335 把,使用至报废 19 英寸刀圈 1 167 个、挡圈 1 221 个,轴承 246 个,密封圈 147 套。且正在使用的 72 把单刃滚刀刀刃和 8 把双刃滚刀刀刃消耗已经过半,折合 50 个刀圈、挡圈。根据行业要求更换 4 次刀圈报废,共计使用的 139 把 19 英寸单刃滚刀,预计隧道掘进完成刀具费用 1 836 万元,每延米消耗约 4 500 元,刀具成本消耗巨大。因此,针对该地质区间做刀具的针对性优化改造意义巨大。

(3)刀具优化设计

通过反复地试验对该区段隧道施工刀具从材料、热处理到刀具的刃形做了如下优化改进:

①刀具材料改进

对刀具的原材料和热处理工艺改进优化后,指标满足:刀具刀圈的 $w_S \leqslant 0.003\%$,$w_P \leqslant 0.015\%$,达到超级特种钢标准,保证刀圈的材料质量,当抗拉强度 R_m 为 1 550 MPa 时,材料含硫量由 0.005% 降到 0.003%,使冲击韧度提高约 13 J。

②几何刃形优化

随着刀具的磨损,尖刃楔形截面滚刀很快就会钝化,影响破岩效率。因此,在刀具刃形上适度钝化,增加刀刃的宽度,优化刀具双侧曲面的过渡曲线,如图 3-1-13 所示。

(4)实施效果分析

通过刀具优化设计后,转速到 6.6 r/min,推力 13 000 kN,贯入度 2.5 ~ 5 mm/r,掘进速度 15 ~ 33 mm/min。在设备整体负荷总推力降低的情况下,提高了贯入度和设备的掘进速度,降低了刀具的更换频率,44 号边刀从优化前 10 环需要更换降低到掘进 16 环更换,28 号

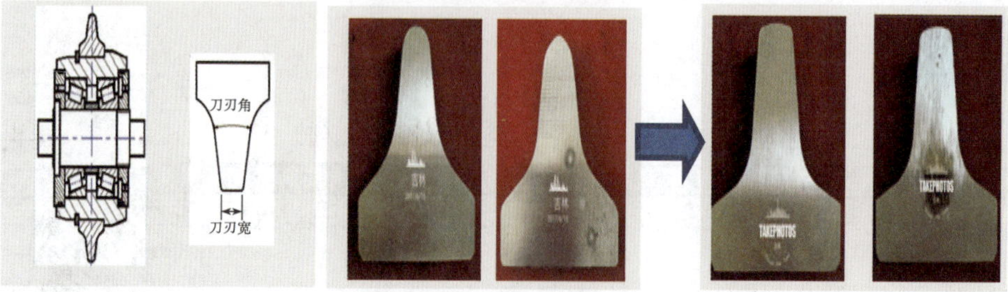

图 3-1-13　几何刃形优化

面刀从优化前 40 环需要更换降低到掘进 58 环更换。优化前后的参数见表 3-1-1。

表 3-1-1　刀具优化前后对比参数

项　目	44 号边刀/环	28 号面刀/环	转速/($r \cdot min^{-1}$)	平均贯入度/($mm \cdot r^{-1}$)
优 化 前	10	40	6.3	2.5
优 化 后	16	58	6.6	4

4. 穿越断层破碎带

深圳地区地质复杂，在多数规划隧道区间施工过程中都会遇到断层破碎带，如轨道交通 10 号线孖雅区间隧道存在 2 条断层破碎带，轨道交通 8 号线梧沙区间隧道存在 4 条断层破碎带，轨道交通 6 号线羊台山隧道存在 2 条断层破碎带。双护盾 TBM 在断层破碎带地层中掘进时，由于围岩不稳定，且不具备压力平衡功能，TBM 极容易遇到掌子面失稳、卡机等风险。双护盾 TBM 在断层破碎带被卡的原因通常有以下三点：

一是，施工前方地质不明且未超前勘探，没有采取预先处理措施，造成 TBM 经过时被卡。

二是，设备参数设置的不合理，对岩体扰动大，扰动频繁，导致 TBM 被卡。

三是，TBM 出现被卡征兆时未立即采取措施，刀盘前方坍塌进一步发展，导致 TBM 被卡受阻。

因此，采取合理的预处理手段、选择合理的掘进参数是保证双护盾 TBM 顺利掘进通过断层的前提。在深圳地铁 8 号线梧沙区间隧道双护盾 TBM 施工中，通过超前地质预报和超前注浆加固方式，顺利通过断裂带，超前注浆示意如图 3-1-14 所示。

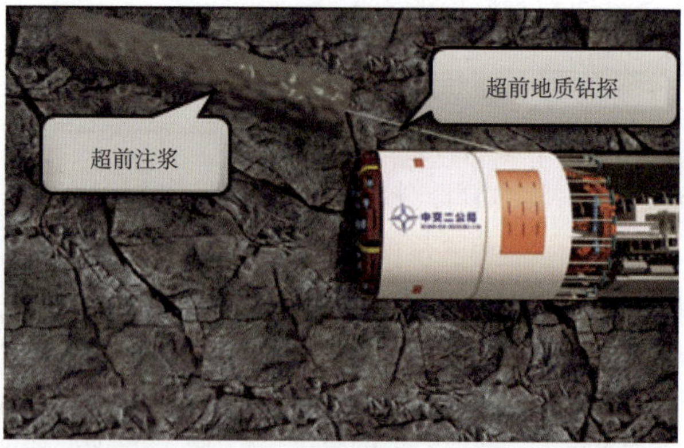

图 3-1-14　超前注浆示意图

10 号线孖雅区间隧道 TBM 两次穿越断层破碎带,断层宽度分别为 15 m、40 m;未做任何处理,通过调整设备参数快速通过。6 号线羊台山隧道 TBM 两次穿越断层破碎带,断层宽度分别为 7 m、20 m;未做任何处理,通过调整设备参数快速通过。

在实际施工过程中,合适的预处理及设备参数设置能够起到避困的目的,避免卡机风险。根据上述成功案例,并结合其他工程实例经验,针对不同大小的断层通常可以采取以下策略:

(1)通过超前地质预报,可及时发现异常情况,预告掌子面前方不良地质体的位置、围岩结构的完整性与含水的可能性,为正确选择掘进参数、支护设计参数和优化施工方案提供依据。

(2)断层破碎的规模较小时,则可以不进行预处理,采用低转速、大扭矩、小推力、快速掘进的方法直接通过,尽可能不停机或减少停机时间,以防 TBM 刀盘被卡。

(3)断层破碎的规模较大时,当采用直接掘进方法无法通过时,可以对刀盘前方破碎带进行超前注浆加固预处理,然后缓慢掘进通过。断层破碎的规模更大时,采用快速掘进、注浆预处理等无法掘进通过时,可采用超前导洞、绕洞等施工措施,然后 TBM 空推通过。

3.1.4　经验小结

深圳地铁双护盾 TBM 在不同施工区间的成功应用,验证了在城市地铁施工中选择双护盾 TBM 的可行性。

针对城市地铁施工的特殊性,不仅设备需要做针对性的选型设计,而且施工中要更加精细化的管理和控制,采用针对性的辅助施工措施才能保证工程的高效有序开展。

总结深圳地区双护盾 TBM 在极限小半径施工、极硬岩施工、场地限制分体始发和穿越断层破碎带等情况下采取的因地制宜措施,对后续深圳地铁施工具有重要的借鉴意义,对推广双护盾 TBM 在城市地铁施工、提升装备的地质适应性设计也有重要的参考价值。

3.2　空推步进左右线导台优化技术

双护盾硬岩掘进机(TBM)具有施工安全快速、环境影响小、对软弱破碎围岩适应能力强等技术优势,近年来被广泛应用于硬岩隧道的施工建设。受隧道内地质条件、沿线建(构)筑物、始发条件等客观因素影响,TBM 工法常与明挖法、矿山法等其他工法组合使用,由此带来 TBM 在隧道狭小空间通过的技术难题。对于单洞双线地铁隧道,在狭小空间内同时施工两条平行混凝土导台缺乏可行性和经济性。采用“Y”字形的导台平面布置形式可显著提高经济性,但在左右线分叉处,一侧(左线)TBM 通过后拆除等工序会影响另一侧(右线)导台施工,可采用钢构件—混凝土组合导台对左右线分叉处空推步进施工进行优化。

3.2.1　工程概况

6 号线民乐停车场出入线 TBM 区间依次穿越厦深高铁、地铁 4 号线、新彩通道、广深港高铁,侧穿牛咀水库等既有建筑物,为避免爆破对既有建(构)筑物的不利影响,区间除牵出线段(长 175 m)及洞口段(长 53.8 m)采用矿山法施工,下穿牛咀大桥段采用明挖法施工(长 73.05 m)外,其余区间部分(长 2 399.59 m)采用双护盾 TBM 工法施工,如图 3-2-1 所示。

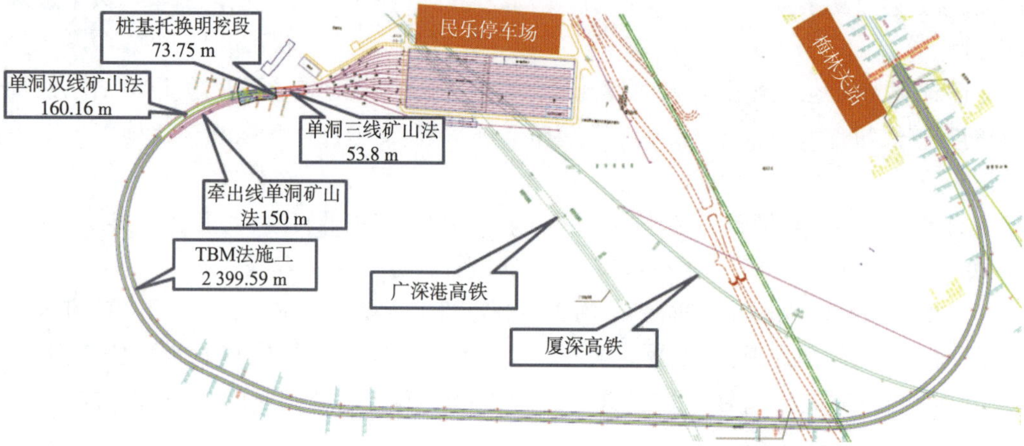

图 3-2-1　民乐停车场出入线区间不同工法平面示意图

TBM 空推步进范围:牵出线段(长 175 m)及洞口段(长 53.8 m)采用矿山法施工,下穿牛咀大桥段采用明挖法施工(长 73.05 m),共计 301.85 m。左线 TBM 与右线 TBM 空推步进需共用一段导台,于 B4 与 B5 断面交汇处(红色与蓝色线条交汇处)进行左右线分线,如图 3-2-2 所示。

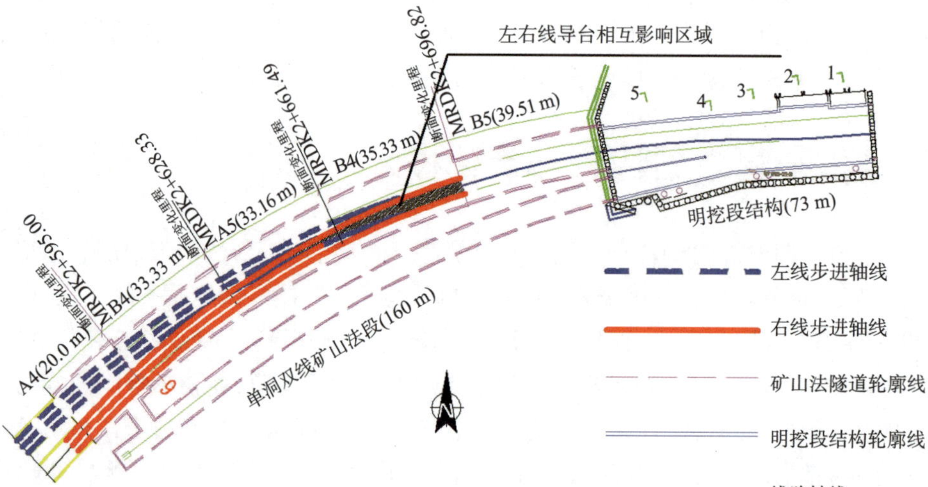

图 3-2-2　TBM 步进范围示意图

3.2.2 空推步进技术准备

本工程 TBM 空推步进工序包括两个阶段。

第一阶段:空推步进前导台施工阶段。左右线 TBM 空推步进共用导台按混凝土导台施工方案施工,导台横断面如 3-2-3 所示。

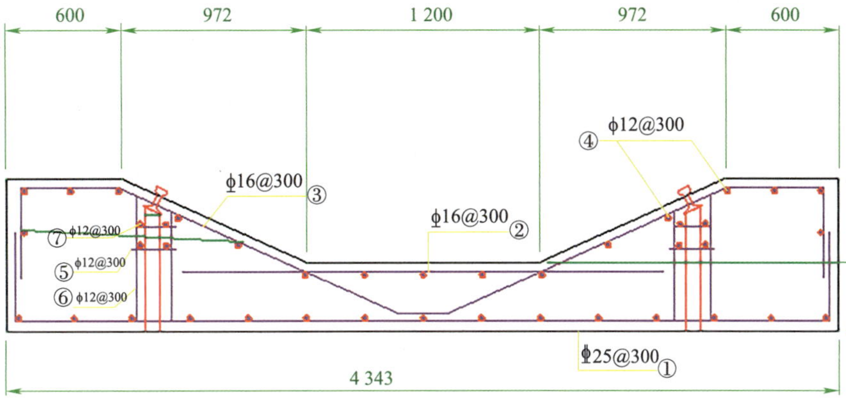

图 3-2-3 TBM 导台横断面图(单位:mm)

第二阶段:空推步进阶段,TBM 在始发导洞内步进采用双护盾掘进模式空推步进。TBM 在始发导洞内的步进过程分为两个部分,首先为刀盘、前盾、伸缩盾通过主油缸进行空推步进,其他部分通过辅助油缸顶住管片与反力架进行推进。TBM 空推步进工序流程如图 3-2-4 所示。

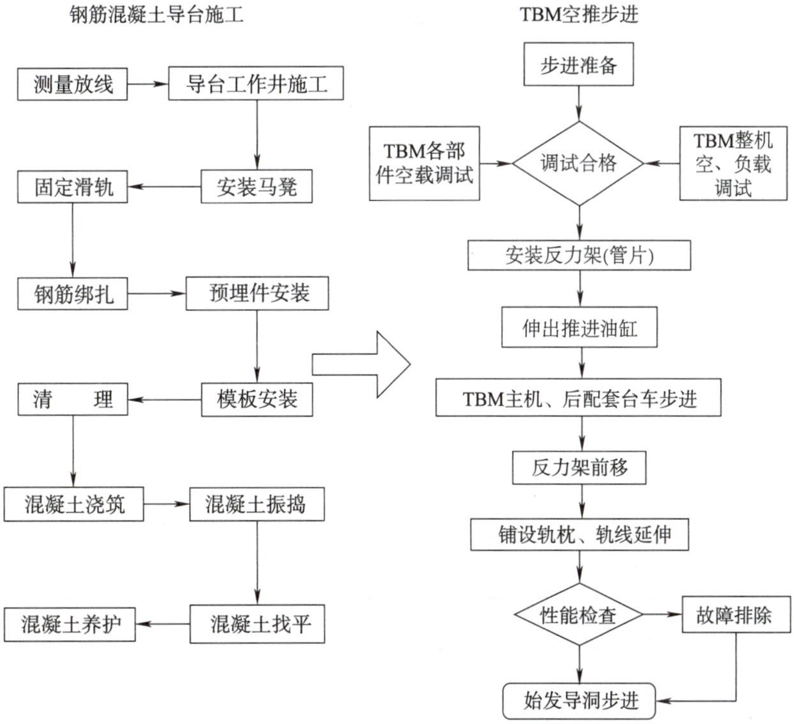

图 3-2-4 TBM 空推步进工序流程图

3.2.3 空推步进技术优化

1. 优化前导台方案

本工程采用导台为混凝土导台,施工顺序为:左线导台施工→左线 TBM 空推步进→破除左线原有导台(范围:左右线互相影响区域,如图 3-2-2 所示)→右线导台施工→右线 TBM 空推步进。

2. 优化后导台方案

在原混凝土导台施工方案基础上,提出一种更加优化的导台施工方案,即左右线导台同时施工且无需破除混凝土导台的施工方案。施工顺序为:左线混凝土与钢导台(图 3-2-5)同时施工,预留右线钢导台支腿预埋孔→左线 TBM 空推步进→割除左线钢导台→右线钢导台施工→右线 TBM 空推步进。

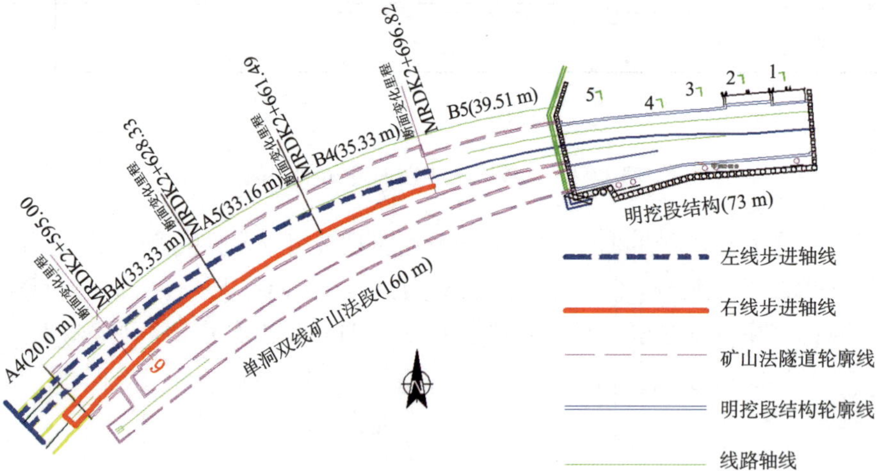

图 3-2-5 左右线导台同时施工俯视图

具体施工工艺如下:

(1)共用导台与左线非影响区域导台按混凝土导台原方案进行施工;相互影响区域导台仅施工靠近外侧混凝土导台,内侧混凝土导台均使用钢导台进行等效替换(图 3-2-6)。

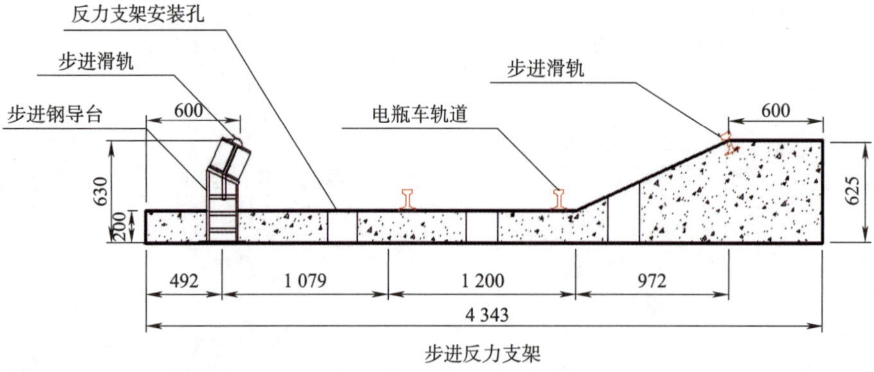

图 3-2-6 钢导台等效施工图(单位:mm)

(2)左线 TBM 空推步进：空推步进过程中时刻关注钢导台及钢导台混凝土接触面是否存在异常情况，存在异常及时停下进行加固处理。

(3)左线钢导台拆除：钢导台拆除采用气割方式直接割断钢导台与混凝土导台之间联系。

(4)右线钢导台施工：左线钢导台施工时，预留右线钢导台支腿预埋孔(图 3-2-6)，直接将右线钢导台支腿逐节插入预埋孔，浇筑混凝土(需提高混凝土等级、加早强剂)。

(5)右线 TBM 空推步进：由于右线空推步进也是向右侧进行转弯进导洞，右侧钢导台受力会较大，需考虑设置斜撑加固。

3. 方案对比

方案优化前后工序对比如图 3-2-7 所示，优化后的空推步进施工工序虽未减少，但可大幅度缩短工期，其原因在于：

(1)优化后左右线分叉处混凝土导台非干涉区可同步施工，工序安排更加合理。

(2)左右线分叉处干涉区采用钢导台代替钢筋混凝土导台，充分发挥了钢结构施工安装周期短的优点。

(3)相比于钢筋混凝土导台，钢导台拆除更加方便，且不会产生大量废渣。拆除后的钢材体积较小可存放于隧道内，或加工成反力架继续使用，极大地降低了运输废渣、清理场地带来的时间成本。

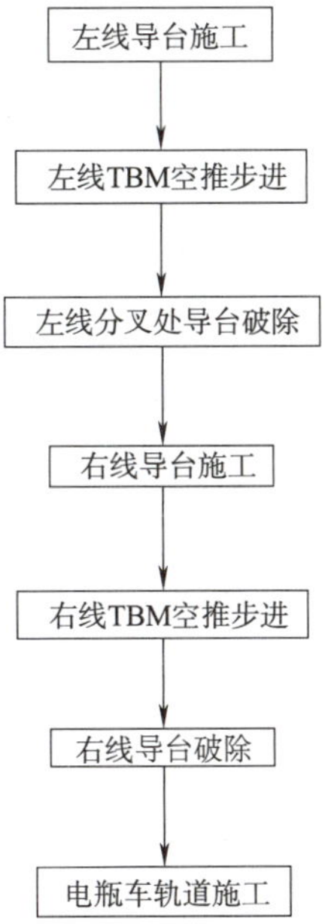

(a)优化前

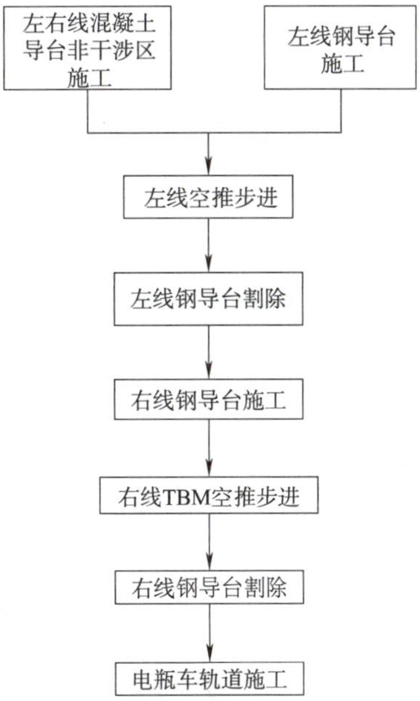

(b)优化后

图 3-2-7　方案优化前后工序对比图

3.2.4 导台设计及数值模拟

1. 钢—混凝土组合结构导台设计

钢—混凝土组合结构导台由纵梁、立柱、轨道和嵌固底板四部分组成,其中纵梁及立柱采用型号为200 mm×200 mm的Q345宽翼缘工字钢,并沿工字钢纵向每隔10 cm设置一道厚度为20 mm的横向加劲肋。轨道结构简化为70 mm×35 mm半圆45Mn钢。相邻立柱中线间距为1.5 m,纵梁及轨道倾角为24°。钢—混凝土组合结构导台设计方案如图3-2-8所示。

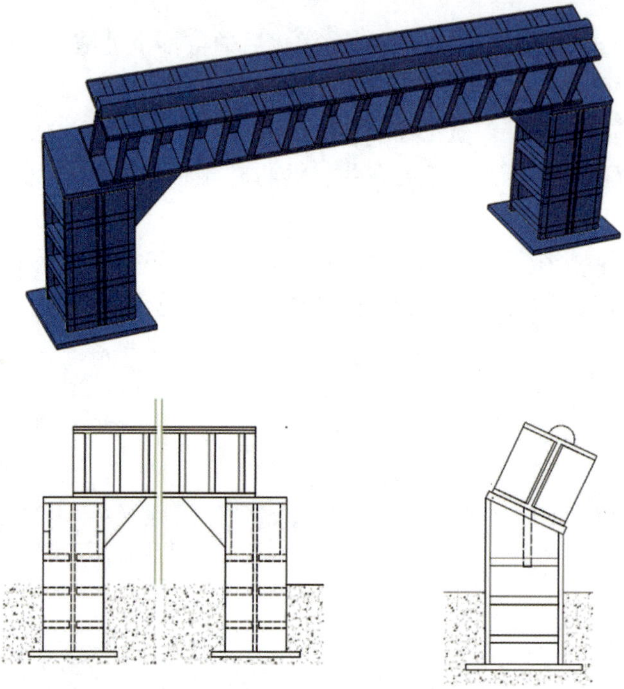

图3-2-8 钢—混凝土组合结构导台设计方案图

2. 建立有限元计算模型

为探究钢构件与混凝土底板组合结构受力特性及设计方案可行性,采用ABAQUS建立了钢—混凝土组合结构导台的三维有限元计算模型。其中,混凝土底板长2.7 m,宽1 m,厚0.25 m,钢构件埋深0.215 m。组合结构导台材料参数见表3-2-1。

表3-2-1 组合结构导台材料参数

材料名称	型　号	密度/(kg·m^{-3})	弹性模量/GPa	泊松比
混凝土	C30	2 400	30.4	0.2
钢　材	45Mn	8 000	210	0.28
	Q345	7 850	206	0.28

模型各部分均采用 C3D8R 实体单元，计算模型考虑恒载与活载的荷载组合，恒、活载分项系数分别为 1.2 和 1.4。恒载为结构自重，活载包括 TBM 机身重力荷载和机身与轨道之间摩擦力，其中 TBM 主机重 $W=600$ t，TBM 机身与轨道间摩擦系数 $\mu=0.2$。对模型中混凝土底板下底面添加三个方向平动自由度约束，对四周添加法向平动自由度约束，等效钢构件中约束了轨道和梁侧面法向平动自由度。钢构件和混凝土底板之间接触面采用 Tie 约束处理。划分网格后计算模型如图 3-2-9 所示。

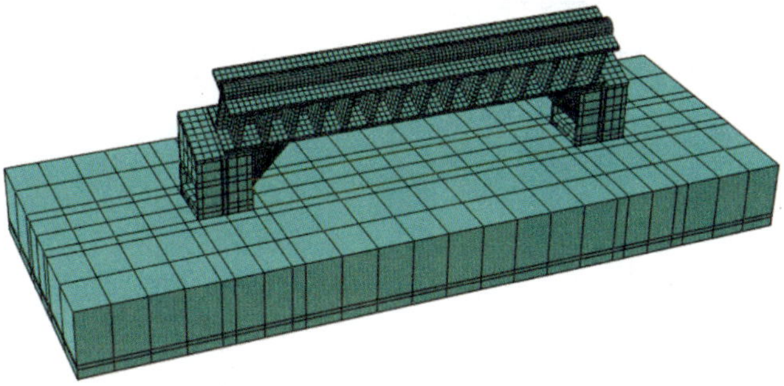

图 3-2-9　数值计算模型网格划分

3. 数值模拟结果分析

(1)组合结构导台钢构件强度分析

钢构件的 Mises 应力分布云图如图 3-2-10 所示。Von Mises 屈服准则能够综合反映以钢材为代表的塑性材料的应力状态，可以用来对钢材的疲劳、破坏等进行评价。钢构件的屈服极限为 345 MPa，抗压、抗弯强度设计值 $\sigma_s=259$ MPa。由 Mises 应力分布云图可知，除了纵梁两端腹板底部和三角形加劲肋板下方角点处外，钢构件其余部位的应力均小于材料强度设计值。

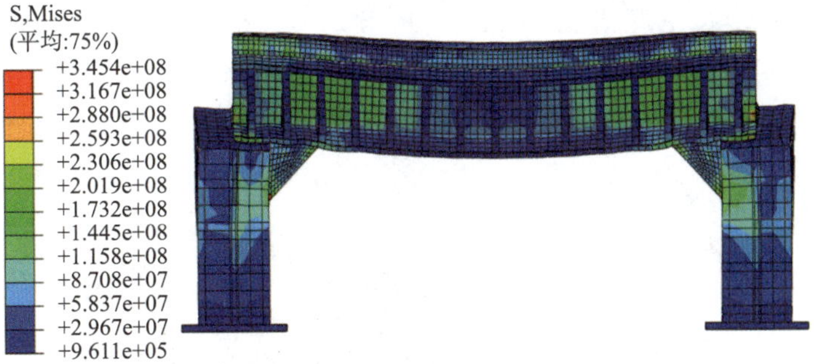

图 3-2-10　组合结构导台钢构件 Mises 应力云图

(2)组合结构导台钢构件挠度分析

由钢构件位移云图(图 3-2-11)和纵梁挠度曲线图(图 3-2-12)可知，钢构件最大位移出现在梁的下边缘内侧跨中位置，最大挠度 2.028 mm，小于相关规范中所规定的允许挠度限值$[l_0/250]=5.2$ mm，满足要求。

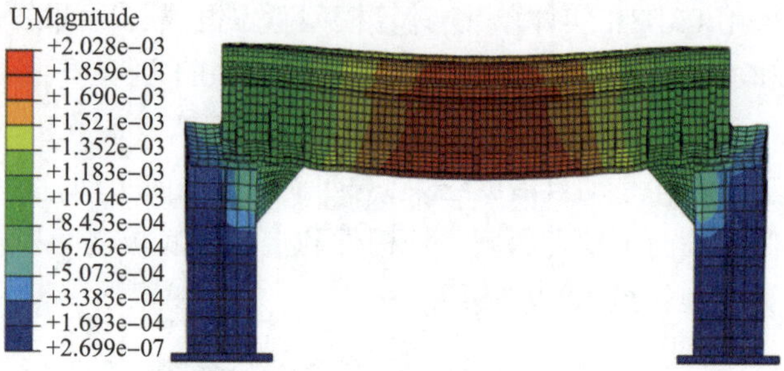

图 3-2-11　组合结构导台钢构件位移云图

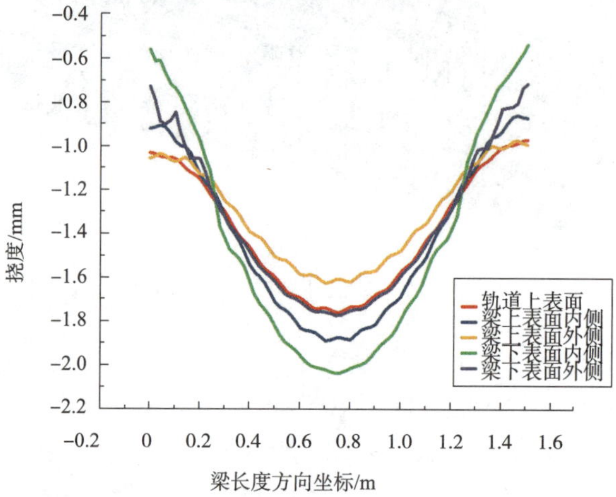

图 3-2-12　组合结构导台钢构件纵梁挠度曲线

(3)组合结构导台混凝土底板强度分析

混凝土为典型脆性材料,可采用第一强度理论,通过考察绝对值最大主应力判断材料强度。由混凝土底板最大主应力分布云图(图 3-2-13)可知,混凝土底板最大压应力为 11.79 MPa,小于 C30 混凝土轴心抗压强度设计值 $f_c = 14.3\ \text{N/mm}^2$。最大拉应力为 0.91 MPa,小于 C30 混凝土轴心抗拉强度设计值 $f_t = 1.43\ \text{N/mm}^2$。因此,混凝土底板设计满足规范要求。

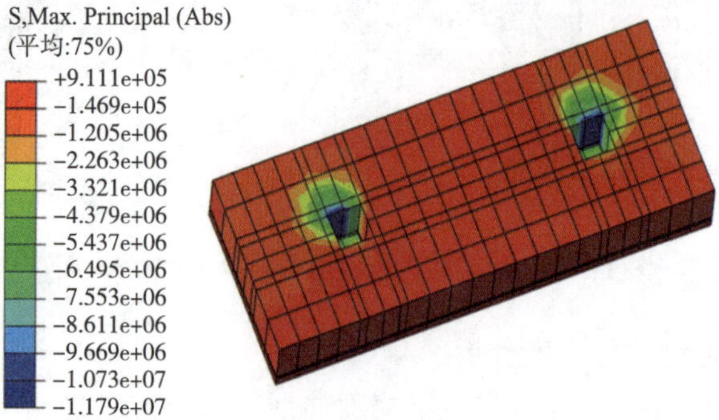

图 3-2-13　混凝土底板最大主应力云图

综上,该种钢构件设计满足工程设计要求。

3.3 空推始发洞门反力装置技术

3.3.1 工程概述

1. 工程概况

深圳地铁6号线在羊台山东站—官田站区间隧道穿越羊台山，隧道全长3 293.35 m，如图3-3-1所示。该区间隧道采用明挖法＋矿山法＋TBM工法相结合的方式施工，TBM施工总长度2 201 m。TBM从明挖段大里程端头组装始发，掘进到达混合所(接收井)后拆解吊出撤场。

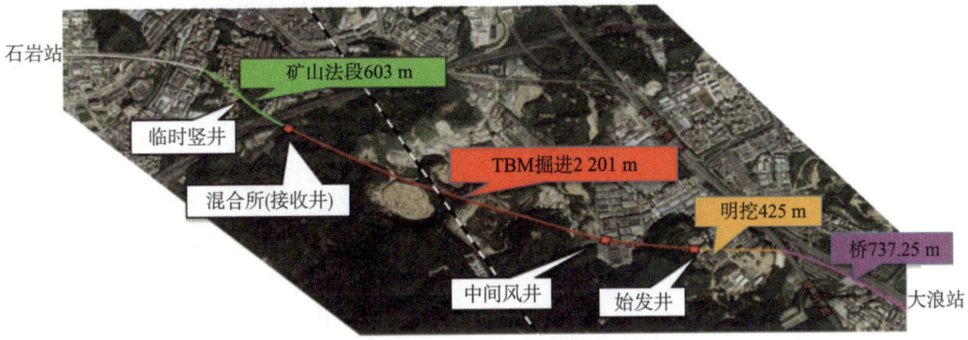

图3-3-1 深圳市轨道交通6号线地理位置示意图

2. TBM始发井

TBM始发井设在明挖段大里程端头，底部尺寸为长17.4 m、宽19.419 m，左右线各设置一个1 500 mm×7 800 mm的井口，始发井深17.598 m。区间隧道在TBM始发井端有一段矿山法施作的长45 m的空推段，矿山法隧道内施作有TBM空推的混凝土导台，矿山法段为初支＋管片衬砌，如图3-3-2所示。

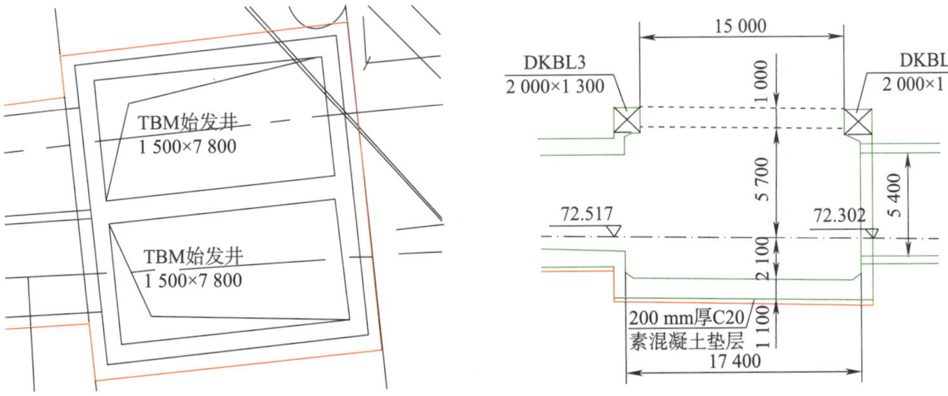

图3-3-2 TBM始发井平纵面图(单位：mm)

3. 水文地质

大石区间为丘陵地貌，隧道进口附近覆盖有第四系全新统人工填筑土，冲洪积层的砂层、粉质黏土，其他地段多为坡残积土所覆盖，下伏基岩为燕山期花岗岩。TBM 隧道围岩为微风化花岗岩。其天然饱和单轴抗压强度为 142.0 ~ 204.3 MPa，为坚硬岩；RQD 为 90% ~ 98%，岩土完整性指数 k_V = 0.29 ~ 0.39。地质纵剖面如图 3-3-3 所示。

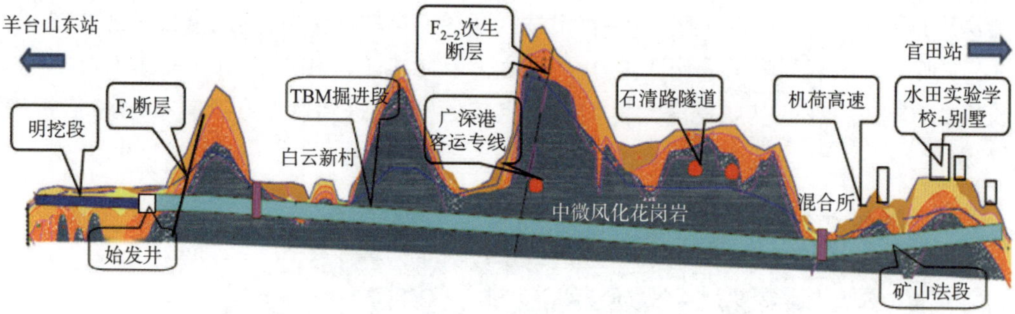

图 3-3-3　地质纵剖面图

3.3.2　反力装置

1. 反力装置概述

由于是空推始发，TBM 在导台导轨上滑行的阻力很小，而这种安装在洞门上的特殊反力架既能满足 TBM 空推对反力的要求，且相较于传统的盾构始发反力架又有节约成本、便于施工等优点，所以本项目的 TBM 始发采用了这种形式的反力装置。

TBM 空推反力装置主要包括油压千斤顶、管片、三角斜撑、洞门环梁和端墙。TBM 后油压千斤顶支撑于两环管片上，管片后采用自制三角斜撑，另一侧采用 HRB400 $\phi32$ 螺纹钢锚固于洞门环梁中，洞门环梁与 800 mm 厚端墙同时浇筑。反力装置纵剖面如图 3-3-4 所示，反力装置与洞门环梁的关系如图 3-3-5 所示，反力装置预埋件如图 3-3-6 所示。

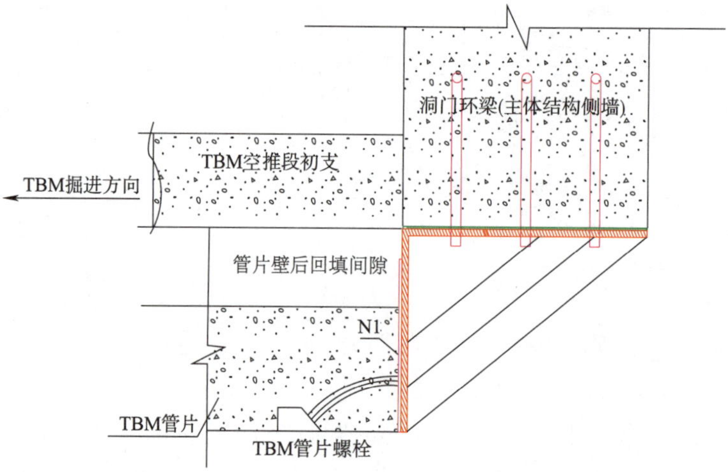

图 3-3-4　反力装置纵剖面图

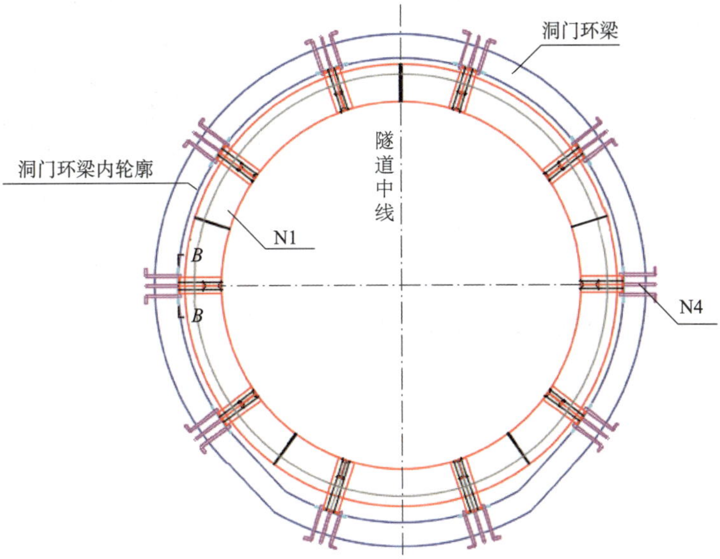

图 3-3-5　反力装置与洞门环梁的关系图

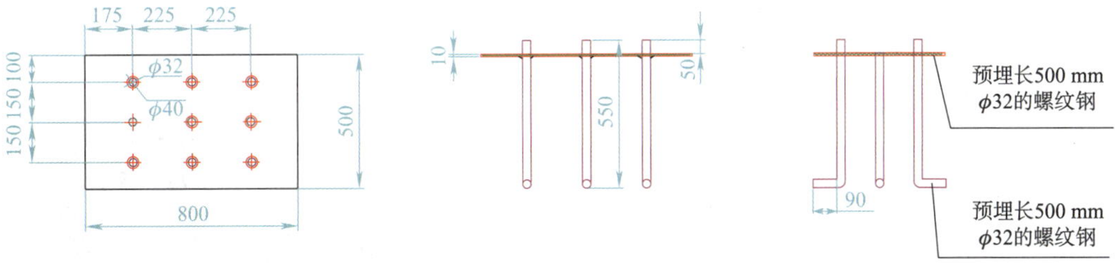

图 3-3-6　反力装置预埋件 *B-B* 剖面图(单位:mm)

2. 反力架的安装

这种反力架的安装和常规的反力架也有相似之处,总共分为三步。

首先,在洞门浇筑的过程中,需要预留预埋件。

然后,TBM 在洞口组装完成后,利用始发井预留反力槽和辅助推进千斤顶顶推到拼装首环位置,如图 3-3-7 所示。在深圳地铁 6 号线羊台山隧道工程 TBM 始发过程中,是利用传统的托架加滑移架的方式进行顶推步进。但是实际情况中,由于双护盾 TBM 质量较大,顶推困难。后期在风井过站过程中,采用水泥导台加预留反力槽的方式,顶推效果有了明显的改善,缩短了工期。

最后,在盾体顶推到相应位置后,进行 10 个牛腿以及洞门钢环的安装。牛腿按照图纸焊接在预埋件上,洞门钢环由于体积和质量比较大,安装过程难度较大,利用了管片拼装机,即首先把钢环分成几部分,焊接在拼装机举重钳上,利用拼装机进行拼接,如图 3-3-8 所示。

图 3-3-7 水泥导台

图 3-3-8 牛腿及钢环安装

3.3.3 数值模拟验算

反力装置的验算总共分成三部分，即对洞门预埋件、牛腿和钢环以及焊接焊缝的验算。

1. 验算依据

TBM 单护盾模式下推进时会对管片产生 400～500 t 作用力，第一环管片的基准环板位于始发井的主体结构洞门环梁上，预埋钢板处理，后期经过拼接、焊接成管片基准环。验算推力作用下对主体结构墙、牛腿受力影响。

2. 三维数值模型

(1)数值模拟概况

本次采用迈达斯 GTS-NX 有限元软件模拟 6 号线工程羊台山东站—官田站区间隧道始发井反力装置，模型高为 9.9 m，长度为 21.018 m，端墙厚度为 800 mm，端墙四周厚度为 200 mm，环片钢板及工字钢尺寸同始发井反力装置设计一致，具体模型如图 3-3-9 所示。I22a 工字钢采用梁单元模拟，直径 32 mm 预埋钢筋采用植入式桁架模拟，管片钢板采用平面板单元模拟，其他为实体单元。线尺寸控制为 0.1 m，采用四面体网格模式，将模型左右上端梁简化处理，不影响计算效果。混凝土以及钢筋材料属性见表 3-3-1。

图 3-3-9 三维模型图

表 3-3-1 数值模拟材料

名 称	弹性模量/MPa	泊 松 比	容重/(kN·m^{-3})	模型类型	单元属性
环片钢板	200 000	0.3	76.4	弹性	板
混凝土	31.5	0.31	24.5	弹性	实体
钢筋	200 000	0.3	76.4	弹性	植入式桁架
支座钢板	200 000	0.3	76.4	弹性	实体

(2)数值模型受力分析

建立三维数值受力模型,能够较清晰地反映出模型各部位三维应力状态。众所周知,在实际工程施工中,由于施工环境、机械条件的限制,以及各材料的属性差异,很难保证模拟过程中完全符合实际情况,多少会跟实际受力状态有所差别。然而,选择合适的参数以及正确地处理受力关系,能够达到较好的仿真效果。

根据图 3-3-10(a)可知,管片钢环板剪应力在各牛腿中部内区域、外区域,在牛腿支撑的位置外边缘处剪应力值较小。其中管片钢环板最大剪应力为 1.65 N/mm^2,小于 125 N/mm^2。由图 3-3-10(b)可知,管片钢环板最大主应力分布在右侧中间牛腿两边,在其他牛腿附近最大主应力值较小,其中最大主应力值为 2.83 N/mm^2,管片钢环板满足要求。

根据图 3-3-10(c)可知,各支撑轴力大小不一样,但数值相差不是太大,最大值为 4.3 N/mm^2,低于钢材抗剪强度设计值。图 3-3-10(d)反映了工字钢支撑最大弯曲内力组合值分布区域,由图可得,在正上方支撑弯曲内力组合值最大。图 3-3-10(e)为端墙最大剪应力图,由图可得,在牛腿与端墙预埋区域,其端墙剪应力较大,在端墙右侧也出现了较大的剪应力值,其他区域剪应力值较小。其中,端墙最大剪应力值为 9.6 kPa,小于 2 100 kPa。

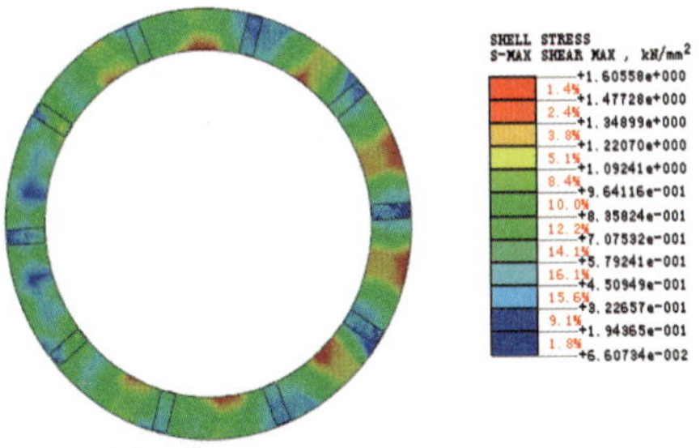

(a)管片钢环板最大剪应力图

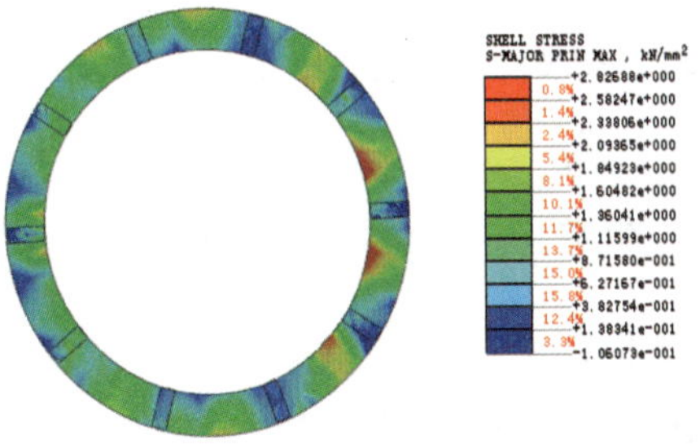

(b)管片钢环板最大主应力图

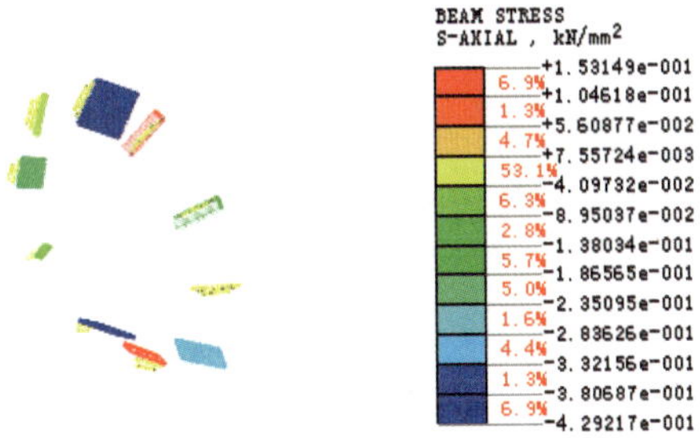

(c)工字钢支撑轴力图

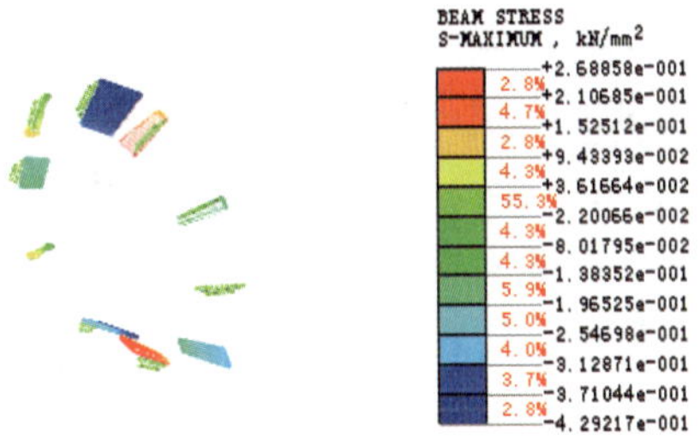

(d)工字钢支撑最大弯曲内力组合

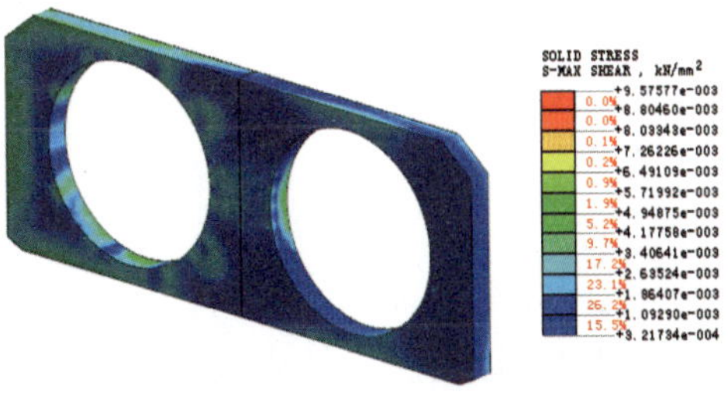

(e)端墙最大剪应力图

图 3-3-10 各构件数值模拟受力图

通过数值模拟，为 TBM 空推始发洞门反力装置应用提供验算依据，装置可行。

3.3.4 经验小结

在盾构施工过程中，可以采用这种在洞门处安装反力架的方式，为盾构始发反力架的形式提供了一种新思路。

3.4 小半径曲线技术

3.4.1 工程概况

民乐停车场出入线隧道主要采用两台双护盾 TBM 施工，TBM 在民乐停车场组装完成后依次步进通过三线大断面矿山法隧道（89 m）、明挖段结构（73 m）、单洞双线矿山法隧道（160 m）后在矿山法隧道内始发，掘进 2 400 m 后在梅林关站北端矿山法隧道内接收，最终步进通过梅林关站北端矿山法隧道后在梅林关站端头井拆机吊出。

出入线 TBM 隧道段存在两条小半径曲线段，TBM 刚始发就是一条 $R=260$ m、长度 558 m 的曲线段，接收端为一条 $R=300$ m、长度 720 m 的曲线段，线路平面图如图 3-1-4 所示。

3.4.2 主要技术准备

1. 双护盾 TBM 工艺特征

根据双护盾 TBM 的特性，掘进及拼装可以同步进行，如图 3-4-1 所示。

（1）推进及拼装

①主推进油缸推进：刀盘在主推进油缸的推力作用下，伸缩盾伸开，刀盘向前推进，撑靴撑紧在洞壁上为掘进机提供掘进反力。

②出渣：刀盘破岩切削下来的渣土随着刀盘铲斗和刮板转动从底部到顶部然后沿溜渣槽到达刀盘顶部后进入刀盘中心的皮带输送机上，主机皮带机和后配套皮带机将渣土运送到等候的后配套渣车上。

③管片拼装：推进的同时，在盾尾的保护下进行预制管片的安装。

④豆砾石充填及水泥浆注入：推进的同时，及时跟进盾尾后管片背后填充工作。

（2）换步

当刀盘向前掘进 1.2/1.5 m（管片环宽）时，通过辅助油缸换步，从而完成一个循环的掘进。

2. 小半径曲线段风险分析

查现有 TBM 相关资料知悉，本项目平面曲线段为世界 TBM 施工有史以来最小的转弯半径，无现有的经验可以参考。经过总结分析，TBM 掘进可能遇到以下几方面问题：

（1）TBM 刚开始掘进就是小半径曲线段，没有掘进参数的试调整、人员设备的磨合期，

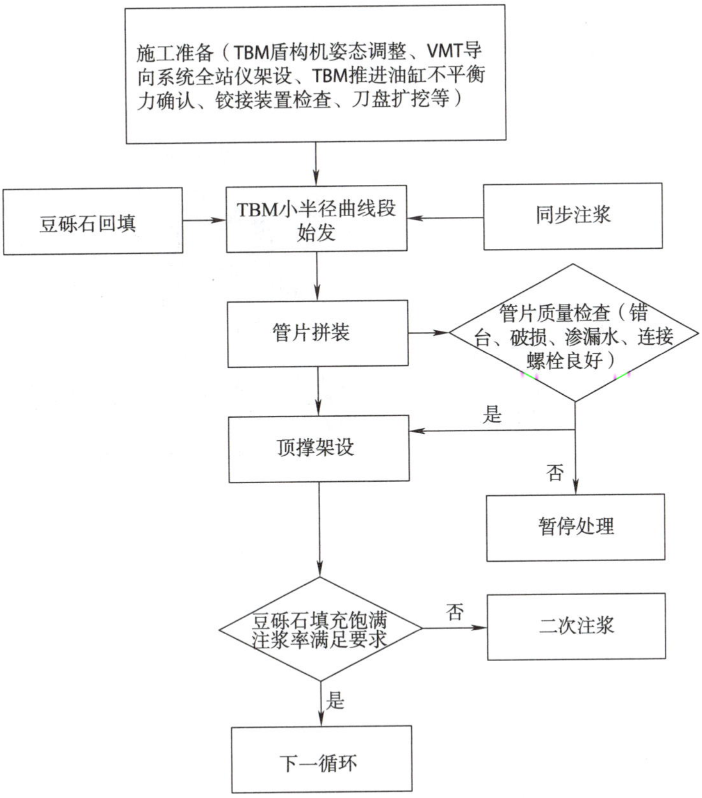

图 3-4-1　TBM 曲线段施工工艺流程图

TBM 姿态更难以控制，容易发生线路超限、管片错台等现象。

(2)TBM 主机刚性长度较长，难以适应极限小半径转弯，容易发生卡刀盘和卡盾壳现象。

(3)TBM 极限转弯情况下，电气、液压系统、设备等容易发生干涉，影响 TBM 正常掘进。

3. 关键技术准备

(1)TBM 设备适应性设计

为了适应 $R=260$ m 小半径曲线，双护盾 TBM 设备进行了以下几方面优化：

①主机小曲线半径掘进功能及结构。

②后配套台车行走轨在弯道的适应性。

③后配套上配备的管片吊机轨道的适应性。

④主机皮带机后配套皮带机在弯道时的适应性(水平和垂直)。

通过双护盾 TBM 在 $R=260$ m 转弯半径段的成功模拟，设备理论上具备通过小曲线转弯半径 260 m 的能力。

(2)管片选型

为了使管片拼装能满足曲线楔形量，避免管片与盾尾发生冲突，在 $R=260$ m、$R=270$ m、$R=300$ m 小半径平面曲线段采用管片环宽为 1 200 mm。

(3)辅助工法

①通过驱动提升、刀具机械垫块、选用19英寸边缘滚刀等方式进行刀盘的扩挖,如图3-4-2、图3-4-3所示。

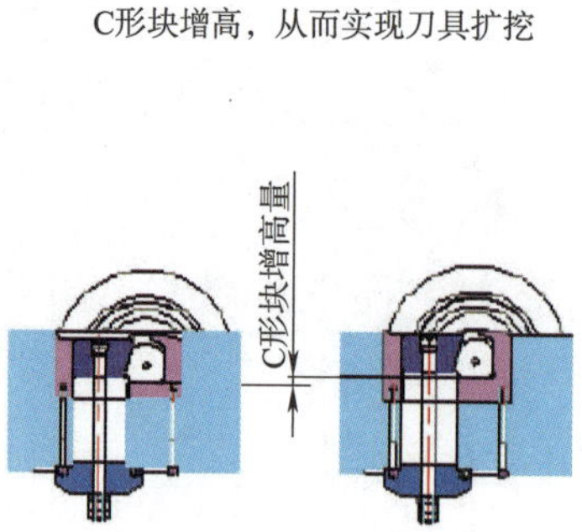

图3-4-2　刀盘扩挖示意图

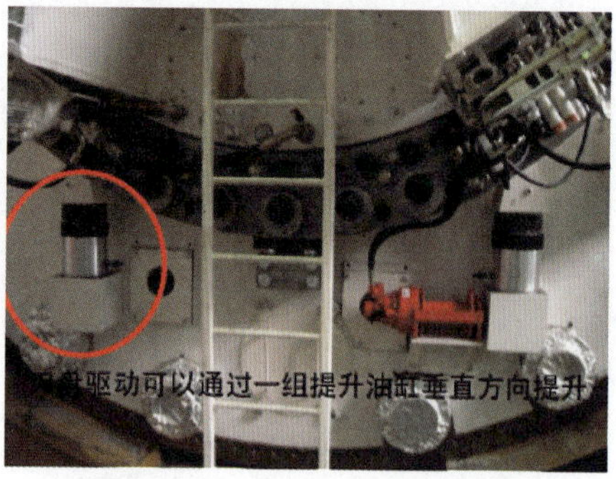

图3-4-3　主驱动提升示意图

②小半径曲线段掘进时采用小行程掘进、勤换步的方式,减少设备单位长度的偏移量,避免卡盾。

3.4.3　典型故障排除

1. 皮带机等设备故障

设备故障主要发生在皮带机、扭矩油缸及管片吊机等部位。

1)皮带机故障

(1)现象

小半径段曲线施工过程中,左线皮带机发生耗时较久的故障约有83次,累计故障时长约500 h;右线皮带机发生耗时较久的故障约有38次,累计故障时长约370 h。几乎每个工班都会发生皮带打滑卡死现象,且皮带漏渣较严重,每班清渣耗时较长。

①主机皮带后部风道与拼装机干涉

主机皮带架后部两侧是除尘风道,在拼装机前后运行过程中,拼装机左右同步马达及附近油管与风道挡板干涉,易发生油管接头断裂、同步马达刮擦等问题,在换步过程中,风道挡板与拼装机行走油缸固定支座也干涉。

②主机皮带出渣口与后配套皮带干涉

当掘进转弯半径小时,主机皮带机与后配套皮带存在较大角度,渣土容易掉落,影响施工效率:

a. 管片上漏渣严重,每环掘进完,需花费3个小时清理盾尾泥浆才能拼装管片,严重影响正常工序;

b. 漏渣易使进渣口主机皮带、后配套皮带下方堵塞,造成皮带打滑严重时皮带难以转动,清理皮带机下方泥渣困难,每次耗费时间约4 h。

主机皮带与后配套固定架严重干涉,TBM换步后影响皮带机正常运转出渣。

(2)改进

①将受影响皮带机一侧钢板割除,添加一道引渣活动板进行渣土滑落方向引导,最大程度上解决了主皮带机和后配套皮带机之间相互干扰的影响,如图 3-4-4 所示。

②钢丝绳连接在主机皮带的托辊之间,保证了最终轨道左右两侧支座的位置平齐,避免皮带跑偏。改造后,整体效率得到了一定的提高,如图 3-4-5 所示。

图 3-4-4　改造后主机皮带链条

图 3-4-5　皮带机口改造后实物图

2)扭矩油缸故障

(1)现象

在极限弯道掘进的过程中,主推油缸伸出过多会导致伸缩外盾和内盾形成较大夹角并拖着内盾一起伸出,最终导致扭矩油缸脱离扭矩梁并发生偏移,在主推行程推到位后开始换步时,扭矩梁对扭矩油缸造成正面碰撞,导致扭矩油缸损坏。

(2)改进

①在伸缩盾后部的左上、右上的扭矩油缸上各添置一组外置行程传感器,将数据实时反馈到主控室上位机,在程序中增加条件当扭矩油缸水平行程到 100 mm 时直接暂停推进。

②在极限小半径弯道掘进时,主推行程每次到 400 mm 则换步一次,以确保伸缩外盾和内盾干涉小。

③对扭矩梁的上下面经常清理维保润滑,保证油缸在上滑行时的足够润滑。

3)管片吊机故障

(1)现象

①弯道换步作业时管片吊机轨道梁只有小部分的位置发生偏移,导致轨道梁发生扭曲变形,偏移造成齿条连接处受到挤压,可能发生形变。当吊机经过时,齿轮间的啮合因为形变的原因,由之前的面啮合变成某个点的啮合,加剧齿条磨损。

②偏移导致轨道梁在稳定块间有相对移动,之前设计的稳定块与轨道梁接触面积较小,极限转弯施工时,稳定块一侧的接触面积不足以支撑整体,有发生事故的危险。

(2)改进

①将接触处的齿条两侧做倒角,在转弯时,可避免挤压情况发生。

②对于稳定块,则是加大了下部托板的槽深,使得轨道梁与稳定块的接触面积增大,保证了梁的稳定性。

2. 测量受阻

1)现象

小半径圆曲线施工,换站空间狭小,每次人工导线点引至全站仪处要多次转站,通视情况较差,导致换站频率高、管片姿态人工复测耗时长,如图 3-4-6 所示。始发段即是 $R=260$ m 曲线段,因极小半径导致洞内导线布设十分困难,测量工作难度成倍增长。

图 3-4-6 通视条件现场图

全断面微风化花岗岩小半径掘进 TBM 在掘进过程中振动幅度大,导致测量导向系统顶台不稳定,随着管片振动而振动,传统全站仪固定方法完全无法施工,每掘进一环姿态就频繁出现超限,掘进时手掌贴合管片能感觉到非常明显的振感。传统顶台如图 3-4-7 所示。

图 3-4-7 传统顶台示意图

2)解决办法

(1)将传统顶台更改成锚杆式顶台(图3-4-8)。

图3-4-8 锚杆式顶台

①锚杆式顶台一般是将一根钢管从管片孔打入岩层中,钢管一端用快干水泥锚固于岩层中,另一端与全站仪顶台进行焊接。

在较破损软弱地层中,若一根钢管锚杆无法确保顶台稳定性,则可采用两根锚杆或者三根锚杆组合固定全站仪顶台。

②首先用风钻钻孔,清孔完成后,放入孔容量一半的快干水泥,然后将钢管插入钻孔中,插管过程中避免钢管接触管片,以从源头上控制振动产生的传递。

③顶台高度尽可能缩短,一般情况下顶台架圆盘中心位置距管片竖向高度控制在46 cm。

④每次锚杆安装时安排测量人员全程旁站监督,确保锚杆快速凝结牢固,避免锚杆接触管片而产生振动,保证顶台的稳定性。

(2)隧道测量控制点采用双导线控制网(图3-4-9)。

图3-4-9 双导线控制网

经过始发前100环左右的摸索和后续1 600余环的掘进,单点悬吊顶台工艺总体比较稳定,双线TBM顺利通过小半径施工,达到了预期效果。洞内布设双导线控制点提高了工作效率,降低了洞内导线延伸误差值,有效地减少了本项目的测量风险。

3. 刀具磨损严重

在极限转弯时,左、右推进油缸压力差极大。在转弯受力不均、超挖情况下,刀具磨损严重,崩刀情况也多。特别是边缘滚刀换刀数量多、频率高,致使费用高、功效低。

(1)左线刀具磨损情况

左线曲线段包括:1 ~424 环(曲率半径 270 m);425 ~465 环、494 ~541 环、620 ~666 环(缓和曲线段);542 ~619 环(曲率半径 500 m)。

左线曲线段共计 811.8 m,累计换刀 306 把,停机更换刀具 51 次,非正常磨损换刀高达 47 把;刀圈断裂 19 把,偏磨 16 把,漏油 9 把,轴承损坏 3 把。具体异常损坏情况占比如图 3-4-10、图 3-4-11 所示。

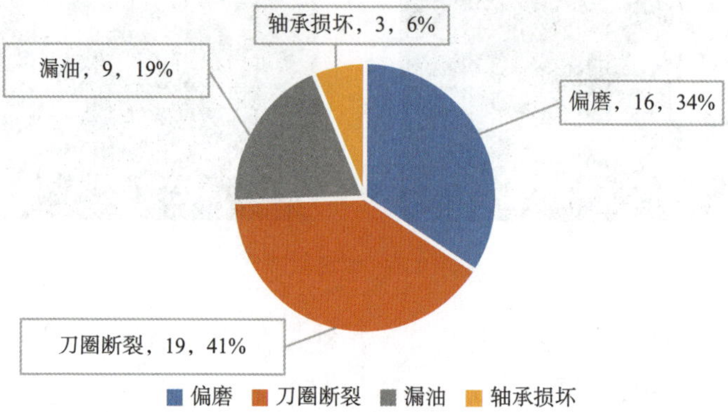

图 3-4-10 非正常磨损刀具消耗量(左线曲线段)

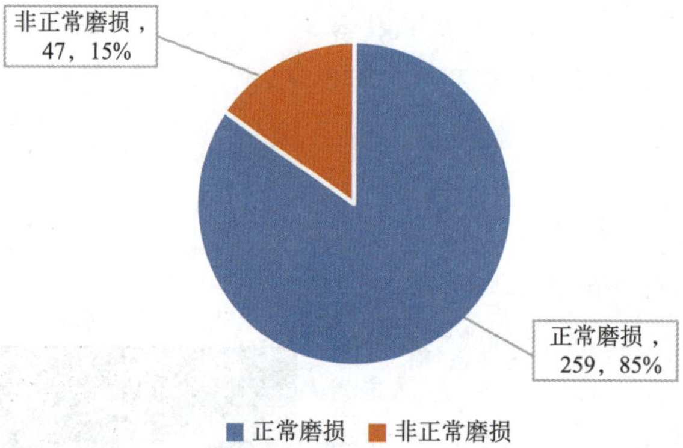

图 3-4-11 非正常磨损换刀占比(左线曲线段)

非正常磨损换刀(左线小半径)占总体换刀比例高达 15%,这显示小半径曲线段刀具磨损真实情况。经过计算,曲线段施工每延米刀具损耗量为 0.377 把。

(2)右线刀具磨损情况

右线曲线段包括:1 ~400 环(曲率半径 260 m);401 ~442 环、473 ~518 环、601 ~646 环(缓和曲线段);519 ~600 环(曲率半径 500 m)。

右线曲线段共计 785.7 m,累计换刀 229 把,停机更换刀具 33 次,非正常磨损换刀高达 31 把;刀圈断裂 16 把,偏磨 3 把,漏油 12 把。具体异常损坏情况占比如图 3-4-12、图 3-4-13 所示。

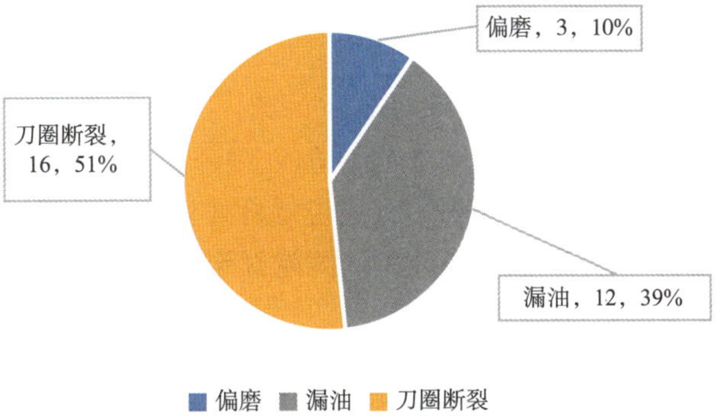

图 3-4-12　非正常磨损刀具消耗量(右线曲线段)

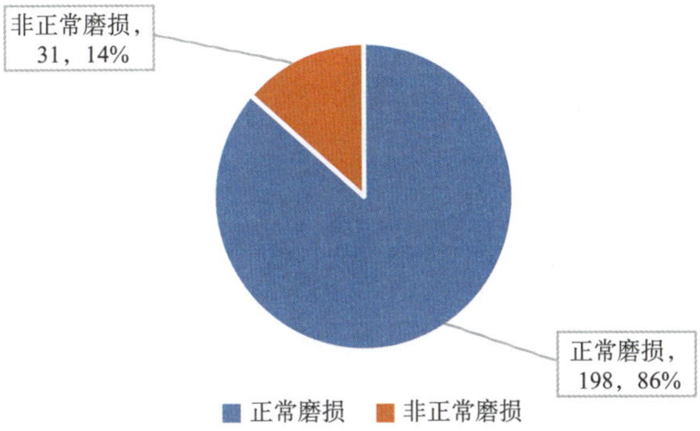

图 3-4-13　非正常磨损换刀占比(右线曲线段)

非正常磨损换刀(右线小半径)占总体换刀比例高达 14%,这显示小半径曲线段刀具磨损真实情况。经过计算,小半径曲线段每延米刀具损耗量为 0.291 把。

(3)解决措施

①招聘经验丰富的换刀工,增加换刀人员数量,换刀时采取轮换,总结换刀经验优化换刀流程,缩短换刀时长。

②优化工序,提高工序衔接效率,尽量把换刀与测量工作结合到一起。

③在小半径施工时,选用性价比更高的滚刀,对刀圈形状和刀体进行特殊处理。外圈滚刀采用球齿刀圈,并采用耐磨性好、抗冲击性强的材料。

4. 伸缩盾被卡

TBM 盾体在向左极限转弯情况下,会致使伸缩盾出现左侧间隙过小、右侧间隙过大的现象,渣土容易从内外伸缩盾间隙内涌入,造成盾体卡死,换步极度困难。每环掘进完成需人工清理伸缩盾,单次耗时 2 ~ 3 h。

解决的办法是减少 TBM 每单元掘进长度,由原来每环换步 1 次调整为每环掘进换步 3 次,解决卡盾现象。

3.4.4 经验小结

在小半径 TBM 掘进过程中,主要解决了以下问题:

(1)在极限转弯情况下,解决了设备性能不适应、内部构造相互干扰而功效低的问题。

(2)在超小半径曲线段始发施工过程中,通过锚杆式注浆孔悬吊法固定 VMT 导向系统全站仪,单侧壁双导线布点,隧道内导线网中加测陀螺定向边来减少测角误差累计,并且通过测量数据来反馈 TBM 的掘进姿态和纠偏。

(3)通过提前管片排版,依据盾尾间隙不断调整小半径曲线段管片拼装位置,并通过豆砾石吹填及双液浆相结合的施工方法,大大减少管片破损和错台。

(4)通过推进油缸不平衡推力、铰接装置及刀盘扩挖控制 TBM 曲线掘进速率。

TBM 工法在本工程 260 m 平面小半径的成功运用,可为类似工程提供借鉴。

3.5 TBM 隧道管片水压折减研究

3.5.1 工程概况

10 号线孖岭站—雅宝站区间(图 3-5-1)呈南北走向,跨越福田、龙华、龙岗三个辖区,下穿原“二线关”鸡公山硬岩段选用了 TBM 工法,其余采用矿山法施工,全长约 3.8 km,区间正线隧道埋深为 16.40 ~ 232.68 m。

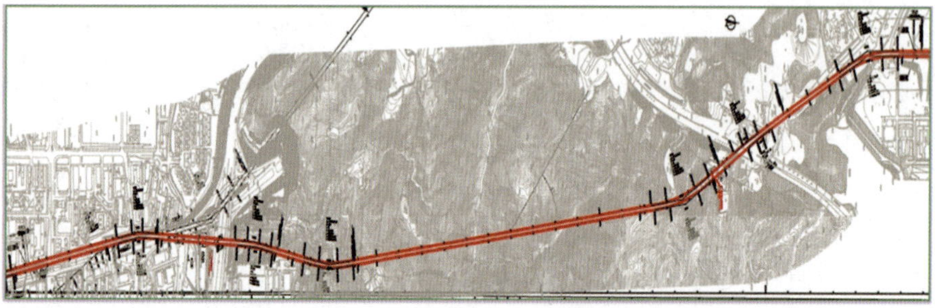

图 3-5-1 孖岭站—雅宝站区间隧道总平面布置图(图中红色线条)

由于本区间较长且穿越山岭,区间起讫点高差较大,线路纵断面设单向纵坡,最大线路纵坡为 28‰,最大纵坡长度为 540 m。区间隧道最大埋深为 232.68 m,最小埋深为 16.40 m,区间隧道洞身范围穿越地层主要为微风化花岗岩、中风化花岗岩、强风化花岗岩、微风化混合岩、中风化混合岩、强风化混合岩,围岩分级为Ⅱ ~ Ⅴ级;F_1 断层与线路斜交于 DK9 + 400 附近,属压性断裂;F_2 断层与线路斜交于 DK10 + 410 附近,属性质不明断裂;地下水类型主要为基岩裂隙水和构造裂隙水,地下水主要赋存于强、中等风化岩及构造破碎带中。地下水位高程为 37.71 ~ 114.23 m。地下水对混凝土结构腐蚀等级为微腐蚀。区间纵断面如图 3-5-2 所示。

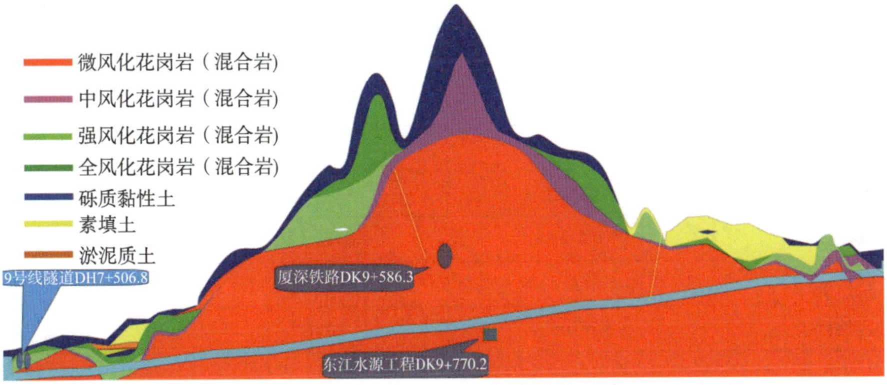

图 3-5-2　孖岭站—雅宝站区间隧道纵断面图

3.5.2　水压力关系

对于深埋隧道，如何估算作用在隧道衬砌的外水压力对工程影响很大，同时也是深埋隧道的难点问题。目前，常采用外水压力修正系数法估算隧道外水压力。即地下水在隧道上覆岩体渗流过程中会产生水力损失，相当于存在水头的折减，其折减系数 β_1 可称之为岩体渗透折减系数。在隧道衬砌后，因衬砌与围岩渗透性的差异，使作用在衬砌外表面的水压力发生变化，其衬砌透水性折减系数可用 β_2 表示。若对围岩采取注浆、排水等工程措施，其外水压力需再次折减，折减系数为 β_3。因此，作用于衬砌上的外水压力可表述为

$$P_e = \beta_1 \times \beta_2 \times \beta_3 \times \gamma_w \times H_e \tag{3-5-1}$$

式中　β_1——与岩体渗透性有关的外水压力折减系数；

β_2，β_3——采取工程措施后产生的外水压力折减系数。

1. 岩体渗透性与外水压力的相关关系

影响岩体渗透性的因素很多，主要有地层岩性、地质构造、岩体结构类型、岩体结构面性状、地应力等，岩体渗透性的强弱是岩体特性的综合反映，涵盖了上述主要地质因素或条件，能反映出地下水可能的活动状态，也便于与外水压力折减系数建立相互关系。

地下水赋存于岩体的裂隙和孔隙中，并产生渗流，隧道则处于地下水渗流场中。地下水在渗流过程中因受裂隙或孔隙摩阻力和水的物理性质（如黏滞力）的影响，会产生水头损失。岩体渗透性越弱，则水头损失就越大，反之则越小。因而当隧道围岩体的渗透性越弱，其开挖涌水量和外水压力越小，也即相应的外水压力折减系数也越小，甚至趋近于零。反之，岩体的渗透性越强，则隧道涌水量和外水压力越大，相应的外水压力折减系数越大。

这个基本规律在工程实践中已得到证实，结合隧洞前期勘察阶段的资料，外水压力折减系数 β_1 可根据上覆岩土体渗透性进行判定，其相关关系见表 3-5-1。

表 3-5-1 岩体渗透性与外水压力折减系数

渗透性等级	渗透系数 $K/(cm \cdot s^{-1})$	透水率 q/Lu	外水压力折减系数 β_1
极微透水	$K<10^{-6}$	$q<0.1$	$0\leq\beta_1<0.1$
微透水	$10^{-6}\leq K<10^{-5}$	$0.1\leq q<1$	$0.1\leq\beta_1<0.2$
弱透水	$10^{-5}\leq K<10^{-4}$	$1\leq q<10$	$0.2\leq\beta_1<0.4$
中等透水	$10^{-4}\leq K<10^{-2}$	$10\leq q<100$	$0.4\leq\beta_1<0.8$
强透水	$10^{-2}\leq K<100$	$q\geq100$	$0.8\leq\beta_1<1$
极强透水	$K\geq100$	$q\geq100$	$0.8\leq\beta_1<1$

2. 衬砌透水性与外水压力的相关关系

隧道开挖过程中，地下水位下降，衬砌完成后，地下水位回升；按照地铁区间隧道运营要求及《地下防水工程质量验收规范》(GB 50208)，地铁区间按全包防水设计，不允许出现渗漏水现象，结合衬砌与围岩透水的相对关系，当衬砌完全不透水时，衬砌外水压力折减系数β_2取为1.0。

3. 衬砌外固结灌浆与外水压力的相关关系

当对围岩进行固结灌浆或采取旨在减压的排水措施后，衬砌的外水压力将再予折减；孖雅区间TBM隧道采用先吹填豆砾石后注浆固结设计方案施工，考虑注浆圈介质主要起填充密实作用，豆砾石间充填部分浆液，压实度不大，故其渗透系数较大。

参照表3-5-2注浆圈渗透系数，取修正系数β_3为0.7。

表 3-5-2 衬砌外固结灌浆与外水压力折减系数

工 况	注浆圈模拟介质	注浆圈渗透系数 $K/(cm \cdot s^{-1})$	模型最大排水量/$(m^3 \cdot s^{-1})$	折减系数 β
1	中砂	5.0×10^{-2}	6.8×10^{-4}	0.7
2	中砂	1.0×10^{-2}	5.3×10^{-4}	0.7
3	中砂	2.0×10^{-3}	4.5×10^{-4}	0.5
4	中砂	1.5×10^{-3}	3.2×10^{-4}	0.5
5	水泥砂浆1:4	3.0×10^{-4}	1.82×10^{-4}	0.4
6	水泥砂浆1:6	1.5×10^{-4}	1.6×10^{-4}	0.3
7	水泥砂浆1:6	1.1×10^{-4}	9.0×10^{-5}	0.3
8	水泥砂浆1:6	$7.5x10^{-5}$	6.3×10^{-5}	0.1
9	水泥砂浆1:4	2.5×10^{-5}	2.2×10^{-5}	0.02
10	水泥砂浆1:4	1.8×10^{-5}	1.7×10^{-5}	0.04

注：模拟介质相同，但装入模型后压实度不同，从而得到的结果不同。

对于TBM管片，注浆圈为管片外侧同步注浆及二次注浆填充区域，隧道排水量为管片及接缝处的渗透量；而其外水压力主要取决于隧道围岩的水文地质条件及衬砌本身的渗透性，结合孖雅区间地质勘察报告，TBM隧道基本位于微风化花岗岩地层中，为非沉积岩，围岩渗透系数较小，地下水以基岩裂隙水为主。

3.5.3　现场实测

1. 水压力测试方案

隧道及地下结构的水压力测试目前常用的方式是原位埋设水压力传感器，测点埋置于孖雅区间联络通道二次衬砌背后，通过电缆线接至测定仪（图 3-5-3），埋设里程位置如图 3-5-4 所示。常用的传感器有振弦式和电阻应变式。如图 3-5-3 所示：现有隧道及地下结构的水压力测试通过水压力传感器埋置于隧道二次衬砌和初期支护之后，水压力传感器将水压力变化的电信号通过电缆线连接至测定仪，通过测定仪读取读数。监测周期为联络通道完工后至隧道运营 3 年内，监测频率为一周一次数据读取。

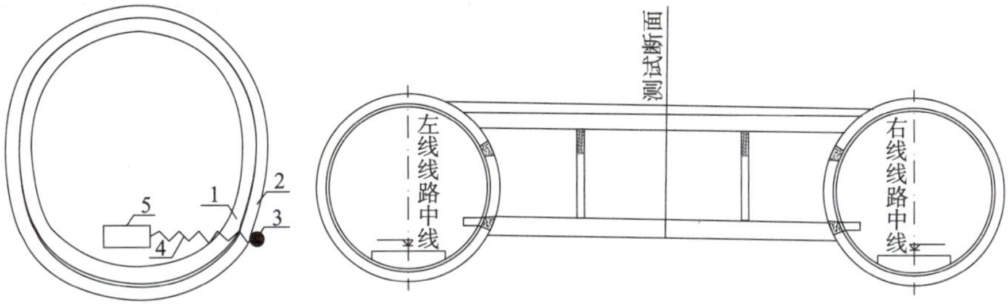

图 3-5-3　孖岭站—雅宝站区间联络通道处水压测试点布置图

1—二次衬砌；2—初期支护；3—水压力传感器；4—电缆线；5—测定仪

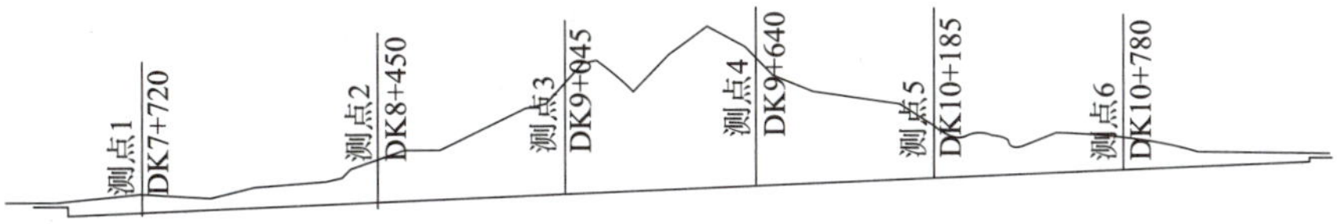

图 3-5-4　孖岭站—雅宝站区间水压测试点埋设里程图

2. 测试结果

根据孖雅区间隧道实际施工进展情况，分别在 1 ~ 6 号联络通道侧墙上预留测试管道，安装水压力量程表进行衬砌外水压力测试。由于现场施工保护不到位，其中 1、2、5、6 号联络通道测试管道被破坏，无法安装水压力表进行测试，仅剩下 3、4 号联络通道测试管道正常（3、4 号联络通道埋深较大，具备典型性）。根据现场测试获得的测点外水压力值时态曲线如图 3-5-5 所示，测试点 3、4 趋于稳定的外水压力值分别为 0.258 MPa、0.44 MPa。

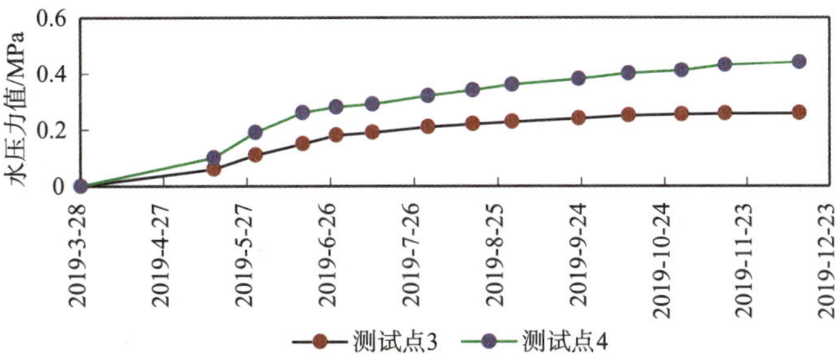

图 3-5-5　衬砌测试点外水压力时程曲线

孖雅区间 TBM 隧道段联络通道采用矿山法施工,采用复合衬砌防水;在联络通道初期支护完成后,将测试管道钻孔嵌入围岩中,并做好相应的保护措施,随后绑扎钢筋骨架,支模浇筑二次衬砌。当二次衬砌达到凝期,并做好衬砌背后注浆堵漏后,撤去测试管道保护措施,于2019 年3 月28 日安装水压力量程表进行水压力测试。至2019 年10 月11 日,两处测试点外水压力值基本趋于稳定,最终两处测试点的稳定外水压力测试值分别为 0. 258 MPa、0. 44 MPa。从衬砌测试点外水压力时程曲线可知,外水压力测试值总体上呈现相似的变化规律,随着时间的延长,外水压力值逐渐增大并缓慢趋于稳定,稳定的外水压力测试值与实际水头差呈现的比例为 0. 54 ~0. 57。

根据孖雅区间地质勘察报告,3 号测试点处地质钻孔为 MJZ3-TMC-66,其地勘稳定水位高程 68. 13 m,而该处联络通道测试点的水头高差约 47. 884 m,实测衬砌外水压力值为 0. 258 MPa,外水压力折减系数 0. 539。

4 号测试点处地质钻孔为 MPZ1-ST-109,其地勘稳定水位高程 111. 10 m,而该处联络通道测试点的水头高差约 77. 546 m,实测衬砌外水压力值为 0. 44 MPa,外水压力折减系数 0. 567。

3. 5. 4 研究结论

(1)根据孖雅区间地质勘察报告,TBM 隧道基本位于微风化花岗岩地层中,为非沉积岩,围岩渗透系数较小,地下水以基岩裂隙水为主;考虑区间穿越段局部围岩裂隙较发育,且区间穿越了两条构造破碎带,故与岩体渗透性相关的外水压力折减系数 β_1 取为 0. 8。

(2)按照地铁区间按全包防水设计,不允许出现渗漏水现象,故与衬砌渗透性相关的外水压力折减系数 β_2 取为 1. 0。

(3)考虑 TBM 隧道注浆圈的主要作用为填充密实,渗透系数较大,故与固结灌浆相关的外水压力折减系数 β_3 取为 0. 7,则 $P_e = \beta_1 \times \beta_2 \times \beta_3 \times \gamma_w \times H_e = 0.8 \times 1.0 \times 0.7 \times \gamma_w \times H_e = 0.56 \times \gamma_w \times H_e$;结合外水压力实测值及其结果分析,实际情况与理论结果基本吻合,但考虑管片背后注浆圈对减小衬砌背后的水压力有利,而实际施工可能存在管片背后注浆不密实,对于类似工程,建议衬砌外水压力折减系数设计取值 0. 6。

第4章 特殊地段盾构施工新技术应用

地铁盾构掘进过程中,需要克服孤石发育、富水砂层、上软下硬、地下障碍物密集等特殊地段,若处置不当,会影响盾构机的掘进效率,甚至会引起较大的工程风险。深圳地铁通过孤石探测、预裂爆破、地层加固、桩基托换、暗挖空推等技术应用,实现了特殊地段的顺利掘进。

4.1 临近既有线孤石处理技术

4.1.1 工程概况

6 号线二期主体工程 6111 标三工区全长 2 348.454 m,其中 2 121.954 m 为盾构施工;226.5 m 为暗挖施工。其中银湖站—八卦岭站区间(以下简称"银八区间")盾构隧道左线全长 550.492 m,右线全长 551.052 m,线间距 16.2 m,隧道埋深 17.6 m。银八区间左线在里程 ZDK6 + 180.248 ~ ZDK6 + 161.948(327 环 ~ 339 环)、右线在里程 YDK6 + 171.837 ~ YDK6 + 161.948(331 环 ~ 340 环)处穿越运营地铁 7 号线黄木岗站—八卦岭站区间(以下简称"黄八区间"),穿越地铁 7 号线后 42 m 到达八卦岭站接收。6 号线银八区间盾构隧道与 7 号线黄八区间盾构隧道垂直净距为 1.975 m,并且左线刚穿越 7 号线时盾构掘进速度缓慢,掘进参数异常,通过带压开仓检查发现掌子面在上软下硬地层中且存在大量孤石群,孤石群距离既有运营线水平距离为 1 m,如图 4-1-1 ~ 图 4-1-3 所示。

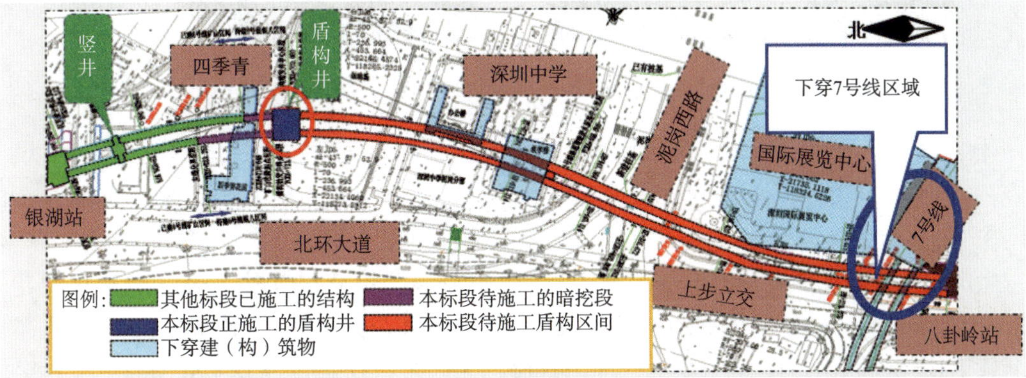

图 4-1-1 银八区间平面关系示意图

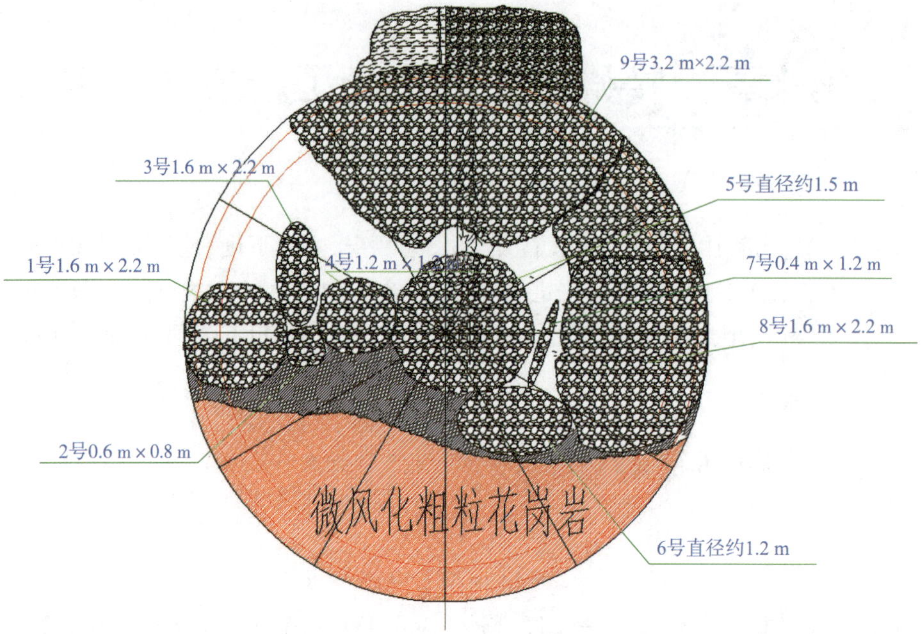

图 4-1-2　银八区间左线掌子面孤石分布详细素描图

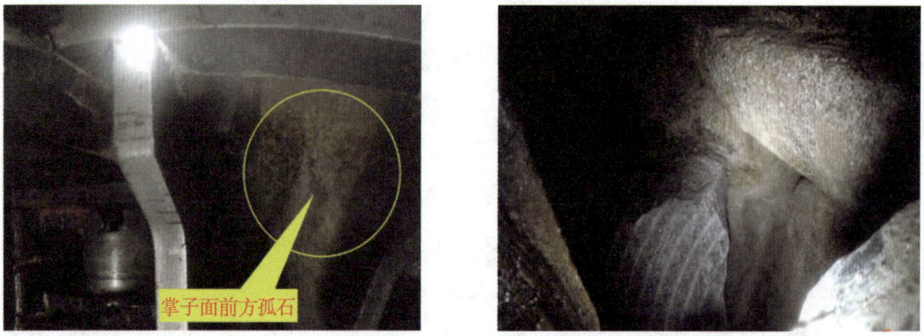

图 4-1-3　银八区间左线进仓查看孤石情况照片

银八区间下穿既有运营地铁 7 号线段从上至下主要地层分布为①$_1$ 素填土、①$_3$ 素填土(碎石)、④$_2$ 粉质黏土、④$_7$ 粉砂、④$_9$ 中砂、④$_{10}$粗砂、⑦$_{1\text{-}2}$砾质黏性土、⑧$_1$ 全风化粗粒花岗岩、⑧$_{2\text{-}1}$砂土状强风化粗粒花岗岩、⑧$_{2\text{-}2}$块状强风化粗粒花岗岩、⑧$_3$ 中风化粗粒花岗岩、⑧$_4$ 微风化粗粒花岗岩。隧道洞身主要穿越砂土状强风化粗粒花岗岩、块状强风化粗粒花岗岩、中风化粗粒花岗岩、微风化粗粒花岗岩、中风化混合花岗岩(上软下硬)、中风化花岗岩(上软下硬)、孤石等地层,经检测单位检测,孤石无侧限抗压强度高达 120 MPa。银八区间地质纵断面如图 4-1-4 所示。

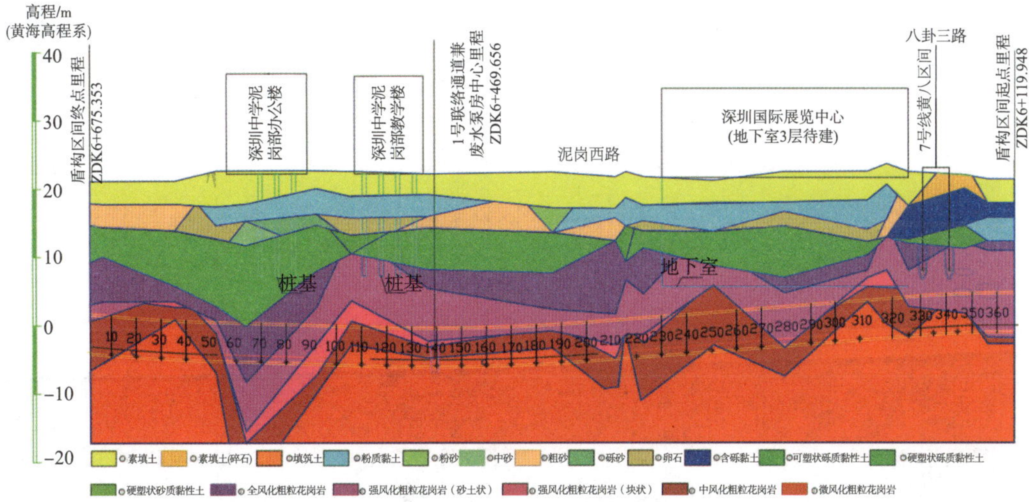

图 4-1-4　银八区间地质纵断面图

4.1.2　孤石探测

孤石探测的方法有物探及地质钻孔等多种方法,物探又包括地震面波法、地质雷达、直流电法、跨孔 CT 法、HSP 声波反射法等探测方法。为准确探明孤石的范围、大小、埋深,本次采用物探 HSP 声波反射法和地质探孔共同进行,以便相互印证,准确探测。

1. 地质探孔

地质探孔是了解掌握地层最直接最有效的方法,但在城市繁华地带,地下管线、管沟等建(构)筑物众多,而且在既有运营线周边进行钻孔探测孤石,无疑增加了施工难度和施工风险。在进行孤石探测时,必须调查清楚管线分布情况,必要时将管线改迁后进行钻探。

银八区间左线刀盘前方掌子面存在大量孤石群,与地勘揭露情况相符。其余部位是否有孤石存在,需采用地质钻孔探明孤石范围、大小、埋深、强度等。

在既有线轮廓线外 1 m 进行布孔,左线布孔间距为 2 m,右线布孔间距为 3.6 ~ 5 m。钻孔施工时由距既有运营地铁 7 号线近的孔向远的孔施工,靠近既有运营地铁线时,钻孔在地铁停运后实施。

经过地质探测,银八区间左线地质探孔 TZ1 ~ TZ5 探测出存在孤石,即从既有线轮廓线外 1 m 至 6 m 范围(共 5 m)内存在孤石群,右线掘进范围内无孤石存在,如图 4-1-5 和图 4-1-6 所示。

2. HSP 声波反射法

HSP 声波反射法地质预报原理:根据 TBM 及盾构隧道施工的特点,利用掘进时刀盘破岩所产生的地震波信号作为 HSP 反射波法的预报激发信号,通过在边墙进行布极接收,实现阵列式数据采集,并通过深度域绕射扫描偏移叠加成像技术,进行反演成像及成果解释。HSP 反射波法测试布置示意如图 4-1-7 所示。

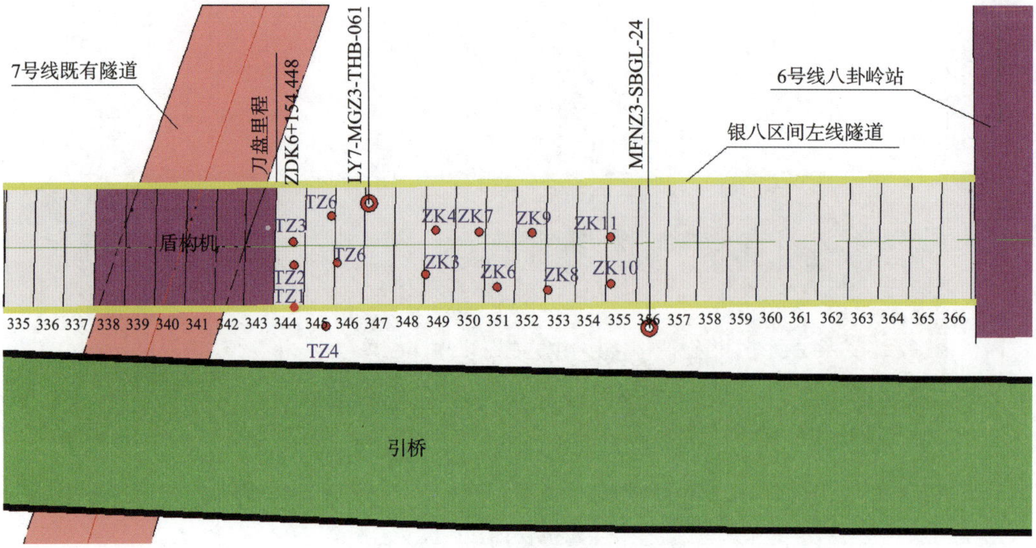

图 4-1-5　银八区间左线孤石段地质探孔布置图

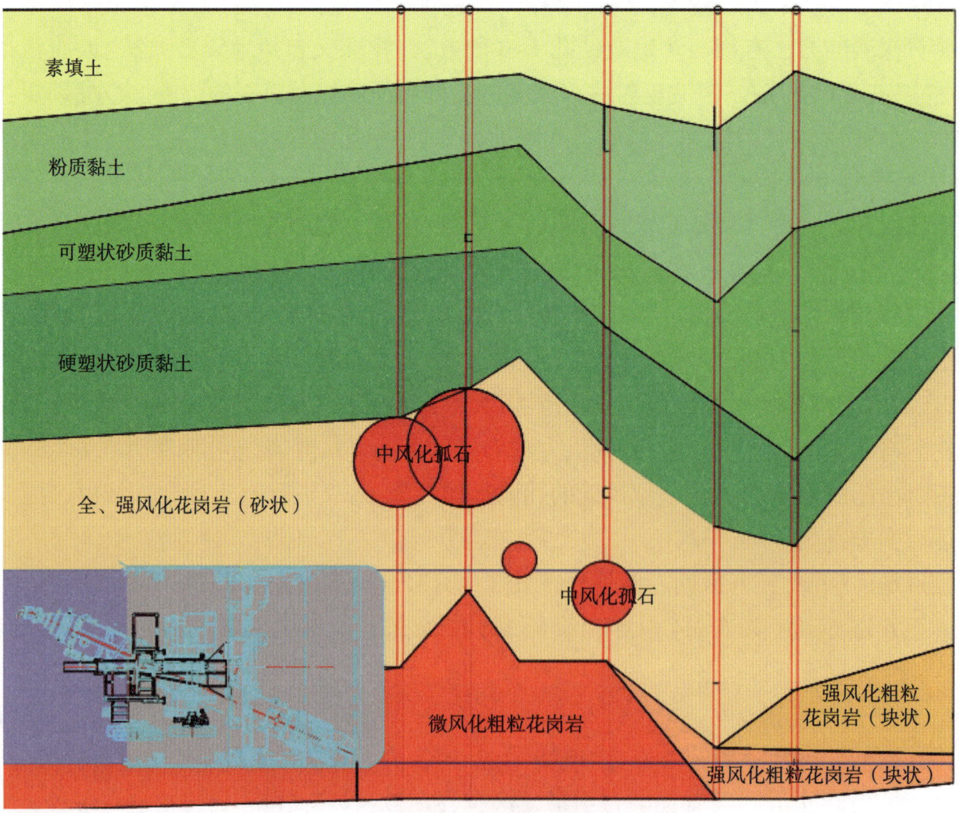

图 4-1-6　银八区间左线盾构隧道地质纵断面图

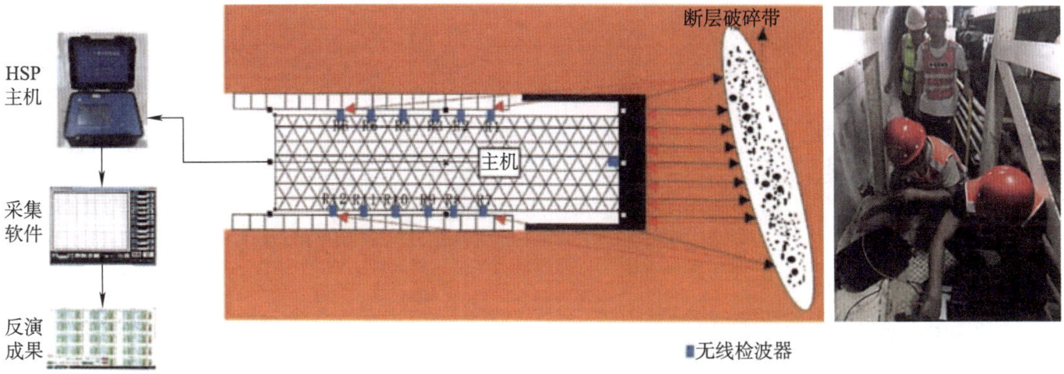

图 4-1-7　HSP 反射波法测试布置示意图

本次对银八区间右线 YDK6 + 190 ~ YDK6 + 119. 948 段(70 m)进行探测,主要对下穿运营 7 号线无法钻探段进行探测,经过对现场所采集的原始波形曲线进行时频分析及反演成像处理,探测出 ZDK6 + 161. 948 ~ ZDK6 + 155. 948(5 m)范围反射波异常。

YDK6 + 162 ~ YDK6 + 160 段存在微弱的反射异常,存在波阻抗差异,但差异较小,且异常分布较为分散,初步分析认为上述里程段仅局部小范围区域岩性有变化;YDK6 + 120 位置附近探测结果显示该处为地层岩性存在明显变化。分析成果如图 4-1-8 所示。

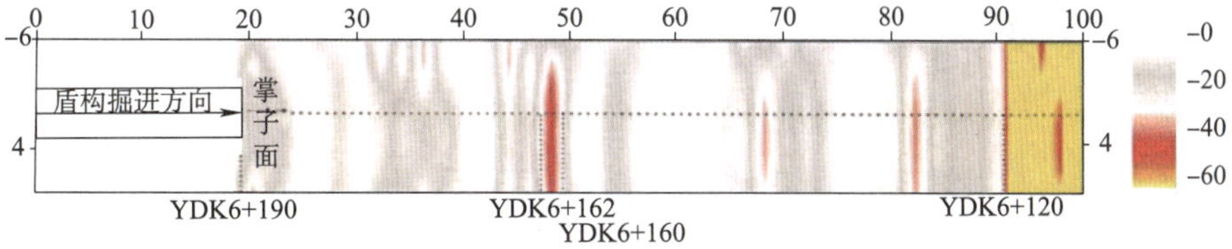

图 4-1-8　YDK6 + 190 里程探测反演分析成果图

4. 1. 3　孤石处理

1. 方法选择

孤石处理常用的方法有深孔钻爆法、仓内破除法、冲击破碎法、旋挖法等。在广州、深圳,典型的孤石处理方法为深孔钻爆法,该方法处理孤石效率高、处理效果好,被广泛使用,但对施工环境要求较高。仓内破除法受地质风险因素影响,较少采用。冲击破碎法和旋挖法受场地条件和造价制约,较少采用。

通过对各种工法的比选,在临近既有运营线进行孤石处理时,深孔钻爆法、仓内破除法、冲击破碎法等都将对既有运营线产生较大的影响。通过对比分析,在临近既有运营线进行孤石处理宜采用旋挖法。孤石处理方案对比见表 4-1-1。

表 4-1-1　孤石处理方案对比表

序　号	方案名称	风　险	备　注
1	深孔钻爆法	孤石和底部微风化基岩采用爆破处理时因距离太近且爆破振动太大,会导致 7 号线结构变形,影响运营安全	

续上表

序 号	方案名称	风 险	备 注
2	仓内破除法	(1)仓内破除,易扰动盾顶土体,形成坍塌,引起既有线变形; (2)仓内空间有限,施工周期长、难度大、风险高; (3)带压仓内破除,作业人员施工风险极高	
3	旋挖法	(1)施工场地要求高,地面条件限制大; (2)钻孔期间偏钻或塌孔对既有线影响较大,施工控制精度要求高	推荐方案
4	冲击破碎法	(1)施工振动易造成孔壁塌孔,引起既有运营线变形; (2)施工控制精度差,易偏孔,施工振动对行车影响较大	

2. 精确定位

由于孤石距离既有运营地铁7号线水平距离仅为1 m,在旋挖桩施工之前必须对桩位进行精确定位,防止桩位偏离后打穿既有运营地铁7号线。首先将既有运营地铁7号线隧道内控制点与地面新建6号线隧道控制点进行导线联测和复测,其次将既有运营地铁7号线隧道轮廓线投影放样至地面,然后将旋挖桩孔位中心点放样至地面,旋挖桩孔直径为1 200 mm,确保旋挖桩孔轮廓边线距离既有运营地铁7号线轮廓线大于1 m,最后将旋挖桩中心点位采用"十字交叉法"引至施工范围外进行永久保护,每次开钻之前必须利用"十字交叉法"护桩复核旋挖桩中心点位。

3. 盾体及刀盘保护

在旋挖桩施工之前,通过盾体径向孔、刀盘及土仓注入孔注入改良膨润土(或衡盾泥),防止在旋挖桩成孔时漏浆塌孔或者在混凝土浇筑时混凝土进入土仓固结刀盘。填仓应反复进行,保证盾体间隙和土仓填充密实,防止盾体和盾构机刀盘固结导致孤石处理完成后盾构机无法恢复掘进。

(1)膨润土配置

填仓采用优质钠基膨润土,采用专用设备提前拌制高黏度、高质量泥浆,发酵4 h。泥膜配比详见表4-1-2。

表4-1-2 泥膜配比

膨润土配合比	膨润土:水=350(kg):1 000(kg)
混合液配比	膨润土浆:水玻璃=1:1
土仓终止压力(上土压)	≤0.24 MPa

(2)填仓

第一阶段,通过盾构机中盾、前盾径向孔注入已发酵的膨润土(高黏度泥浆),注入量不大于4 m^3,注入压力不大于土仓压力;第二阶段,通过前盾注浆孔注入已发酵的膨润土(高黏度泥浆),对盾构机上部地层形成泥膜,以压力控制;第三阶段,通过盾构机膨润土注入系统向刀盘前方注入已发酵的膨润土(高黏度泥浆),进行填仓,注入期间刀盘以最低转速0.5 r/min转动,间隔10 min换向。各阶段注入压力及对应既有线隆沉要求见表4-1-3。

表 4-1-3 建立泥膜注入压力与既有线隆沉对应表

施工阶段	土仓压力/MPa	既有线隆沉/mm
第一阶段	0.18	单次≤2;累计≤2
第二阶段	0.20	单次≤2;累计≤4
第三阶段	0.22	单次≤2;累计≤4
第四阶段	0.24	单次≤2;累计≤4

任何一个阶段,既有线隆沉值达到控制要求,则不再进行下一阶段施工。

(3)填仓效果检查

在反复填仓后,通过承压墙上的预留孔检查土仓填充情况,同时通过盾体径向孔检查盾体周围是否填充密实。

4. 注浆加固

根据左线掘进情况及孤石分布情况,采用注浆固结方案处理。其一,对刀盘前方散落的孤石进行注浆固结;其二,对隧道开挖范围上 6 m,左、右各 3 m 地层进行注浆加固,达到常压开仓的条件。

银八区间左线盾构机前方孤石群采用后退式钻注一体机钻孔注浆,利用原地质补勘孔 TK1 ~ TK6 钻孔注浆填充孤石区域空腔;利用管线之间间隙,布置 53 个注浆孔,注浆采用水泥浆填充密实,钻孔间距为 1 000 mm ×1 000 mm,梅花形布置,浆液扩散半径 0.7 m,钻孔深度到达基岩面。距离既有运营地铁 7 号线左线一侧在轮廓线外 1 m 布置,如图 4-1-9 所示。钻孔施工时由距既有运营地铁 7 号线近的孔向远的孔施工。

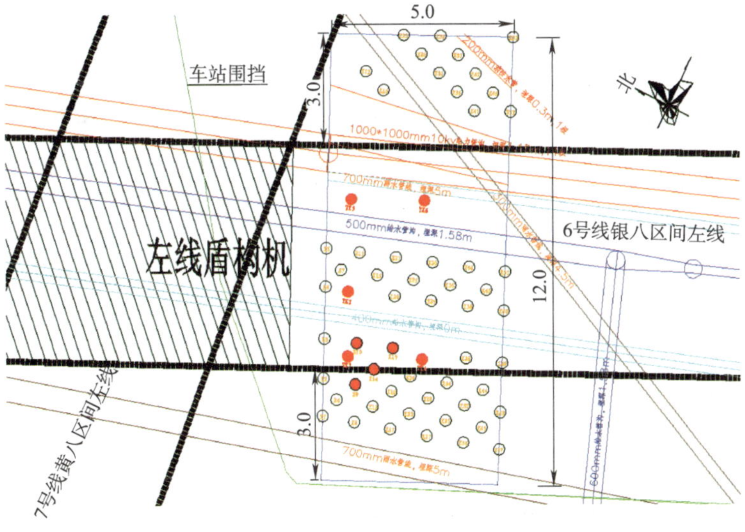

图 4-1-9 注浆加固孔位平面布置图(单位:m)

在利用地质探孔填充注浆期间,单次注浆量 0.1 ~ 0.2 m^3,土仓压力上涨至 3 bar,运营 7 号线呈现隆起,停机待土仓压力下降后继续注浆,共计填充注浆 27.49 m^3。孤石注浆加固统计见表 4-1-4。

表 4-1-4 银八区间左线孤石群注浆加固统计表

孔位编号	注浆深度/m	注浆压力/MPa	注入方量/m³	备 注
TK1	22.0	0～0.5	3.70	填充
TK3	22.0	0～0.5	9.36	填充
TK2	19.6	0～0.5	9.85	填充
TK6	23.3	0～0.5	4.58	填充
Z28	13.0	0～0.4	0.42	加固
Z27	14.6	0～0.4	1.58	加固
Z32	14.8	0～0.4	0.36	加固
Z39	11.8	0～0.3	0.15	加固
Z34	18.6	1.5	0.20	加固

在地层加固注浆期间，钻机钻进缓慢，注浆期间返浆量大，注浆压力上涨快，单孔注浆量极小，判定注浆加固段地层密实。

5. 旋挖桩位布置及施工顺序

旋挖钻机采用宝峨 HBM120 牙轮钻，旋挖钻孔直径 1 200 mm、间距 1 000 mm。为保证孤石处理完全，桩位布置采用梅花形咬合布置，咬合量 200 mm，钻孔深度 24.0 m，垂直度小于 1%，采用 C30 素混凝土回填钻孔，回填高度至地面，共计布设 35 根。旋挖桩施工时为了防止孤石移动、塌孔及刚施工浇筑的混凝土塌孔，选择跳孔法施工。具体如图 4-1-10～图 4-1-13 所示。

旋挖施工时，全、强风化土体遇水易崩解，引起孔壁坍塌。在泥浆制作时，泥浆密度不低于 1.15 g/cm³，孔内泥浆液面不低于护筒口 50 cm，钻孔期间需勤测泥浆密度并及时进行调整。

在混凝土浇筑时，因仓内填充物有一定的压缩性，故在灌注时应井上、井下联络，需密切关注土仓压力变化和自动化监测情况，超控制值时，立即停止灌注，待压力释放后再组织灌注。同时，应低速转动刀盘，防止刀盘被固结。

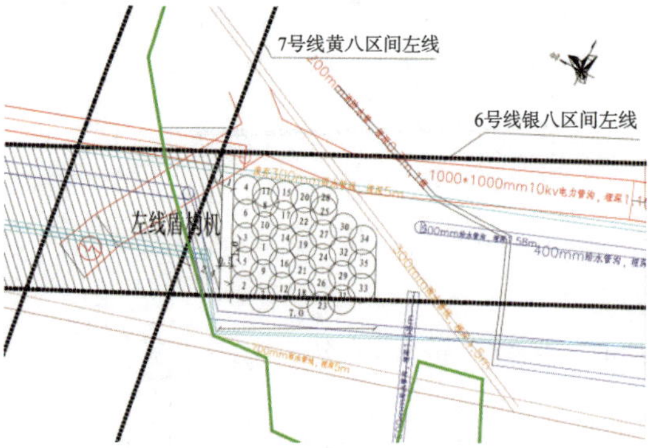

图 4-1-10 旋挖钻孔平面布置图

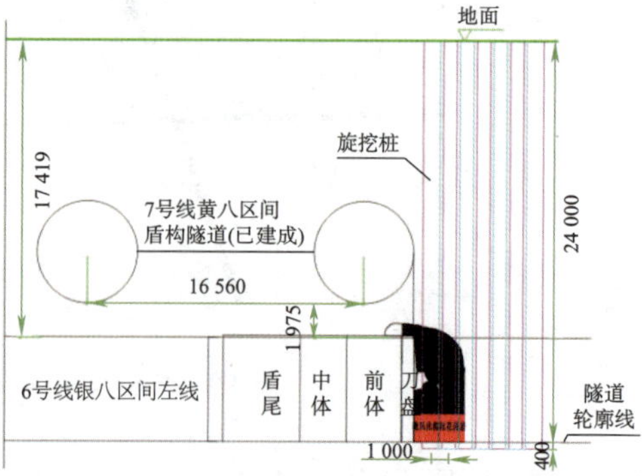

图 4-1-11 旋挖钻孔剖面图(单位:mm)

图 4-1-12　牙轮钻钻头

图 4-1-13　旋挖处理孤石照片

6. 自动化监测

施工之前在既有运营地铁 7 号线内布置自动化监测点,在旋挖桩及盾构掘进素旋挖桩施工期间,对 7 号线黄八区间进行自动化监测。在地铁 7 号线黄八区间左线监测里程为 ZDK24 + 681.257 ~ ZDK24 + 811.257;右线监测里程为 YDK24 + 688.1812 ~ YDK24 + 818.1812。上、下行线共布置 28 个监测断面,每个断面 6 个测点,共计 168 个测点。监测点平面布置如图 4-1-14 所示。

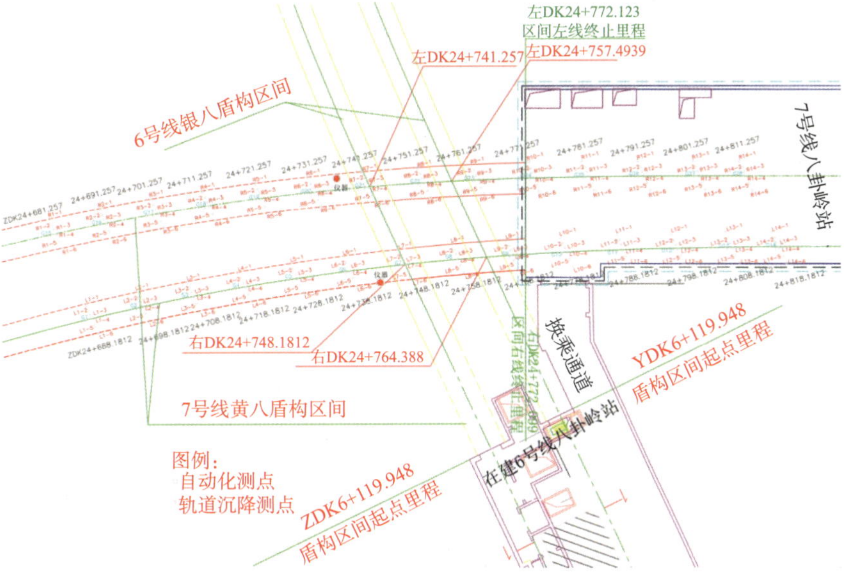

图 4-1-14　运营 7 号线自动化监测点平面布置图

一般施工状态情况下监测频率为 1 次/2 h,施工关键期为 1 次/30 min,选定施工主要影响区域的测点进行扫描测量。工程施工前一周开始至施工完成后监测数据稳定为止,具体根据现场实际情况进行调整。

通过 2018 年 10 月 21 日 ~ 11 月 25 日施工期间监测数据反映,在临近既有运营线处理期间,运营线单次变形未超 2 mm,累计变形未超 4 mm,变形控制满足设计及规范要求,如

图 4-1-15 所示。

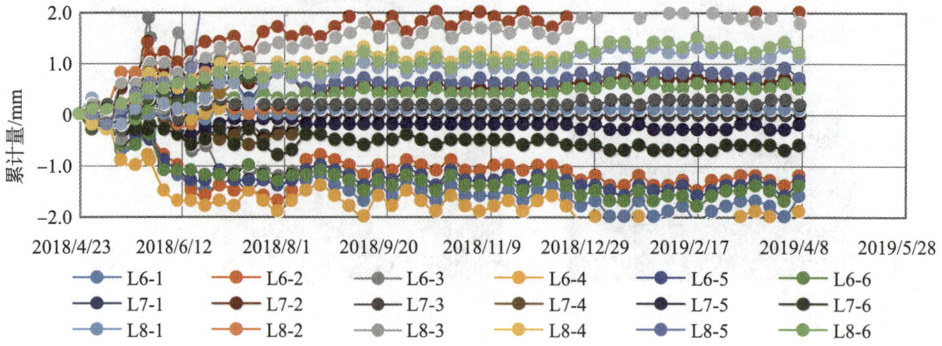

图 4-1-15 运营 7 号线左线竖向位移历时变化曲线

4.1.4 经验小结

(1)在临近既有运营线孤石群处理的施工过程中,通过采取孤石探测、优质泥浆填仓、精确控制旋挖桩施工参数、自动化监测等有效可靠的控制手段,盾构机安全顺利穿越既有运营线,且既有运营地铁线沉降从孤石处理至盾构完全穿越完成累计变形仅为 4.8 mm。

(2)在遇孤石群时,采用旋挖钻对既有运营线附近的孤石进行处理,形成均一地层,使得盾构在均一地层能够顺利掘进,减少对既有运营线的影响,保证既有运营线正常运营。

(3)通过对孤石进行处理,极大减少带压开仓作业频率,降低了刀具损耗率,具有经济效益价值,同时也降低了安全风险。

(4)在孤石群处理过程中旋挖钻机的钻头采用牙轮钻头,旋挖钻机的钻杆能够给牙轮钻头施加足够大的轴压力和回转扭矩,牙轮钻头能够对孤石产生挤压、剪切、压裂作用,在孤石处理方面效果显著。

4.2 上软下硬地层盾构施工技术

4.2.1 工程概况

地铁 8 号线一期工程深外高中站—盐田路站区间(以下简称“深盐区间”)盾构段,左线起止里程为 ZDK50 +658.000 ~ DK51 +648.235(含短链 8.022 m),长 1 069.652 m;右线起止里程为 YDK50 +682.000 ~ DK51 +647.239(含长链 2.632 m),长 967.871 m。盾构线路长距离穿越老旧居民区。区间线路纵断面为单向坡,最大纵坡为 29.2‰,区间隧道埋深 11 ~22 m。

盾构区间场地地质自上而下依次为:$①_1$ 素填土、$①_2$ 填砂、$①_3$ 填碎石、$①_4$ 填块石、$④_3$ 含有机质黏土、$④_{14}$ 卵石、$④_{15}$ 漂石、$⑦_{1\text{-}1}$ 可塑状粉质黏土、$⑦_{1\text{-}2}$ 硬塑状粉质黏土、$⑱_1$ 全风化中细粒花岗岩、$⑱_{2\text{-}1}$ 砂土状强风化中细粒花岗岩、$⑱_{2\text{-}2}$ 块状强风化中细粒花岗岩、$⑱_3$ 中等风化中细粒花岗岩、$⑱_4$ 微风化中细粒花岗岩。区间隧道主要穿越粉质黏土、全风化 ~ 微风化花岗岩。

深盐区间上软下硬及全断面硬岩段约占线路长度的 70%，根据地勘报告及项目部详勘揭示，微风化岩最高强度达 160 MPa，RQD 值在 75% 以上，石英含量高达 40% 以上，岩石强度高，完整性好。深盐区间线路平面如图 4-2-1 所示，右线地质断面如图 4-2-2 所示，区间上软下硬及硬岩统计见表 4-2-1。

图 4-2-1　深盐区间线路平面图

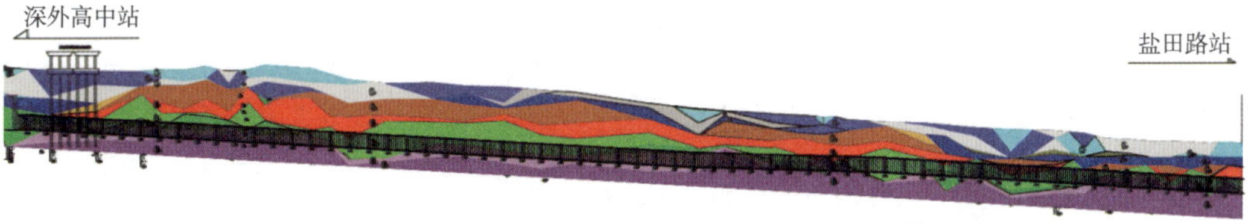

图 4-2-2　深盐区间右线地质断面图

表 4-2-1　区间上软下硬及硬岩统计表

线　路	编　号	里　　程		环号(环数)	长度/m	总长度/m	上软下硬及硬岩地层占比/%
右线	1	DK51 +645.74	DK51 +528.55	1 ~80(80 环)	120	709.5	73
	2	DK51 +401.05	DK51 +381.55	165 ~177(9 环)	19.5		
	3	DK51 +323.05	DK51 +300.55	203 ~218(15 环)	22.5		
	4	DK51 +282.55	DK50 +967.55	230 ~ 440(210 环)	315		
	5	DK50 +912.05	DK50 +679.55	477 ~631(155 环)	232.5		
左线	1	DK51 +630.56	DK51 +531.46	85 ~148(54 环)	96	636	59
	2	DK51 +455.51	DK50 +987.51	194 ~505(312 环)	468		
	3	DK50 +920.01	DK50 +866.01	550 ~586(36 环)	54		
	4	DK50 +786.51	DK50 +779.01	638 ~642(5 环)	7.5		
	5	DK50 +668.5	DK50 +658.0	706 ~713(7 环)	10.5		

4.2.2 主要技术准备

1. 设备改进

深盐区间右线盾构于2017年6月始发掘进,掘进过程中,出现岩面起伏及岩石差异风化导致掘进困难、软硬复合地层中开仓频繁等难题。在右线始发的最初200环掘进过程中,共开仓14次,其中前70环开仓7次,且有5次为带压开仓。

左线盾构为提高可掘进性,采用破岩能力更强的6辐条刀盘,增加滚刀数量,减少刀间距,增加刀盘辅臂数量等,并采用重型滚刀。根据左、右线盾构掘进类似地层的掘进进度统计,左线盾构掘进工效大幅提高,开仓换刀频次大幅度降低,右线开仓26次,左线开仓14次。

盾构主要参数对比见表4-2-2,左、右线盾构刀盘如图4-2-3和图4-2-4所示。

表4-2-2 盾构主要参数对比表

序号	项目	左线盾构参数	右线盾构参数
1	刀盘结构	复合式(6辐条+面板)	复合式(4辐条+面板)
2	开口率	约33%	约40%
3	中心刀具	6把17英寸双联滚刀,刀间距90 mm,刀高175 mm	4把17英寸双联滚刀,刀间距90 mm,刀高175 mm
4	正面刀具	23把18英寸滚刀,刀间距75 mm,刀高187.5 mm	20把18英寸滚刀,刀间距100 mm,刀高187.5 mm
5	边缘滚刀	12把18英寸滚刀	11把18英寸滚刀
6	泡沫喷嘴	6个	4个
7	刀盘扭矩/(kN·m)	7 447	7 200
8	盾构机最大推力/t	3 991	3 991
9	盾尾最大铰接力/kN	6 000	14 700
10	螺旋机扭矩/(kN·m)	224	220

图4-2-3 左线盾构刀盘

图4-2-4 右线盾构刀盘

2. 掘进参数选择

根据详勘和补勘资料，将掘进地层与里程环号一一对应，根据始发后类似地层掘进控制参数，结合地面沉降监测数据以及开仓换刀频率，拟定掘进参数，施工过程中根据监测数据进行优化调整，确保施工安全顺利。不同地层掘进参数见表 4-2-3。

表 4-2-3　不同地层掘进参数

序号	开挖洞身地质			硬岩是否侵入中心刀轨迹	盾构参数					
	分层描述	硬岩	软岩		刀盘转速/($r\cdot min^{-1}$)	推力/t	速度/($mm\cdot min^{-1}$)	土压/bar	出土量/m^3	注浆量/m^3
1	全断面岩	微、中		是	1.1～1.3	1 300～1 500	3～10	1.3～1.5	60～65	6
2	上软下硬	中	块强	是	1.2～1.4	1 300～1 500	4～13	1.3～1.5	60～65	6
3	上软下硬	中	块、砂土强	是	1.2～1.4	1 300～1 500	4～13	1.4～1.6	60～65	6
4	上软下硬	中	砂土强	是	1.2～1.4	1 300～1 500	4～13	1.4～1.6	60～65	6
5	上软下硬	中	砂土强	否	1.2～1.4	1 300～1 500	4～13	1.4～1.6	60～65	6
6	全断面软岩		砂土强	否	1.5～1.7	1 100～1 300	20～30	1.4～1.6	60～65	6
7	全断面软岩		砂土强、全	否	1.5～1.7	1 100～1 300	20～30	1.3～1.5	60～65	6

3. 渣土改良

掘进过程中，根据出渣的情况进行取样分析，在上软下硬及硬岩段采用泡沫剂进行渣土改良。泡沫剂发泡率 18 倍，原液掺量 2.7%，半衰期为 13 min。泡沫发泡率参考如图 4-2-5 所示。

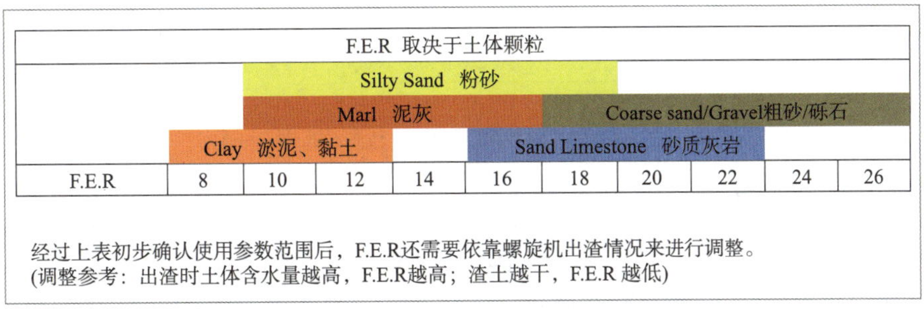

图 4-2-5　泡沫发泡率参考表截图

4. 长距离下穿居民区

盾构右线312 m、左线339 m穿越盐田三村居民区，盐田三村建筑物多为2~6层居民楼，房屋建造年代久远，基础多为浅基础。

采取如下措施进行风险管控：

(1)项目部编制详细的技术方案，穿越前详细细化施工工序，责任到人。

(2)盾构下穿居民区前，进行刀具的检查及更换，对盾构进行全面的检修和保养，安排专业的维保人员跟班作业，购置易损件备用；并进行试验段掘进，总结技术参数，指导盾构施工。

(3)对房屋采用自动沉降监测系统，根据监测结果指导施工。

(4)加强盾构管片姿态的测量和地表监控量测，确保盾构安全顺利穿越房屋。

(5)安排专人24 h地面值班巡视。

4.2.3 关键技术应用

1. 素桩支护常压开仓

盾构在上软下硬且富含石英的花岗岩地层中掘进，刀盘、刀具极易受损，甚至变形，开仓多采用带压开仓，安全风险大。为此，根据地质断面图和盾构刀具的磨损情况，在上软下硬和软弱地层提前预设常压开仓检查及更换刀具地点，尽量减少被动带压开仓。采用素混凝土灌注桩支护常压开仓，每处设置直径1 000 mm、间距1 100 mm钻孔灌注桩6根，桩间采取双管旋喷桩止水，刀盘进入灌注桩300 mm后常压开仓。

素桩支护后，开仓时间由原来10 d减少为3 d，减少了安全风险，提高了盾构的有效掘进效率。素桩支护平、剖面如图4-2-6所示。

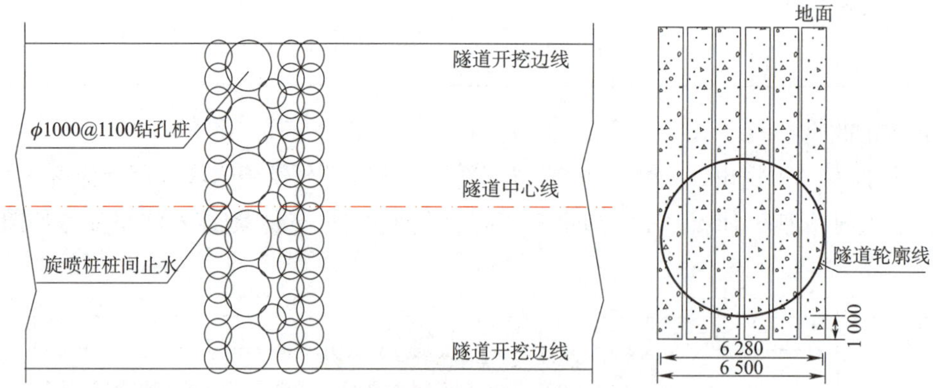

图4-2-6 素桩支护施工平、剖面图(单位：mm)

2. 地面深孔预爆破

根据掘进报表统计，盾构在上软下硬地段掘进效率低下。通过调查研究和方案比选，结合地表环境，采用地面深孔预爆破在隧道开挖轮廓内地面钻孔至隧道底部，孔内装填炸药，将硬岩爆破破碎。采用袖阀管地面注浆封堵爆破造成的裂隙水通道，提高盾构有效掘进效率,加快施工进度。

左线硬岩段具备爆破施工条件的区段长度 133.5 m,隧道埋深 13.5 ~ 14 m。右线硬岩段具备爆破施工条件的区段长度 99.0 m,隧道埋深 21.9 ~ 23.9 m。隧道洞身范围内主要地层为土状强风化花岗岩、块状强风化花岗岩、中风化花岗岩和微风化花岗岩,详勘、补勘揭示岩石强度 102 ~ 155 MPa。左、右线地面深孔预爆破地质剖面如图 4-2-7 和图 4-2-8 所示。

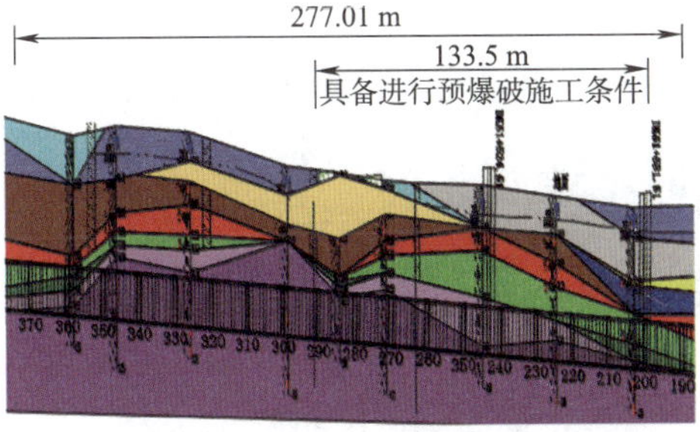

图 4-2-7　左线地质剖面图

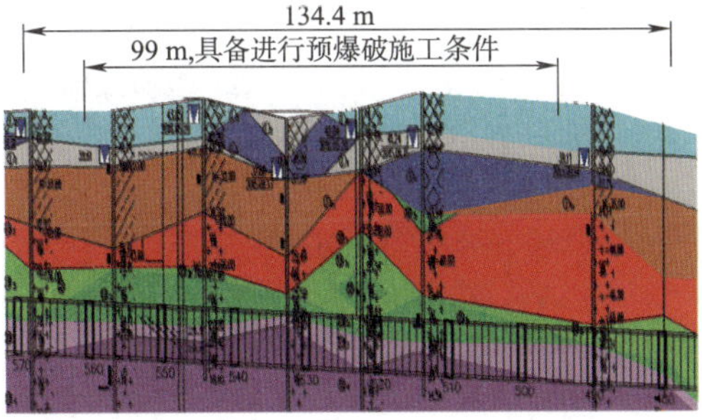

图 4-2-8　右线地质剖面图

(1)施工方法

爆破孔采取矩形布置,超深隧道底部 1 m。钻孔过程中,记录好钻孔位置、钻孔深度和岩面高度。根据试爆破结果,0.7 m×0.7 m 孔间距能达到爆破效果。钻孔芯样及地质断面如图 4-2-9 所示。

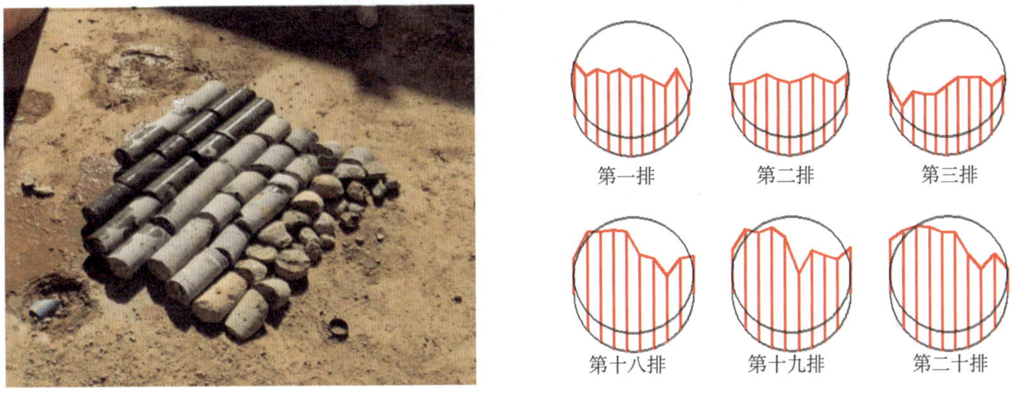

图 4-2-9　钻孔芯样及地质断面图

(2)爆破质量检查

基岩处理后的爆破质量通过地质钻机钻孔取芯进行验证,沿隧道纵向每 5 m 抽检一个孔,岩芯单向长度≤25 cm 为合格。如果抽检区域不合格,则补孔进行二次爆破。

(3)爆破孔封堵及地层加固

爆破完成后,对爆破孔进行注浆封堵,封堵范围为地表下 1.5 m。根据盾构掘进进度,为保证盾构保压效果,在盾构到达爆破区域前 15 天采用袖阀管对爆破地层进行注浆加固施工,填充地层裂隙,钻孔间距为 2 m×2 m,矩形布置,注浆加固范围为隧道顶部 3 m 至隧道底。

(4)爆破效果

爆破前:取芯岩石完整性高,取芯芯样长度多在 30 cm 以上,掘进速度在 5 mm/min 左右,平均 10~15 环换一次刀。

爆破后:取芯芯样长度均在 15 cm 以下,掘进速度在 10~15 mm/min 之间,一次通过爆破区域 31 环未进行开仓换刀。

爆破前后岩样如图 4-2-10 和图 4-2-11 所示。

图 4-2-10 爆破前芯样

图 4-2-11 爆破后芯样

4.2.4 经验小结

深盐区间为典型的上软下硬地层,长距离穿越盐田三村居民区,地表环境复杂。项目部根据右线前期掘进技术总结,对设备进行优化改进,对渣土进行改良,对上软下硬及软弱围岩段采用素混凝土桩超前支护常压开仓检查更换刀具,并采用地面深孔预爆破进行硬岩处理等措施。在掘进过程中,加强注浆施工和安全质量管理,根据监控量测结果指导施工,加快了掘进进度,提高了盾构有效掘进效率,减少了安全风险。

右线推进共耗时 628 d,掘进完成 645 环,平均日进尺 1.53 m;右线开仓检查更换刀具 26 次,其中带压开仓 20 次。左线推进共耗时 334 d,掘进完成 726 环,平均日进尺 3.23 m;左线开仓检查更换刀具 14 次,其中带压开仓 9 次。左、右线盾构掘进时间柱状图如图 4-2-12 所示,开仓、换刀数量如图 4-2-13 所示。

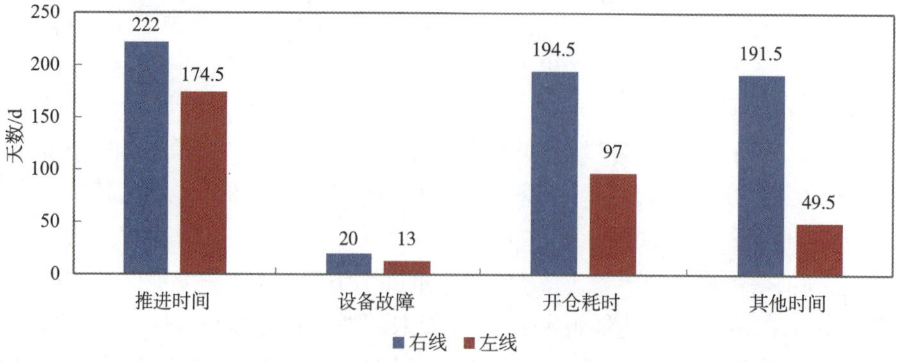

图 4-2-12 左、右线盾构掘进时间对比图

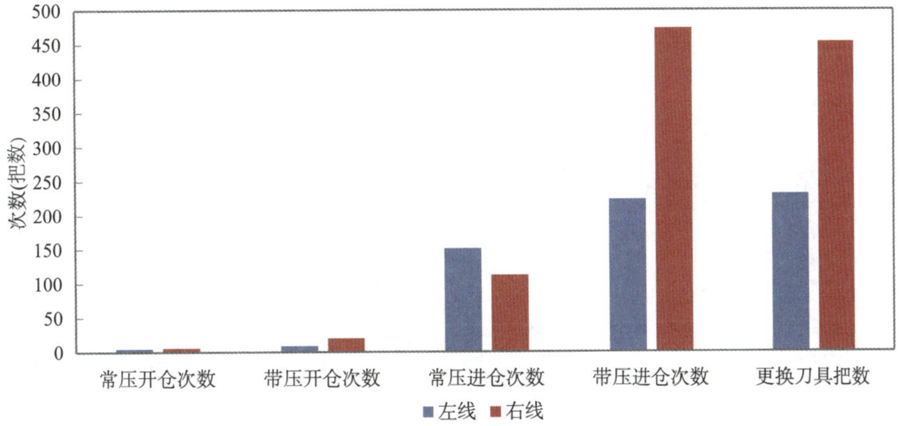

图 4-2-13 左、右线盾构开仓、换刀数量统计对比图

4.3 硬岩、孤石爆破技术

4.3.1 工程概况

地铁 10 号线上李朗站—木古站盾构区间全长 1 610 m,起于上李朗站北端,沿平吉大道向北穿行,经下穿平南铁路、侧穿机荷高速平李跨线桥重力式桥台基础及下穿机荷高速平湖收费站匝道桥后到达木古站。

整个区间的原始地貌为冲积平原、台地及台地间沟谷,地形起伏较大,地面标高为 68. 26 ~ 92. 74 m,总体地势中间高两端低,隧道拱顶覆土厚度为 13. 50 ~ 26. 78 m。根据勘探结果,本区间有 5 处相对分散的孤石,3 处相对集中的基岩突起,区间左、右线共有长约 260 m 的中风化角岩、微风化角岩,侵入盾构隧道内 2 ~ 6 m,孤石及硬岩突起段需进行爆破。

爆破区域附近有高速路、市政边坡、高速路匝道桥、商铺、厂区宿舍等,距离在 17 ~ 120 m。需爆破长度约 260 m,爆破方量约 8 500 m^3,为复杂环境城市深孔爆破。

爆破区域位置如图 4-3-1 所示,爆破区域地质纵剖面如图 4-3-2 所示。

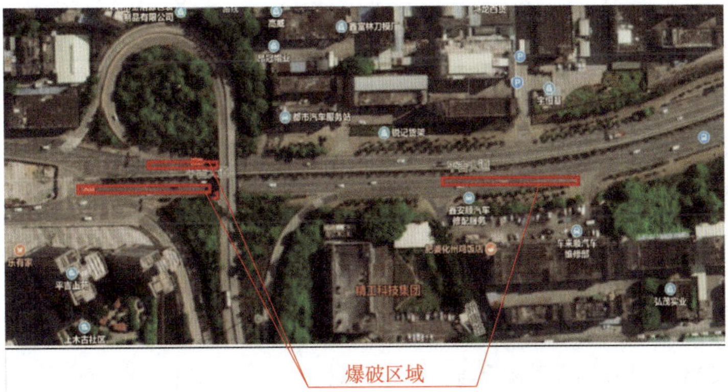

图 4-3-1 爆破区域位置平面图

图 4-3-2　爆破区域地质纵剖面图

4.3.2　主要技术准备

本工程需要对地表 10 m 以下的硬岩、孤石进行深孔爆破处理，采用地质钻机进行钻孔的方法，使用 PVC 管制作专用药包，并将药包沉入孔内进行地下深孔装药，采用毫秒延期松动控制爆破的操作，完成爆破之后孤石就会成为单边长度小于 30 cm 的碎块，满足盾构机排出石渣的要求。

1. 钻孔直径

采用地质钻机钻孔，土层、岩石钻孔孔径均为 110 mm，下直径 90 mm 的 PVC 套管。

2. 钻孔形式

为了便于施工和准确控制钻孔方向，采用垂直钻孔形式。钻孔过程中下钢套筒护孔。钻至设计深度后，全部清除孔中的碎石、泥砂、泥浆，并保持炮孔畅通。成孔后下直径 90 mm 的 PVC 套管置换钢套筒护孔，爆破前孔口需遮盖，防止异物掉入堵塞炮孔。

3. 火工器材选择

爆破选用 $\phi60$ 的 2 号岩石乳化炸药，孔内雷管选用双发非电毫秒雷管，间隔装药时则每段装药都采用双发非电毫秒雷管，非电雷管段别选择 1 ~ 15 段。

4. 炸药单耗的确定

由于被爆硬岩、孤石上面有厚度 10 m 以上的覆盖层，该覆盖层对被爆岩石直接厚重压盖，因此，被爆岩石没有临空面，很难进行石渣的抛掷，表现为“内部作用药包”现象，岩石的破碎范围主要为“爆腔、粉碎区、裂纹区”。因此，为了尽量扩大“爆腔、粉碎区、裂纹区”，该地下岩石的炸药单耗大于地面（有临空面）同类岩石的炸药单耗，一般取 4.0 ~ 6.0 kg/m^3。

本工程通过试爆确定盾构孤石爆破和基岩突起爆破平均单耗 $q = 4.5$ kg/m^3。

5. 布孔形式

(1) 孤石形状和大小的探测及孔距、排距设计

虽已探明孤石位置，但对其形状、大小并不清楚，以已探明孤石的钻孔为基点，在其周围

沿隧道方向采用三角形布孔,孔距、排距均为 0.6 m,以探测孤石的边界、具体形状和大小。钻孔过程中详细记录孤石的上岩面与下岩面标高,对钻到孤石的孔与未钻到孤石的孔分别标识,如图 4-3-3 所示。

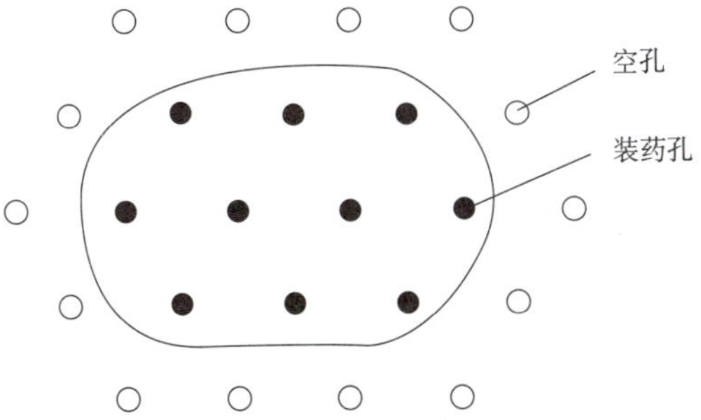

图 4-3-3　孤石钻孔布孔示意图

(2)基岩突起爆破孔距、排距设计

基岩突起部位沿隧道方向采用三角形布孔,孔距、排距均为0.6 m,钻孔过程中详细记录岩石的上岩面与下岩面标高,对钻到岩石的孔与未钻到岩石的孔分别标识,如图 4-3-4 所示。

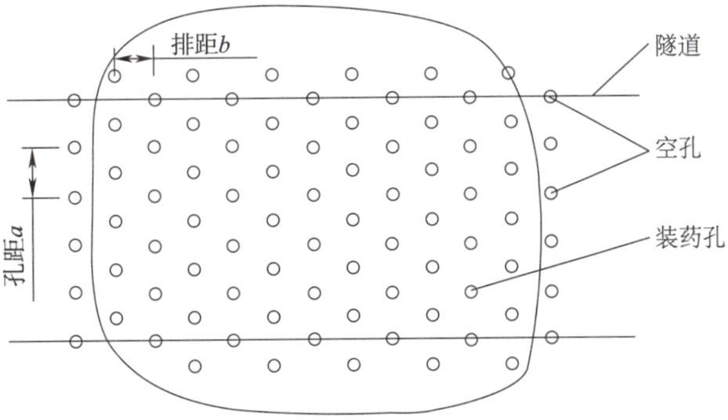

图 4-3-4　基岩突起钻孔布孔示意图

(3)钻孔

因孤石厚度不均,考虑测量以及药包吊装过程中产生的误差(误差累计不得超过 10 cm),当单孔单体爆破时装药长度与岩石厚度相同,多孔单体爆破时要求每一个炮孔都钻至孤石底面(即钻穿),装药至炮孔底部 10 cm 处,孤石顶面留 10 cm 不装药。

基岩突起钻孔时,要求详细记录岩石的上岩面标高。为了充分破碎岩石,防止出现高点影响盾构机掘进,严格控制钻孔的孔深超出盾构机开挖底边轮廓线 0.5 m,钻孔范围超过盾构机开挖边界 0.5 m 以上。

6. 装药结构

当孤石厚度小于孔距、排距(即 0.6 m)时,采取连续装药结构;当孤石厚度大于孔距、排距时,采取分段装药结构。基岩突起爆破采用连续装药结构。孤石爆破装药结构示意如图 4-3-5 所示,基岩突起爆破装药结构示意如图 4-3-6 所示。

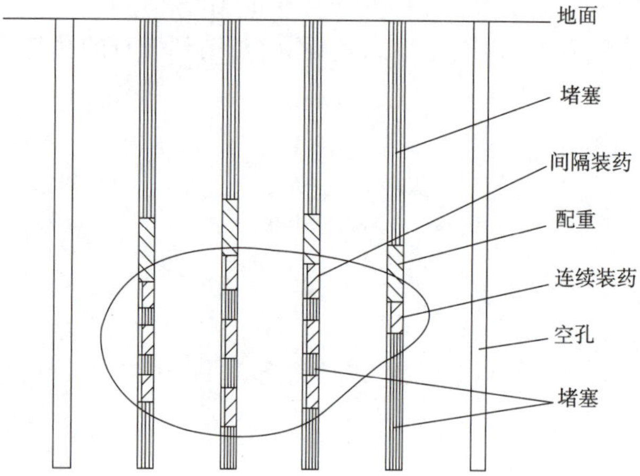

图 4-3-5　孤石爆破装药结构示意图

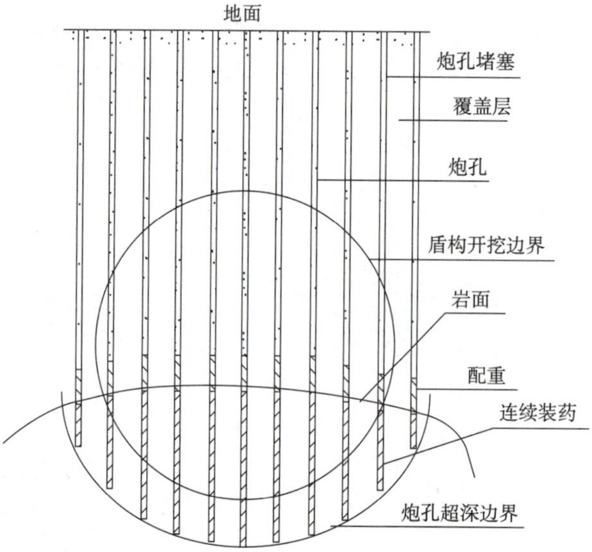

图 4-3-6　基岩突起爆破装药结构示意图

7. 爆破药量计算

(1)孤石爆破总药量计算

孤石爆破总药量按下式计算：

$$Q=qV \tag{4-3-1}$$

式中　Q——单块孤石爆破所需的总药量,kg；

q——炸药单耗,计算时取平均单耗 $q=4.5\ \mathrm{kg/m^3}$；

V——单块孤石体积,$\mathrm{m^3}$。

单孔装药量要根据每一块孤石的钻孔情况现场确定并制作药包,装药量见表 4-3-1。

表 4-3-1　不同体积孤石总装药量

岩石体积/m^3	0.8	1.0	1.5	2.0	2.5	3.0	3.5	4.0
装药量/kg	3.6	4.5	6.75	9.0	11.25	13.5	15.75	18.0

盾构掘进时如遇到未探明的孤石，为了减少开仓次数，同时考虑保护盾构机刀盘，优先考虑地面钻孔爆破，但相关参数应相应调小，应采取孔内分段装药、分层爆破等措施，控制一次起爆炮孔数不超过 10 个，减小单段最大装药量与总装药量，确保爆破时盾构机的安全。

(2)基岩突起爆破药量计算

单孔装药量按下式计算：

$$Q_{单}=qabH \tag{4-3-2}$$

式中　$Q_{单}$——单孔装药量，kg；

q——炸药单耗，计算时取 $q=4.5\ \mathrm{kg/m^3}$；

a——孔距，本工程取 $a=0.6$ m；

b——排距，本工程取 $b=0.6$ m；

H——钻孔深度，从基岩突起的岩石上表面至孔底(含超深)。

爆破孔网参数及每孔装药量见表 4-3-2。

表 4-3-2　基岩突起爆破孔网参数及每孔装药量

H/m	a/m	b/m	q/(kg·m^{-3})	$Q_{单}$/kg
0.5	0.6	0.6	4.5	0.81
1.0	0.6	0.6	4.5	1.62
1.5	0.6	0.6	4.5	2.43
2.0	0.6	0.6	4.5	3.24
2.5	0.6	0.6	4.5	4.05

8. 药包加工

药包选用直径 75 mm PVC 管装填，在计算单孔装药量、药包长度时，应严格依照钻孔时记录的信息进行。在 PVC 管的指定位置处安装好炸药和雷管，之后对 PVC 管的两端采取密封处理。根据药包的长度以及配重(含堵塞)长度来截取 PVC 管的长度，如图 4-3-7、图 4-3-8 所示。

所取 PVC 管长度按下式计算：

$$L=L_1+L_2 \tag{4-3-3}$$

式中　L——所取 PVC 管长度；

L_1——药包长度；

L_2——配重(堵塞)长度。

9. 抗浮配重

当炸药的密度与孔内泥浆水的密度相近，会出现药包无法下沉或下沉后不能稳定的现

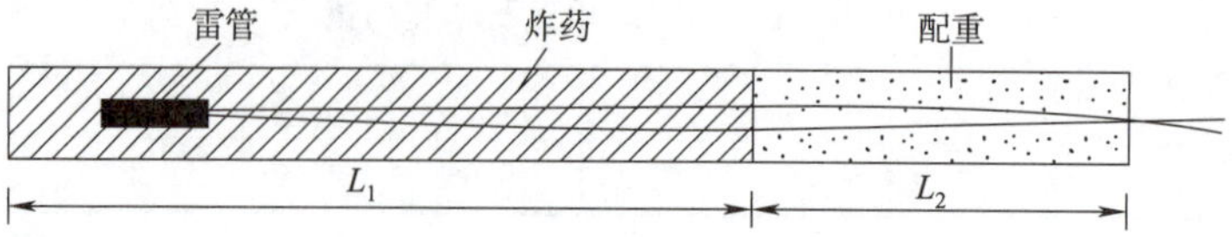

图 4-3-7　单段药包加工示意图

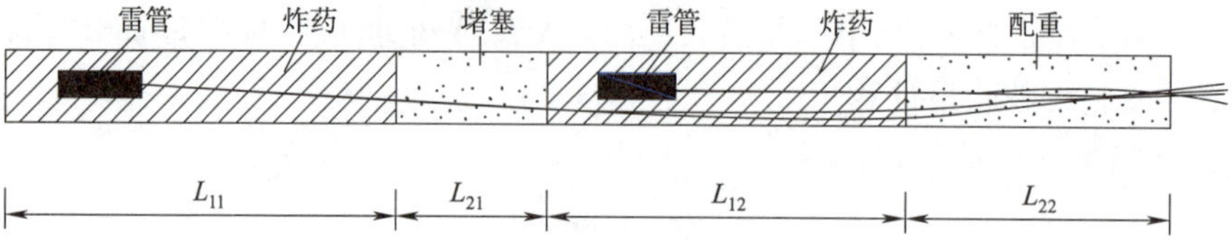

图 4-3-8　分段药包加工示意图

象,所以需要对药包进行配重抗浮。配重使用粒径为 5 mm 的碎石,碎石的密度大约为 1.50 g/cm^3,将炸药的密度控制在 0.95 ~ 1.25 g/cm^3 范围内,本施工炸药的密度取 1.00 g/cm^3。经检测,孔内泥浆水的密度为 1.15 g/cm^3。为保证药包能够顺利下沉,三者需满足以下关系式:

$$G_{碎石} + G_{炸药} > F_{泥浆水} \tag{4-3-4}$$

式中　$F_{泥浆水}$,$G_{碎石}$,$G_{炸药}$——泥浆水的浮力、碎石的重力、炸药的重力。

10. 药包就位

药包加工好后,在管壁上端钻两孔,用铁丝绑定,上系绳索,然后开始下药包。根据钻孔参数和验孔情况,确定装药底部深度 N_1,然后准确测量 PVC 管与绳索的长度之和 N_2,使 $N_1 = N_2$,将整个药包悬吊到准确的位置上。药包就位后,用铁丝把绳索固定在套管壁上,使其不再移动。

11. 起爆网络

盾构区间基岩、孤石爆破需严格控制爆破振动,每段装药都用双发非电毫秒雷管,因此起爆网络采用孔内非电毫秒雷管分段,孔外分组簇联,每个起爆体内的两发非电雷管分别连接到两个并联回路,确保网络可靠性,如图 4-3-9 所示。

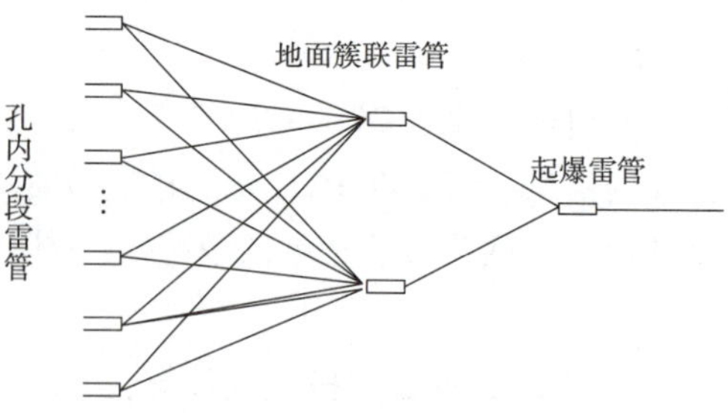

图 4-3-9　起爆网络示意图

12. 安全防护

药包就位且固定后,开始进行堵塞。严禁使用铁器冲击炮孔内药包和雷管。套管内外均用碎石堵塞密实,防止泥浆喷出和套管的突起。由于孤石爆破在地面 10 m 以下进行,不会有飞石产生,只会有爆破后产生的高压气体将炮孔内的泥浆压出孔外。为了防止涌出的泥浆飞溅,采取砂袋 + 钢板(1 cm)的联合防护体系,如图 4-3-10 所示。如果爆区周围已经实施过爆破作业,则需对其周围的爆破残孔用砂袋覆盖,防止泥浆喷射。

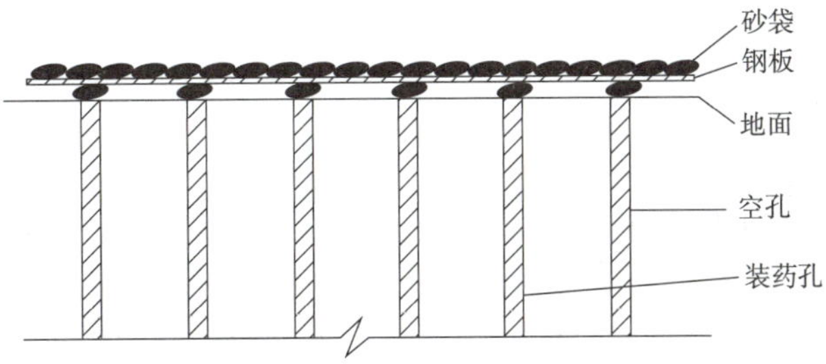

图 4-3-10　爆破防护示意图

为了保证爆破施工的安全，在爆破作业前在主要位置张贴爆破“安民告示”。在爆破施工作业时以爆破中心周围 50 m 为警戒线进行安全警戒，统一爆破警戒信号和起爆信号，爆破前派专业人员进行清场工作，确保现场所有人员撤离至安全地带，由各警戒点警戒人员发信号通知爆破班组长警戒完毕，如图 4-3-11 所示。

图 4-3-11　爆破时地表警戒

13. 爆破振动监测

每次爆破时均进行振动监测，由有资质的第三方爆破监理单位负责，根据监测结果调整、确定最佳参数。施工中确定最小抵抗线方向，避免直接面向保护物，控制单响药量及单耗，保证填塞质量和高度，进行爆破体表面覆盖防护。爆破振动监测采用三矢量振动速度传感器、低噪声屏蔽电缆、TC-4850 型便携式测振仪和计算机组成的监测系统，整个上软下硬地层爆破处理过程中振速均满足规范要求，未触发测振器报警，周边房屋过程中监测均无异常。

14. 抽芯验证爆破效果

在爆破区域钻孔抽芯观察岩石破碎情况，并与之前未进行爆破时的芯样（图 4-3-12）对比。爆破后岩石芯样破碎，爆破效果良好，如图 4-3-13 所示。

15. 爆破孔封孔和注浆加固

爆破后爆破区域因爆破振动变得松软，为了防止盾构机通过爆破区地表塌陷，爆破后对爆破孔填塞封堵，并采用水泥水玻璃双液注浆进行加固。逐步硬化、固结、劈裂固结土层，提高盾体周围地质密度，形成地质稳定、止水干涸地层。盾构机通过时能有效地减少沉降，经

图 4-3-12　处理前芯样

图 4-3-13　处理后芯样

过注浆后地层变得地下汇水减少，盾构掘进时能够减少喷涌。

4.3.3　爆破前后对比

未处理的上软下硬地层下部岩层完整性较好、强度高（图 4-3-14），盾构区间顶部岩层松软、强度低，盾构机在掘进时刀盘刀具旋转到顶部贯入度大，旋转到底部时贯入度小，盾构机刀盘扭矩波动大，在这种地层掘进对刀盘刀具危害极大，刀具经常不规则磨损，严重时会导致刀具偏磨（图 4-3-15）或者刀圈崩断（图 4-3-16）；盾构机掘进的速度较慢，掘进速度仅 0 ~ 3 mm/min，日掘进最大 2 环，且盾构姿态难以控制。

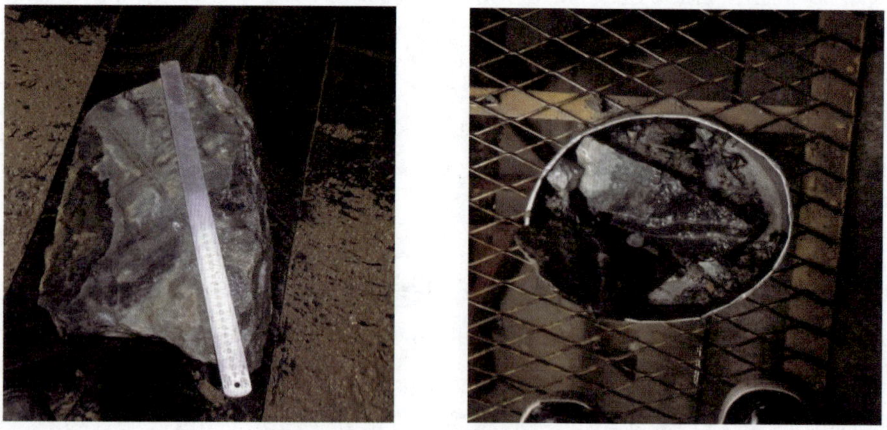

图 4-3-14　未爆破处理地层盾构岩样

图 4-3-15　刀具偏磨

图 4-3-16　刀圈崩断

爆破处理后的上软下硬地层，盾构机开挖范围的岩石已经破碎，掘进速度平均能达到12～18 mm/min，破碎的岩石对刀具的磨损小，刀具磨损量小就不用经常换刀，保证连续掘进，大大提高了施工功效。爆破处理前后主要参数对比见表 4-3-3。

表 4-3-3　爆破处理前后主要参数对比表

序　号	爆破处理状态	掘进速度/($mm \cdot min^{-1}$)	日掘进环数/环	刀具更换频率/(环/换刀 1 次)
1	爆破处理前	0～3	0～2	2～4
2	爆破处理后	12～18	5～6.5	20～24

4.3.4　结　　论

本盾构区间硬岩、孤石段爆破施工效果理想，确保了盾构区间的顺利贯通。盾构区间硬岩、孤石段爆破施工前应对爆破环境充分调研，做好爆破安全的验算工作，严格执行施工方案并落实安全防护措施。在爆破施工过程中，需要第三方监督单位全程参与监测，对周围的房屋、构筑物进行振动测试，信息化指导施工，根据监测数据合理调整爆破参数并控制振动速度，才能达到理想的爆破效果。

4.4　盾构半空推掘进技术

4.4.1　工程概况

1. 工程地质情况

地铁 10 号线福田口岸站—福民站盾构区间（以下简称“福福区间”），左线长 912.065 m，右线长 930.457 m，全长 1 842.522 m，区间设 1 座联络通道兼废水泵房，福田口岸站方向为小里程端。其中小里程端 75 m 范围内建（构）筑物分布密集，安全风险高。10 号线小里程端北侧为保税区 1 号通道桥及桂花路，距保税区 1 号通道桥 13.44～18.33m；西南侧为公交站场、深圳河，暗挖段距公交站场距离为72.15 m，距深圳河距离为134 m；东北侧为福田口岸联检楼，暗挖段距福田口岸站联检楼9.45～43 m。小里程端75 m暗挖隧道范围主要穿越地层以③$_9$砾砂、③$_{11}$卵石土、⑧$_{2\text{-}1}$砂土状强风化花岗岩、⑧$_3$中风化花岗岩、⑧$_4$微风化花岗岩为主，砾砂层以上以③$_8$粗砂、②$_2$淤泥质黏性土为主，其地质剖面如图4-4-1所示。

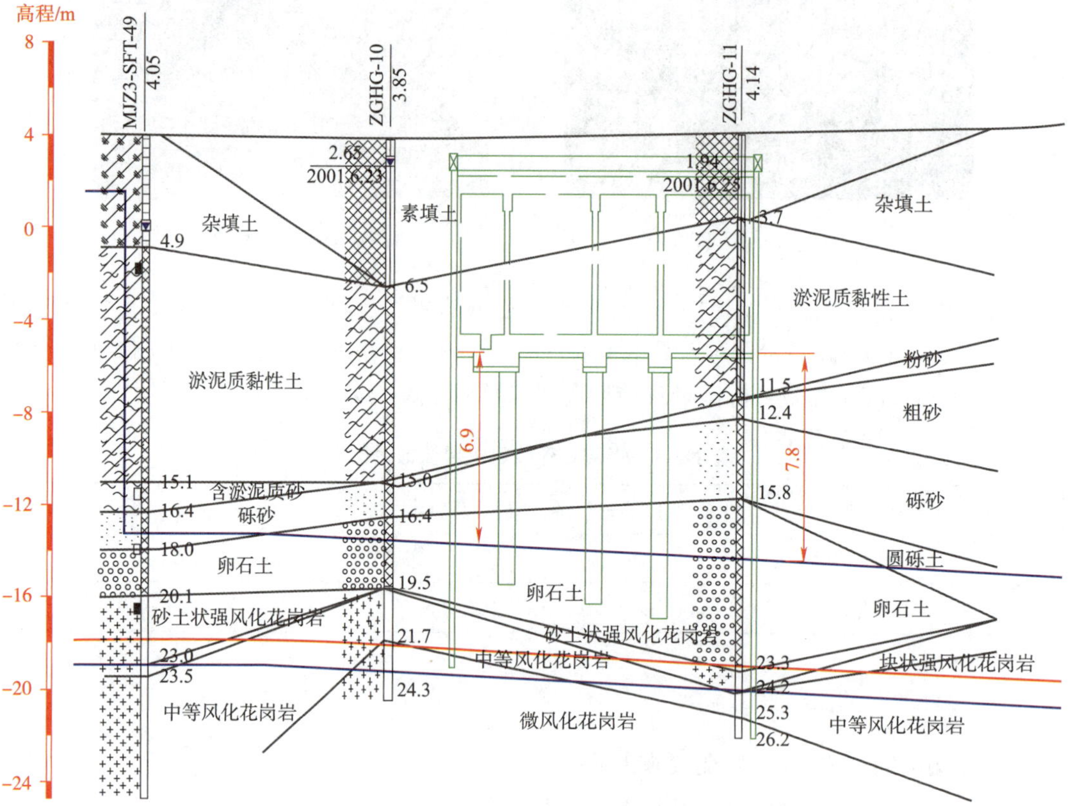

图4-4-1　小里程端地质剖面图

2. 风险源分析

10号线小里程端75 m隧道中有35 m位于既有运营的4号线车站下方，距4号线车站底板为6.94～7.65 m，其中4号线4根抗拔桩侵入暗挖段，左线一根ϕ1500，右线1根ϕ1500、2根ϕ1800，且4号线地连墙侵入10号线区间隧道。小里程75 m范围原为皇岗河流入深圳河的驳岸，驳岸有ϕ800钢筋混凝土桩基及ϕ500管桩，具体数量不明。小里程75 m处东北方向存在13 m×5 m排洪箱涵，排洪箱涵与区间隧道右线结构净距为11.36 m。暗挖段埋深为16.029～17.833 m。其具体风险源分布如图4-4-2所示。

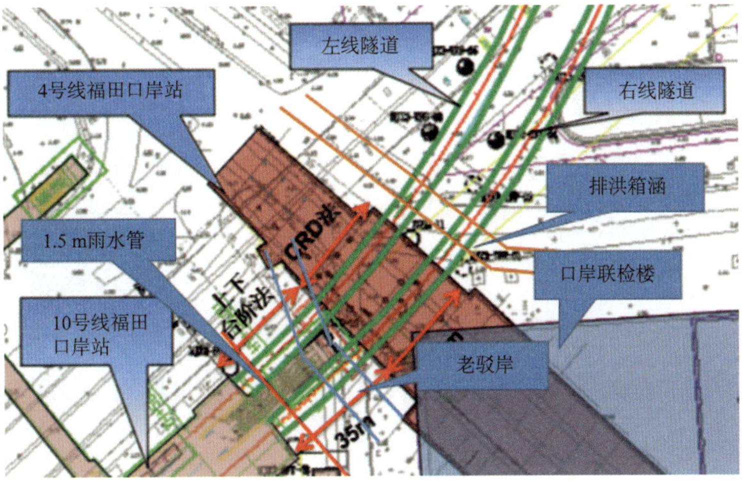

图 4-4-2　小里程端平面布置图

4.4.2　方案比选

1. 原实施方案

小里程端 75 m 采用矿山法暗挖,其中 10 号线福田口岸站至 4 号线福田口岸站部分采用上下台阶法,4 号线福田口岸站采用 CRD 法。

介于 10 号线与 4 号线福田口岸站段,单线长 35 m,设计采取上下台阶法开挖作业,矿山法隧道采用圆形断面,开挖轮廓面尺寸为 7.28 m。保证措施:地面采取 2 m×2 m 袖阀管注浆加固(梅花形布置)+区间两侧 3 排 ϕ600@500 旋喷桩+地面降水井降水+洞内全断面注浆加固(加固范围为开挖轮廓面及轮廓线外 3 m 帷幕)+拱部 150°ϕ108 大管棚@3 根/m+拱部 150°单排 ϕ42 超前小导管@3 根/m+全包 ϕ8 钢筋网@150×150,双层+格栅钢架@0.5 m+300 mm 厚 C25 喷射混凝土+300 mm 厚 C50 预制管片。其工法要素如图 4-4-3 所示。

下穿 4 号线福田口岸站段,单线长 35 m,设计采取 CRD 法开挖作业,矿山法隧道采用圆形断面,开挖轮廓面尺寸为 7.28 m、8.88 m。设计措施:洞内全断面注浆加固(加固范围为开挖轮廓面及轮廓线外 3 m 帷幕)+拱部 150°双排 ϕ42 超前小导管@3 根/m+全包 ϕ8 钢筋网@150×150,双层+格栅钢架@0.5 m+300 mm 厚 C25 喷射混凝土+750 mm 厚 C45 的 P10 模筑钢筋混凝土(左线二衬 8.8 m,右线二衬 25.7 m,剩余段无二衬结构)+300 mm 厚 C50 预制管片。其工法要素如图 4-4-4 所示。

4 号线福田口岸站为地下一层车站,围护结构为地下连续墙叠合结构,地连墙设计厚度 600 mm,采用工字钢接头,地连墙主筋为 ϕ28,车站底板距隧道顶部 6.9~7.8 m,4 号线福田口岸站底 4 根支撑桩(2 根 ϕ1800+2 根 ϕ1500)侵入隧道范围内需破除。另原皇岗河流入深圳河的驳岸有不明数量的钢筋混凝土桩和管桩侵入 10 号线福田口岸站至 4 号线福田口岸站之间隧道,桩体侵入隧道实况如图 4-4-5 所示。针对驳岸不明桩体及 4 号线福田口岸站桩

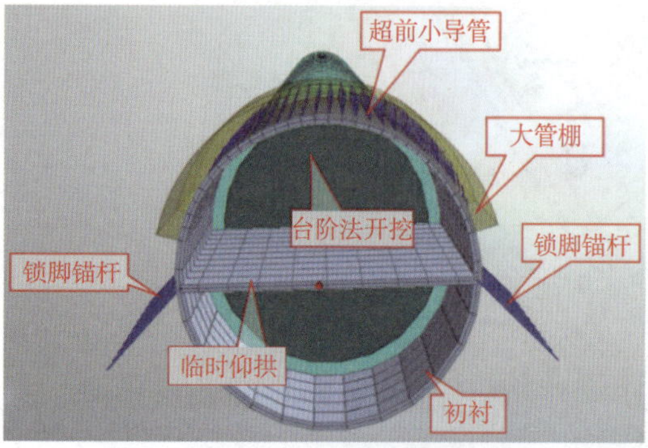

图 4-4-3　上下台阶法施工要素图

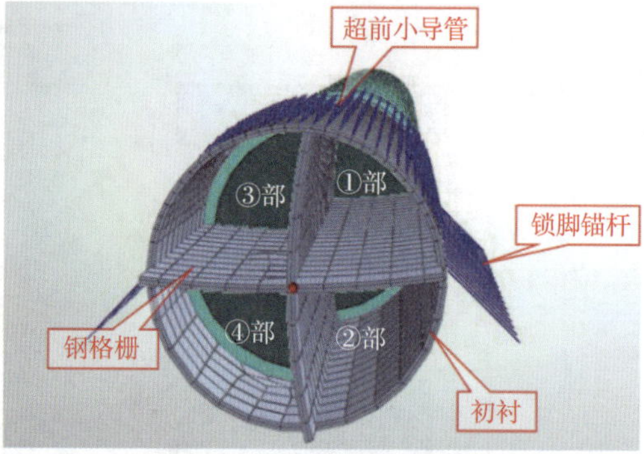

图 4-4-4　CRD 法施工要素图

体,采用水钻切割后,钢筋格栅每 50 cm 一榀及时进行正常架设;原大管棚施作期间,已采用合金钻头将管棚打入桩体内作为支撑体系,如图 4-4-6 所示。

图 4-4-5　桩体侵入隧道实况图

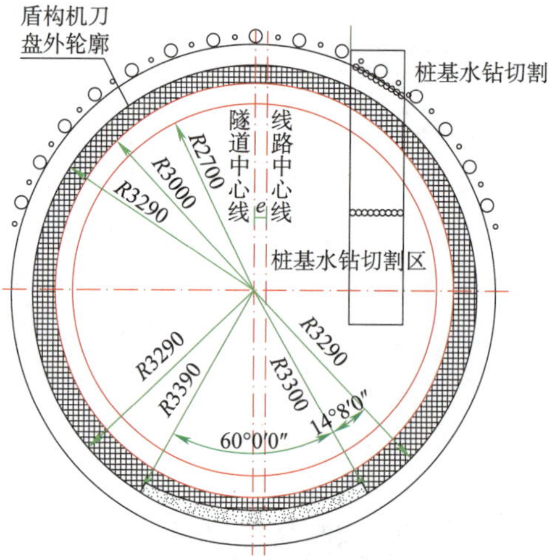

图 4-4-6　桩体切割处理图

2. 调整后方案

原方案对 10 号线与 4 号线福田口岸站段采用上下台阶法开挖及下穿 4 号线福田口岸站段采用 CRD 法开挖,开挖断面为整个隧道断面。在实际开挖过程中,发现上台阶开挖断面主要为水泥加固体,下台阶主要为风化岩层,其中中风化岩层强度平均 40 MPa,微风化岩层强度平均 60 MPa,具体断面岩层情况如图 4-4-7 所示。考虑该地层岩石强度较高,且附近为运营 4 号线,地表也为人流密集路段,所以调整方案为:只开挖上台阶并进行桩体处理,设置临时仰拱。

考虑暗挖段仅开挖上台阶,处理接收端地连墙需同时开挖地连墙段下台阶土体,同时凿除地连墙会暴露墙背后土体;在凿除地连墙过程中,对背后加固体及周边地层存在扰动,存在涌水、涌砂的安全风险。为减小风险,仅对左、右线地连墙工字钢进行处理,如图 4-4-8 和

图 4-4-7　矿山法暗挖岩层揭露情况

图 4-4-9 所示，自里往外分段拆除临时仰拱，靠 4 号线福田口岸侧上台阶回填 10 m 长 C20 素混凝土，沿拱圈布设注浆管用于回填不密实情况下对回填混凝土进行补充灌浆处理；其余已开挖上台阶不进行回填；已开挖完成的下台阶施作导台后，空推掘进通过。暗挖区间回填混凝土示意如图 4-4-10 所示。

图 4-4-8　地连墙工字钢处理

图 4-4-9　破除的工字钢

4.4.3　半空推模式应用

盾构机只掘进下半断面，上半断面不回填，盾构掘进过程中呈现上半断面为临空面，下半断面为微风化及中风化岩层，保持一种“半空推”模式。该模式下，刀盘容易上抬，管片亦容易错台。为此，主要从以下几方面控制：

1. 掘进措施

(1)盾构到达前需对矿山法初支的净空尺寸进行复核，欠挖部位提前处理。矿山法隧道开挖及初支完成后，进行隧道断面测量，按照每 1 m 设置一个断面，每个断面 6 个测点，根据测量结果统计隧道超欠挖情况，并采取凿除或回喷处理。

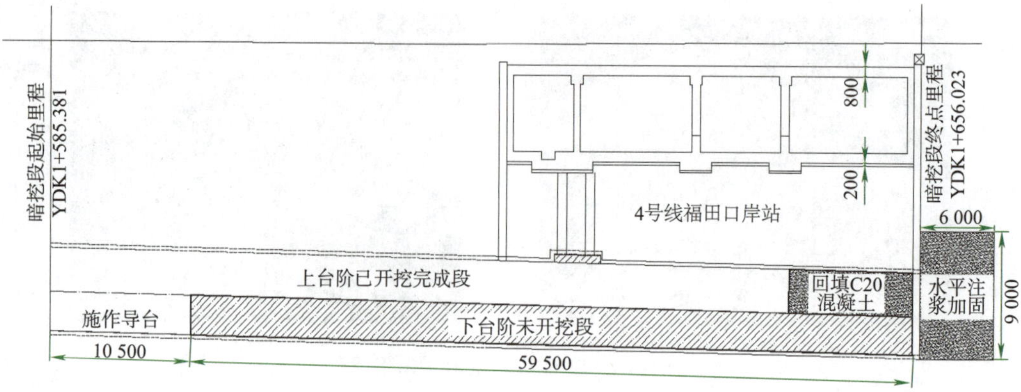

图 4-4-10　暗挖区间回填混凝土示意图(单位:mm)

(2)在半空推段,掘进时总体采用低速度、小推力、低扭矩掘进模式。盾构机刀盘每掘进3环,对当前环后第3环进行双液浆环向封堵。同时观察盾构与矿山法初支间隙有无渗漏水,如渗漏严重,立即在盾构机中盾的径向孔注油性聚氨酯进行封堵。

2. 预防措施

(1)控制注浆压力,减少浆液反流到刀盘前方固结。

(2)从盾体预留孔处注入低强度水泥浆液,使盾壳与隧道初支间空隙尽可能填满,以增加盾构壳体转动阻力,待水泥浆开始初凝时再继续掘进。

(3)推进过程中密切注意盾构机刀盘周边与初衬、成环管片与盾尾间隙,盾构姿态出现明显变化或刀盘扭矩、推力明显偏大时,可少量出渣,盾构机其他工作按掘进工序循环作业,直接往前顶进。

(4)严格控制推力,通过管片拼装点位调整油缸行程差,尽量保持各组油缸推力均匀。

(5)对脱出盾尾的管片螺栓进行二次紧固,并采用4道14号槽钢进行纵向拉紧。

(6)及时喷射豆砾石并喷填密实,启动同步注浆加强底部豆砾石的固结,及时进行二次注浆。

3. 施工效果

根据盾构贯通后隧道实况及净面测量,发现管片并未侵限,管片底部有轻微上浮,无明显错台。同时隧道贯通后,再对"半空推"和空推段管片进行背后系统注浆,并进行空洞探测,发现背后无空洞信号,说明其暗挖初支面与管片外表面间无空隙,已被完全填充密实。

4.4.4　经验小结

半断面矿山法暗挖预先处理盾构隧道障碍物,较全断面矿山法处理障碍物能够缩短工期、节约投资。

上下台阶法暗挖形成半断面暗挖隧道,盾构半空推式掘进该暗挖隧道。空推前,对暗挖隧道净空尺寸复核,超欠挖处理,及时注浆以及采取封环止水等措施,能够保证管片不错台及上浮。

施工结果表明:在城市中心城区中对侵入盾构隧道的障碍物,某些区段可采用只开挖上半断面与盾构"半空推"模式相结合的方式进行盾构掘进。

第5章　联络通道新技术应用

地铁联络通道一般设置在两条隧道中间，起连通、排水及防火作用。常规的联络通道施工较多采用矿山法，深圳地铁三期二阶段地铁联络通道采用绳锯法切割超硬围岩，显著提升了作业环境，采用冷冻法加固富水砂层，有效保证了安全与质量。上述两种新技术的成功应用，为地铁建设积累了宝贵经验。

5.1　超硬围岩绳锯技术

5.1.1　工程概况

1. 工程位置

深圳地铁6号线大浪站—石岩站区间隧道穿越羊台山森林公园，由东向西敷设，先后下穿广深港客专隧道、石清路公路隧道、高压燃气管和机荷高速公路，在塘丽一路出隧道，与高架相接。由于地形起伏较大，隧道埋深2～141 m，区间隧道共设6座联络通道，其中1号、2号和6号联络通道已在隧道相应附属结构中设计及施工完成，3号、4号和5号联络通道在TBM隧道范围内，如图5-1-1所示。

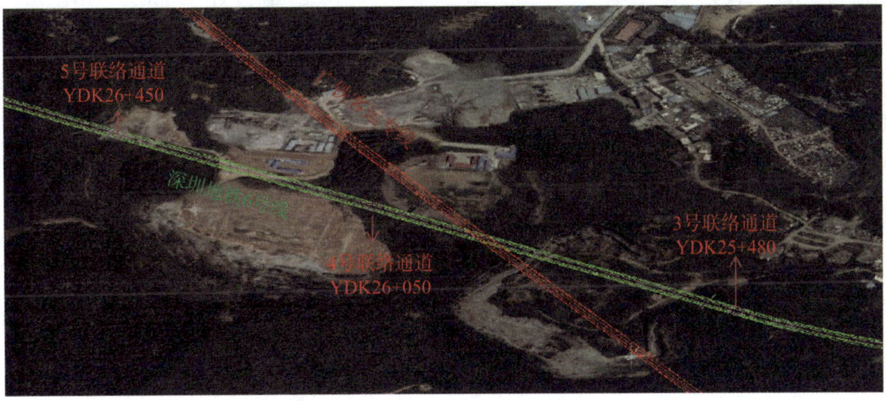

图5-1-1　工程位置示意图

2. 工程特点

（1）3号、4号和5号联络通道的埋深较深（上部覆土厚度分别约83.1 m、108.5 m、77.3 m），且都位于微风化岩层内，围岩强度最高可达210 MPa。现场取芯岩样如图5-1-2所示。

图 5-1-2　现场取出的岩芯图片

(2)4 号联络通道东侧有广深港客运专线隧道,两者之间最小净距为 70. 3 m(竖向间距约为 30. 07 m,水平间距约为 63. 5 m),由于距离广深港高铁较近,是本次联络通道施工的控制性工程。

5. 1. 2　方案比选

联络通道常用施工方法包括:炸药爆破、人工机械开挖、水钻取芯法、静态爆破、绳锯切割等。

炸药爆破设计方案不满足广铁集团要求;人工机械开挖和水钻取芯法因围岩强度大(134 ~210 MPa),取芯困难,不予选择。

下面比对静态爆破和绳锯切割两种施工方案。

(1)静态爆破适用于 180 MPa 以下的围岩,本区间隧道围岩强度普遍在 134 ~210 MPa 之间,且围岩完整性较好,同时静态爆破对温度有一定要求(温度不宜低于 25 ℃),适用于室外露天场地施工,反应时间一般为 12 ~24 h,在隧道内温度较低,反应时间增加,大大降低了施工速度。另外,隧道围岩强度较高,钻孔比较困难,钻孔数量较多,爆破效果不可控,工期无法保障。

(2)绳锯切割法所用设备简单,易于安装,不受施工场地及空间的限制。可进行水平、垂直、斜向的切割,切割速度快,噪声低,振动小,工作环境好,适应性强,自动化程度高,分离式操控,工人劳动强度低,无噪声,无粉尘,安全性高。鉴于其特点,在切割距离短、岩石强度高、操作空间有限、爆破受限的地段最为适宜,理论上可以切割任意强度的中风化、微风化岩石。

鉴于广深港高铁范围内不允许爆破作业,结合现场实际情况及本工程特点,经过比选,3 号、4 号、5 号联络通道均采用绳锯切割法施工。

5. 1. 3　方案实施

先对联络通道左右各 20 环的管片螺栓进行加固,联络通道切割前设置管片支承钢架,然后施作引孔导洞切割;导洞切割完成后将切割完的岩石取出,将取出的岩石劈裂后运出洞外,之后进行初支、二衬施工。

联络通道施工用水、用电从盾构隧道供水、供电管线接入；凿岩、喷混凝土用高压风采用移动空压机进行供风；进料、出渣运输通过电瓶车来完成。

总工艺流程：前期施工准备→定位放线→钻穿索孔→切割机安装就位→导洞切割→拖出切割石块、混凝土块→劈裂、运出洞外→通道初期支护施工→二衬施工→完工，如图5-1-3所示。

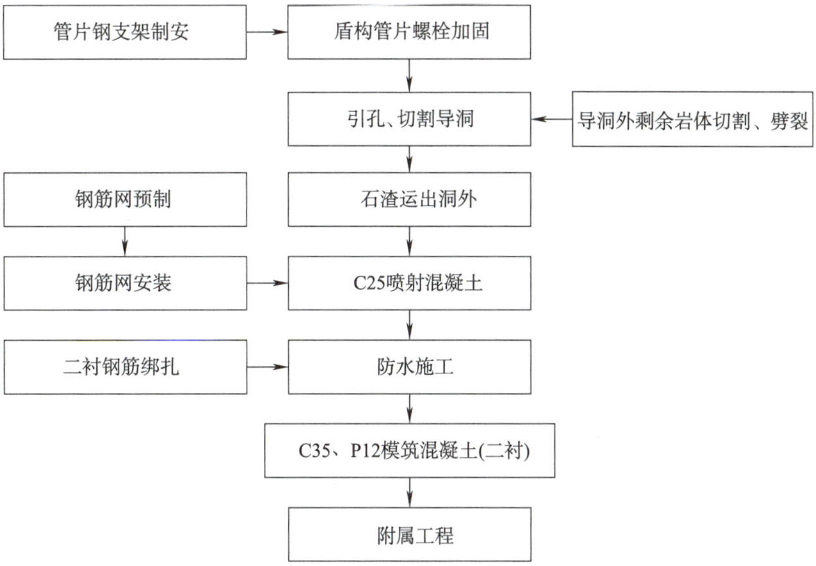

图5-1-3　联络通道施工流程图

1. 方案实施

(1)测量放线：采用水准仪和全站仪准确地测量出左右线联络通道洞门的边线，并在管片上明确标出，为保证联络通道开口位置的正确性，每次测量前对测量放线的基准点进行复核。

(2)钻穿索孔：根据混凝土、岩石块体积与密度及吊装设备的起重能力，合理分配切割块数，确定切割位置，并定位放线，然后用水钻进行通长钻孔，控制水钻的钻孔角度，确保左右线钻穿的时候与对侧的孔位点误差不超过5 cm，为后续岩石切割工作做好准备。本次施工考虑空间狭小问题，将石块的横截面定为300 mm×400 mm。钻孔布点如图5-1-4所示。

(3)导洞切割：绳锯机功率大小需满足一回次切割所必须完成的切割面积的要求，根据围岩的强度及单次循环切割面积大小选择合适的绳锯机是本次联络通道施工的关键，经过比选，决定选用电动金刚石绳锯机对孔洞范围内的岩体一次性切割到位。

切割时，启动电动马达，通过控制盘调整主动轮提升张力，保证金刚石绳适当绷紧，启动循环冷却水，再启动另一个电动马达，驱动主动轮带动金刚石绳索回转切割。切割过程中必须密切观察机座的稳定性，随时调整导向轮的偏移，以确保切割绳在同一个平面内。

切割过程中通过操作控制盘调整切割参数，确保金刚石绳运转线速度在20 m/s左右，另一方面切割过程中应保证足够的冷却水量，需约5 L/s水流量，以保证对金刚石绳的冷却

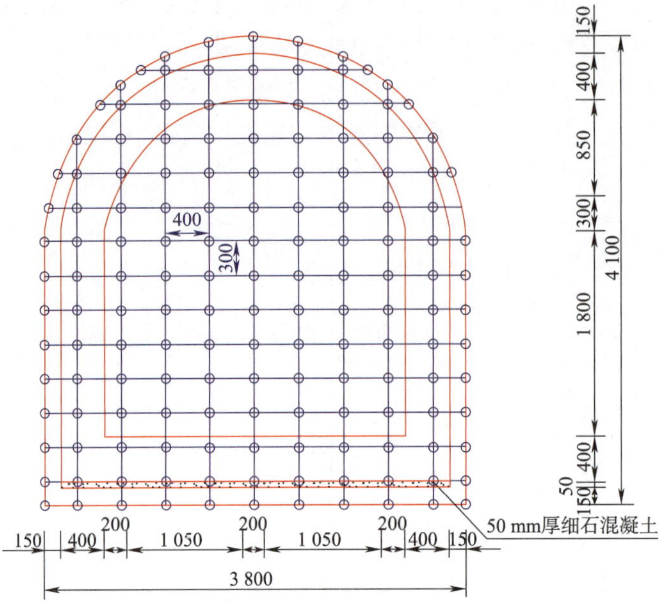

图 5-1-4　联络通道钻孔点位布置图(单位:mm)

和把磨削下来的粉屑带走。切割操作做到速度稳定、参数稳定、设备稳定。绳锯机切割示意如图 5-1-5 所示。

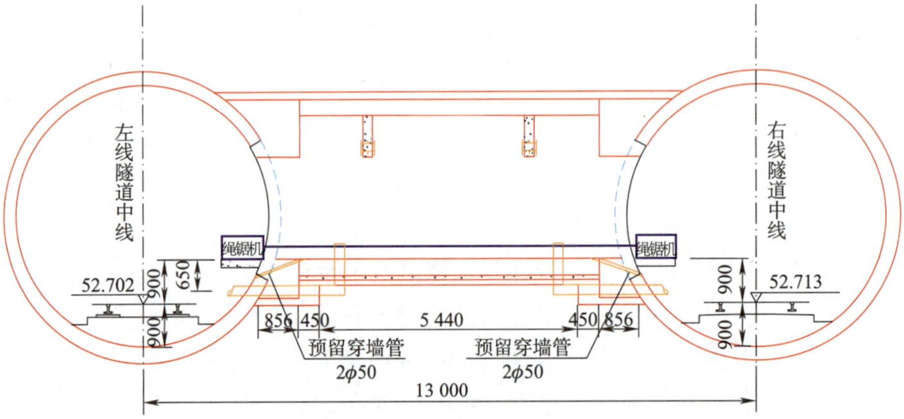

图 5-1-5　绳锯机切割示意图(单位:mm)

(4)拖出切割石块、混凝土块:切割完成后工作的重点就是将岩石取出,顶部的岩石是取出的首选,一方面该区域岩石顶部无压力,另一方面该区域岩石也比较小容易取出。施工时根据岩石大小,在岩石上打相应数量的高强膨胀螺栓,配合手拉葫芦即可将第一块取出。顶部岩块如图 5-1-6 所示。

(5)初支及二衬施工:根据设计及规范要求,先初喷然后挂网,再复喷,随后施作二衬防水,验收通过后即可进行后续二衬结构施工。

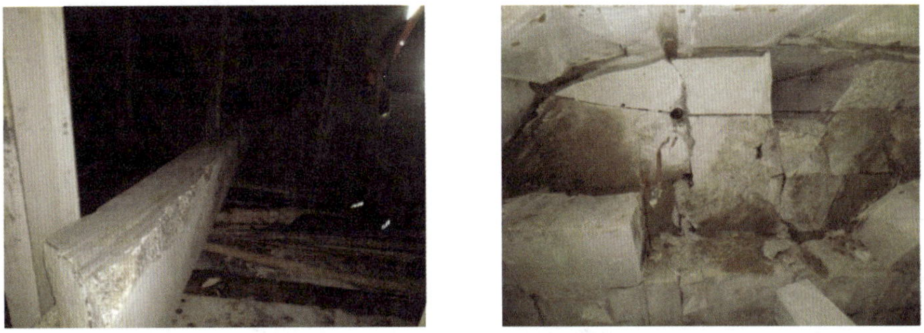

图 5-1-6 顶部岩石施工图片

2. 施工重难点

施工重难点及其控制措施见表 5-1-1。

表 5-1-1 施工重难点及其控制措施

序 号	施工重难点	控 制 措 施
1	切割速度控制	固定绳锯机及导向轮用化学锚栓固定绳锯主脚架及辅助脚架，导向轮安装一定要稳定，且轮的边缘一定要和穿绳孔线对准，严格执行安装精度要求，以控制切割速度均匀稳定，并保证足够的冲洗液量，以保证对金刚石绳的冷却，并把磨削下来的粉屑带走
2	张力控制	切割时启动电动马达，通过控制盘调整主动轮提升张力，保证金刚石绳适当绷紧，再启动另一个电动马达，驱动主动轮带动金刚石绳索回转切割
3	安全隐患控制	根据现场情况，水、电、机械设备等相关管路的连接应正确规范、相对集中，走线摆放严格执行操作规程，以防机多、人多、辅助设备、材料乱摆、乱放，造成事故隐患，切割过程中如遇到卡绳、断绳等现象要采取相应措施解决。防护措施一定要严格、严密，否则断掉的金刚石绳索上的金刚石串珠会飞出伤人

3. 特殊处理措施

为避免联络通道施工时对已处于稳定（受力平衡）状态的成型盾构区间造成较大的影响，在施工联络通道前，需对盾构区间隧道进行加固，如图 5-1-7 所示。隧道的加固步骤和方法如下：

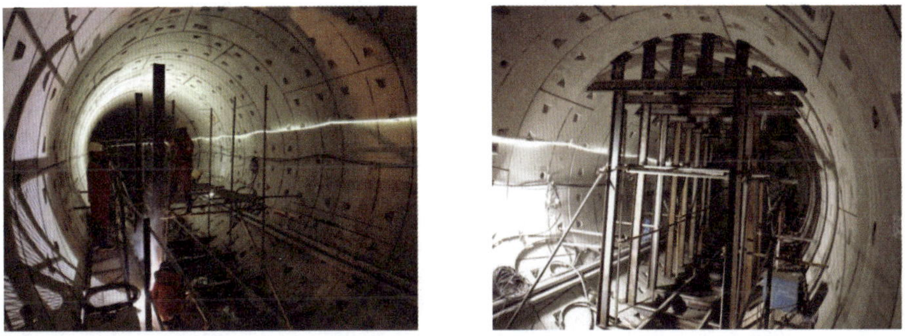

图 5-1-7 隧道加固图片

(1)进一步紧固隧道联络通道附近20环范围管片连接螺栓,确保管片间连接紧密。

(2)在盾构隧道内部采用HW200×200和HW250×250工字钢对联络通道两侧6环内管片进行支撑。隧道工字钢支撑结构设计图如图5-1-8所示。

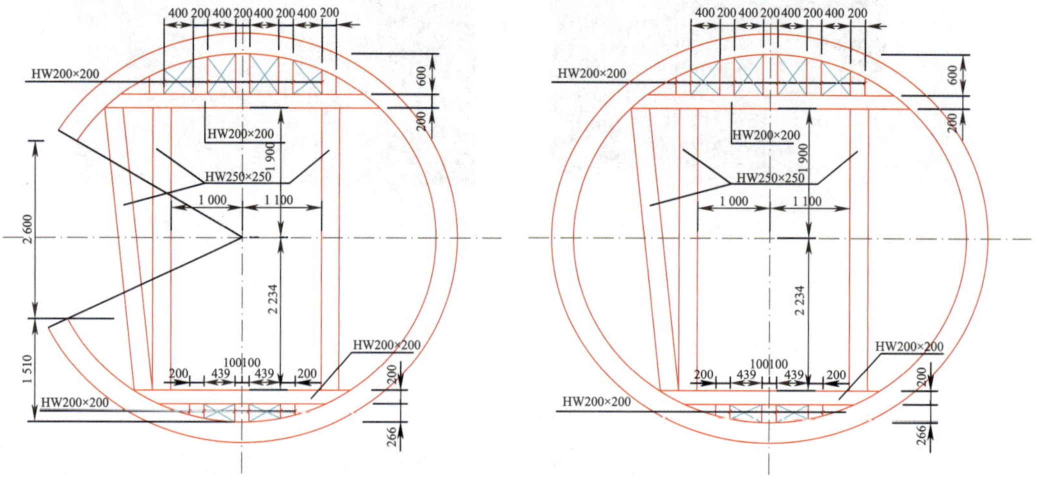

图5-1-8 联络通道管片支撑结构设计图(单位:mm)

(3)钢支架净宽2.1 m,电瓶车宽度1.5 m,电瓶车左侧距工字钢支撑架25 cm,右侧35 cm。电瓶车可在支架下方缓慢行驶通过。

(4)打开管片注浆孔,检查盾构隧道壁后回填情况,必要时进行补注浆回填。补注浆范围为联络通道轴线前后各3环。注浆压力0.5~0.8 MPa,逐步增加;注浆结束标准采用双重指标控制,当注浆压力达到0.5~0.8 MPa或者注浆量达到设定值即可停止注浆。

5.1.4 经验小结

羊台山隧道联络通道绳锯切割施工时长3个月,成本约70万元,和其他非爆破施工方法持平。

绳锯切割施工是一种实用的岩石切割分离技术,切割机通过导向轮改变钢线方向,可进行任意方位、任意厚度、任意角度的切割。该工艺可在复杂、特殊、困难环境下切割(如狭窄空间、水下等),且切割件大小可随意控制,施工作业速度快,切割件切口平直光滑,吊运方便、噪声低、无振动、无粉尘、无废气污染,符合环保需求。

在超大体积的混凝土或岩石结构拆除方面,绳锯切割法具有其他任何方法都无法相比的技术优势。绳锯法属静力切割,对保留部分无损伤,操作安全性高,对环境无破坏,具备技术稳定性,动力强劲,提高了切割能力和劳动生产率。

绳锯在工程施工过程中应用非常广泛,施工中应根据所切割的构筑物强度及类型选择相适应的金刚石链条,选用过高的金刚石密度,其锯切性能不一定越好,金刚石不易碎裂,难以产生新的锐利的刃尖,反而会降低切割效率。另外,要根据现场条件及时调整绳锯机的参数,降低金刚石链条断裂的可能性,控制施工成本。

5.2　富水砂层冻结法技术

5.2.1　工程概况

地铁9号线二期工程高新南站—红树湾南站区间左线长1 993 m,右线长1 994 m,采用盾构法施工。区间共设置3座联络通道,其中2号联络通道兼作废水泵房。在本区间左线中心里程ZDK0 +004.000处设置3号联络通道,位于沙河东路中间绿化带下方。

3号联络通道位于隧道270~273环,埋深为15 m,长6.34 m,净宽4.2 m。通道结构范围地层由上至下为:<1-1>素填土、<2-2>中粗砂、<3-2>粉质黏土、<3-5>砾砂层、<6-2>硬塑状砾质黏性土,地下水位约3.5 m。地质横剖面如图5-2-1所示。

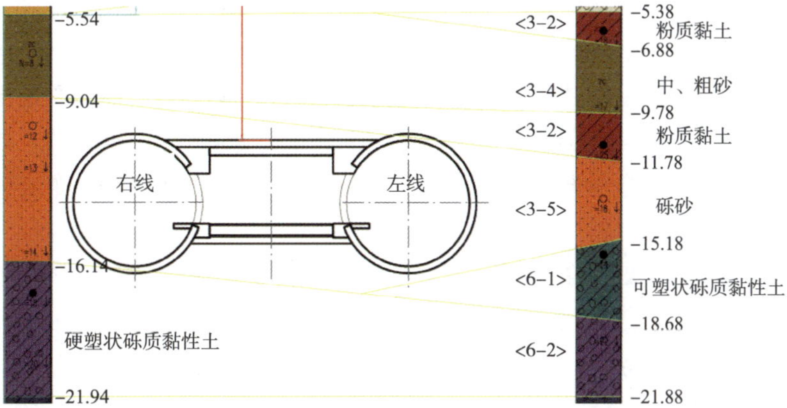

图5-2-1　3号联络通道横剖面图

5.2.2　方案比选

1. 原设计方案

3号联络通道原设计采用地面加固,采用600 mm厚素混凝土墙 + ϕ600双管旋喷桩。平面加固范围19.04 m×9.4 m,竖向加固厚度12.1 m。但由于沙河东路中间绿化带多次协调绿化改迁,均无法完成迁改审批手续,盾构已始发,地面加固已不能在盾构通过前完成。

若盾构通过后再进行地面加固,一则施工难度大,素混凝土墙无法封闭,隔水效果差;二则旋喷桩施工时易对隧道管片产生不良影响,造成管片破损、错台等质量事故,若降低旋喷桩喷射压力,则成桩质量差,达不到加固效果。

综上,原地面加固方案已不适用,需探寻新的方案。

2. 方案对比

由于3号联络通道位于富水砾砂层,地质条件差,土体稳定性差、透水性强,根据相关的工程实践经验以及技术标准,提出两种加固施工方案:WSS洞内注浆法、冻结法。两种方案对比见表5-2-1。

表 5-2-1 方案对比

项　目	WSS 注浆法	冻 结 法
安全可靠性	(1)采用机械方式让浆液在土体内扩散,加固效果受地下水等影响,加固范围不均匀; (2)注浆施工可能存在盲区,影响后续施工安全	(1)采用冷量扩散形式,冷量以柱状形式向外传递,加固范围较均匀,不存在盲区,施工较安全; (2)冻结帷幕厚度可以根据布孔的形式及数量进行调整; (3)冻结加固适用于任何含水地层,针对不同地层可通过调整冻结孔的位置、间距和数量保证形成冻结帷幕
工法可实施性	(1)在隧道内施工,不需要占用路面; (2)可持续作业,受外界条件影响较小	(1)在洞内进行施工,不需要占用路面; (2)施工可以持续作业,受外界条件影响较小
计划工期	注浆加固 40 d、联络通道施工 35 d,共计 75 d	冻结加固 + 联络通道施工总计 110 d
成本	洞内注浆加固约 690 万元	冻结法加固约 600 万元
环境保护	文明施工较差	文明施工较好

(1)技术质量方面:两种工法都是成熟的工艺,但是 WSS 注浆加固受地层、地下水影响,加固质量难以保证;冻结法加固的质量可以通过冻结孔数量、位置及冻结天数来控制。

(2)成本方面:WSS 注浆加固费用比原设计方案增加约 50 万元;冻结法加固费用比原设计方案减少约 40 万元。

(3)安全方面:WSS 注浆加固可能会存在加固盲区,后续施工有涌砂涌水的风险,安全方面不确定因素较大;冻结法加固则安全系数更高。

根据联络通道的特点以及所处地层的特性,结合以往地铁联络通道施工的经验,经各方研究,认为联络通道原设计地面加固方案受外部因素制约,变更为洞内加固。而洞内 WSS 工法注浆加固的质量及后续施工安全性的不确定因素较多,因此拟选择安全性更高的洞内冻结法加固:双线洞通后,进行冻结法加固施工。

5.2.3 方案实施

冻结法施工可分为施工准备、冻结孔施工、冻结施工、开挖构筑和融沉注浆五个主要部分,具体的施工顺序安排如图 5-2-2 所示。

1. 施工准备

主要为测量复核及冻结设计。

(1)测量复核

因里程及管片拼装误差,联络通道的方位角并不是设计理论上的 0°。为了钻孔不发生偏差,在施工前需要对隧道中线及联络通道控制点进行测量来重新定方位角和高程,并将实测结果提交冷冻设计单位。

(2)冻结设计

设计的主要内容:冻结帷幕、冻结孔、测温孔、管片保温、盐水温度、积极冻结时间,冻胀与融沉控制等。

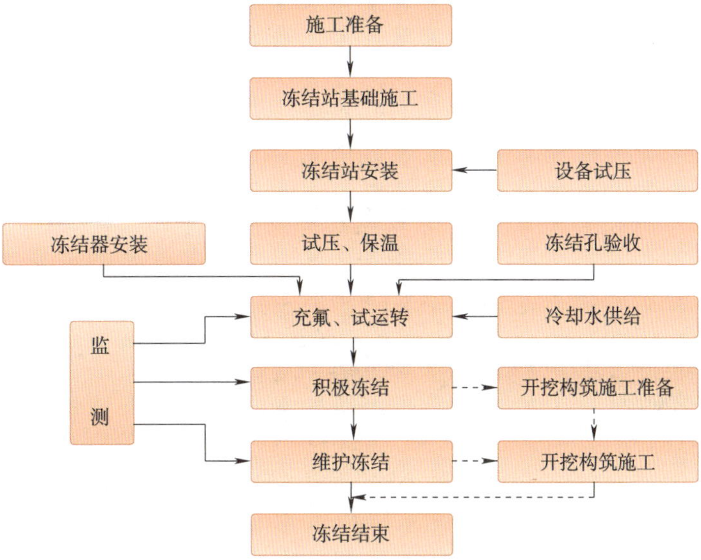

图 5-2-2　冻结法联络通道施工工序

(3)冻结帷幕

冻结帷幕厚度设计为 1.8 m。冻土强度的设计指标取为:单轴抗压不小于 3.6 MPa,弯折抗拉不小于 2.0 MPa,抗剪不小于 1.5 MPa(-10 ℃)。为保证冻土平均温度达到设计计算值,冻土验收时平均温度应不高于 -10 ℃。帷幕设计如图 5-2-3 所示。

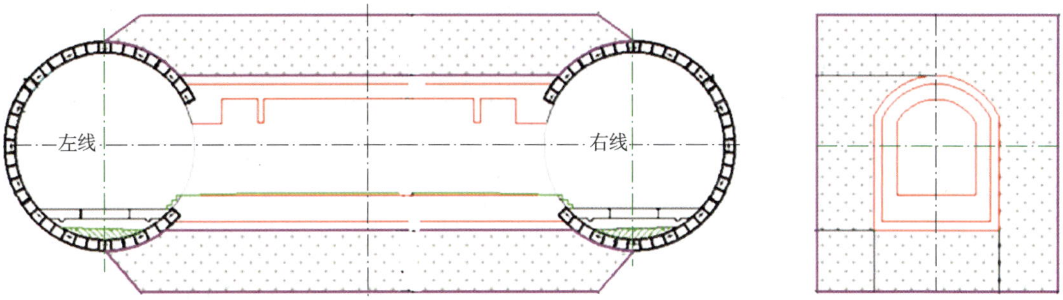

图 5-2-3　冻结帷幕设计

开挖区外围冻结孔布置圈上冻结壁与隧道管片交界面处平均温度不高于 -5 ℃。其他部位设计冻结壁平均温度小于等于 -10 ℃。

2. 冻结孔施工

隧道内为双侧钻孔,共施工冻结孔 65 个(右线隧道内布置冻结孔 48 个,左线布置 17 个)。测温孔 12 个,右线布置 2 个,左线布置 10 个,深度 2 ~4.1 m,共 33.3 m;4 个卸压孔,左线、右线各 2 个,共 12 m。冻结孔布置立面透视图如图 5-2-4 所示,冻结孔开孔布置如图 5-2-5 所示。

施工前,进一步校核联络通道中轴控制线,先施工穿透孔,根据穿透孔的偏差,进一步调

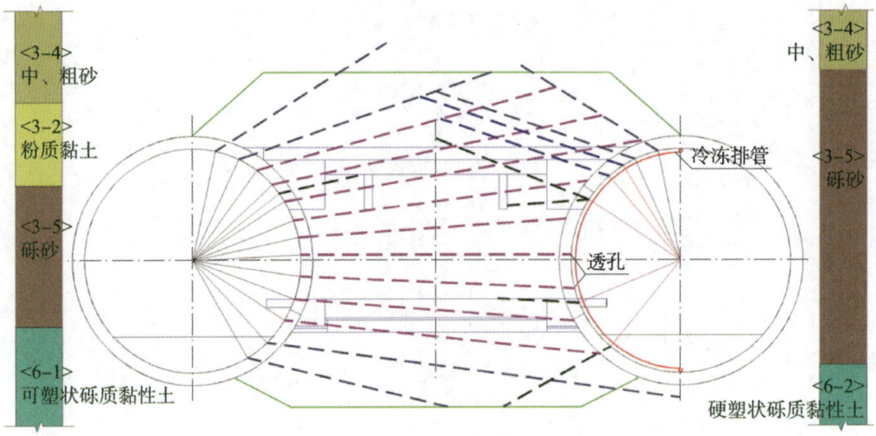

图 5-2-4　冻结孔布置立面透视图

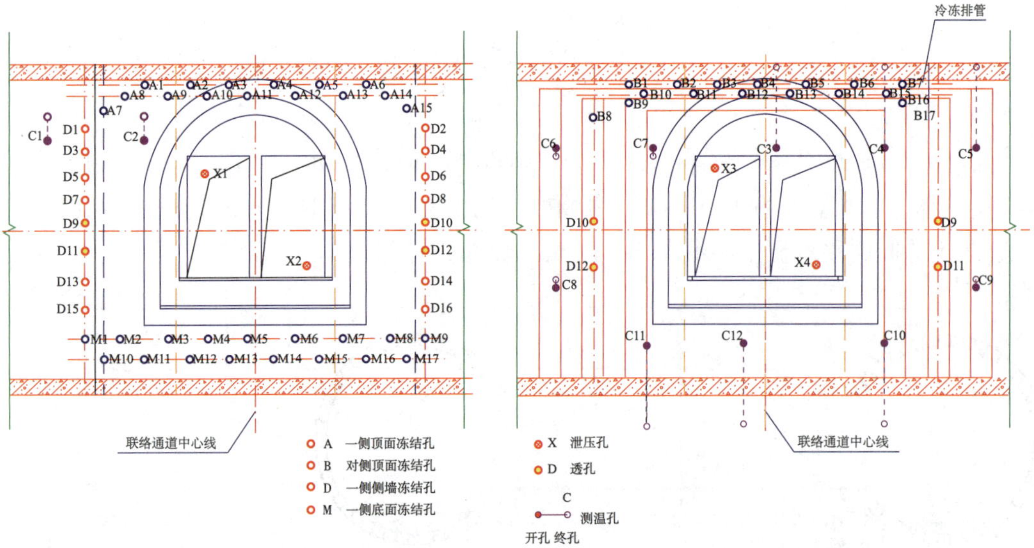

(a)冻结站一侧隧道冻结孔开孔位置图　　(b)冻结站对侧隧道冻结孔开孔位置图

图 5-2-5　冻结孔开孔布置图

整有关钻进参数。然后根据联络通道施工的孔位,采用由下而上的顺序施工,这样可防止因下层冻结孔施工而扰动上部地层,减小钻孔施工的事故发生率。冻结孔施工的准确率是影响冻结周期的主要因素。

用取芯钻开孔,跟管钻进法下冻结管。冻结孔开孔前,在布孔范围内打小孔径探孔,探测地层稳定情况。采用强力水平钻机,尽量实现无泥浆钻进,每个钻孔设有孔口管,并安装钻孔密封装置,以防钻进时大量水、砂涌出。如发现钻孔泥水流失,及时注浆充填。

冻结孔完成后首先对每个孔进行测斜、测深和打压试验,采取相应措施使冻结孔全部合格,达到设计要求。

3. 冻结制冷系统

(1)冻结制冷系统设计

①需冷量计算和冷冻机选型

冻结需冷量按下式计算：

$$Q = 1.3 \cdot \pi \cdot d \cdot h \cdot q \tag{5-2-1}$$

式中　h——冻结总长度；

d——冻结管直径，取 89 mm；

q——冻结管散热系数，取 312 kcal/(h·m^2)。

据此，计算得出 3 号联络通道需冷量为 4.58 × 10^4 kcal/h。按照设计要求，选用 YSLGF200Ⅱ型螺杆机组一台套，单台机组设计工况制冷量为 10.5 × 10^4 kcal/h，输入功率 91 kW，完全满足联络通道的制冷需求。

②冻结设备配置

在高红区间，3 号联络通道冻结站设置在车站站台层内，距离 3 号联络通道 408 m。冻结站选用 JYSLGF300Ⅲ冷冻机组 2 台套，其中 1 台套备用；单台机组设计工况制冷量为 10.5 × 10^4 kcal/h。

冻结期间单个联络通道用电负荷约 200 kW/h，冷冻站选用 YC-3 × 120 + 2 × 35 低压橡套电缆 2 根。

盐水循环泵选用 IS150-125-315 型 4 台，流量 200 m^3/h。其中 2 台备用。

冷却水循环泵选用 SH125-200B 型 2 台，流量 200 m^3/h。

冷却塔 4 台。

③管路选择

供液管选用 ϕ48 mm × 3.5 mm 钢管，采用焊接连接；盐水干管和集、配液圈选用 ϕ127 mm × 4.5 mm 无缝钢管；冷却水管选用 ϕ127 mm × 4.5 mm 无缝钢管。

④制冷剂选用氟立昂 R22；冷媒剂选用氯化钙溶液；冷冻机油选用 N46 冷冻机油。

(2)冻结制冷系统安装

联络通道冻结制冷系统主要包括两个子系统：一是冻结工作面，即需要冻结加固的联络通道废水泵房地层及其冻结管路；二是冻结站。这两个子系统通过盐水干管连接，在正式冻结运转施工前完成。单个冷冻站冻结系统如图 5-2-6 所示，冻结站平面布置如图 5-2-7 所示。

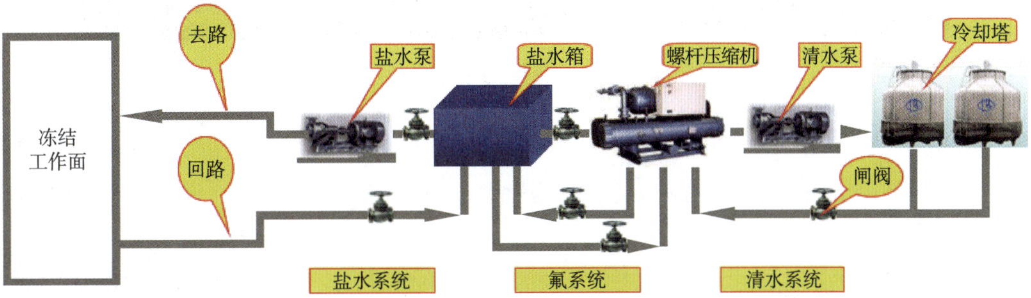

图 5-2-6　单个冷冻站冻结系统图

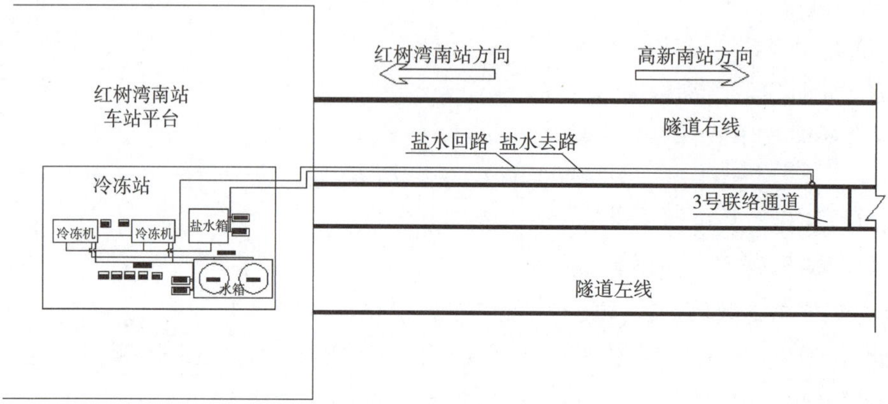

图 5-2-7　冻结站平面布置图

4. 积极冻结

设备安装完毕后进行调试和试运转。在试运转时,要随时调节压力、温度等各状态参数,使机组在有关工艺规程和设备要求的技术参数条件下运行。冻结系统运转正常后进入积极冻结。

此阶段为冻结帷幕的形成阶段,联络通道设计冻结时间为 45 d,要求冻结孔单孔流量不小于 5 m^3/h;积极冻结 7 d 盐水温度降至 −18 ℃以下,积极冻结 15 d 盐水温度降至 −24 ℃以下,去回路温差不大于 2 ℃;开挖前盐水温度降至 −28 ℃以下。如果盐水温度和盐水流量达不到设计要求,应延长积极冻结时间。冻结孔施工、冷冻管路连接及保温如图 5-2-8 所示。

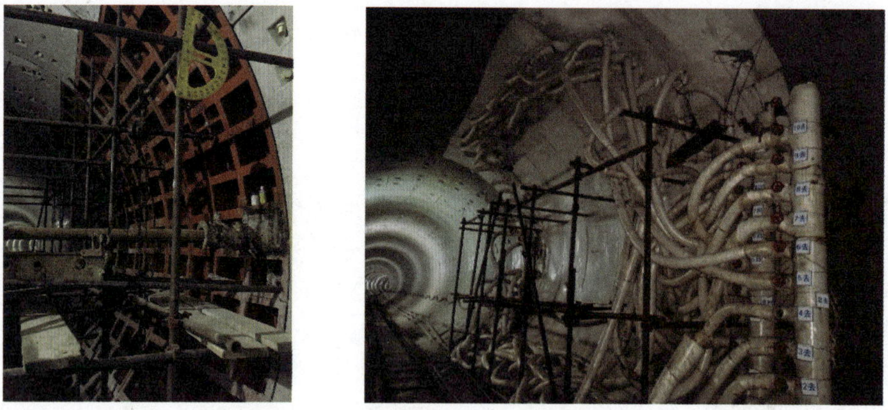

图 5-2-8　冻结孔施工、冷冻管路连接及保温

施工冻结期为 8 ~ 10 月,正值深圳高温天气,做好保温施工是冻结法加固成败的关键。

盐水管路经试漏、清洗后用保温板或棉絮保温,保温厚度为 20 mm,保温层的外面用塑料薄膜包扎。

冷冻机组的蒸发器及低温管路用棉絮保温,盐水箱和盐水干管用 20 mm 厚的保温板或棉絮保温。

联络通道两侧管片保温:由于混凝土和钢管片相对于土层散热要容易得多,为加强冻结帷幕与管片胶结,将钢管片格栅内用素混凝土填充密实,然后采用 PEF 板保温板对冻结帷幕发展区域管片进行隔热保温。

在冻结站对侧隧道的冻结管的端部区域范围内布置冷冻排管,同样将钢管片格栅内用素混凝土填充密实,然后采用 PEF 板保温板对冻结帷幕发展区域管片进行隔热保温。

加强冻结过程监测。在冻结帷幕内布置测温孔,以便正确判断冻结帷幕是否交圈和测定冻结帷幕厚度。对侧隧道管片附近土层的冻结情况将成为控制整个联络通道冻结帷幕安全的关键,为此,在对侧隧道管片上沿冻结帷幕四周布置测温孔,以全面监测。

5. 维护冻结

在积极冻结过程中,要根据实测温度资料判断冻结帷幕是否交圈和达到设计厚度,同时要监测冻结帷幕与隧道的胶结情况。测温判断冻结帷幕交圈并达到设计厚度且与隧道完全胶结后,可进入维护冻结阶段。维护冻结期温度不大于 -26 ℃,冻结时间贯穿联络通道开挖和主体结构施工始终。

6. 支架和安全门安装

联络通道冻结壁交圈前在隧道内设预应力支架,以防打开预留管片时隧道变形和破坏,如图 5-2-9 所示。施工完联络通道临时支护层后再打开对侧隧道联络通道的预留管片。在联络通道衬砌中预埋压浆管,采用注浆方式以补偿土层融沉。

图 5-2-9　预应力支撑及作业平台

安全应急门是考虑开挖构筑期间,帷幕发生大量砂、水涌出现象,或位移变形超值,在其他措施抢救无效的情况下,为确保隧道安全而使用的。安全应急门安装在开挖侧隧道预留洞口上,并配备风量不小于 6 m/min 的空压机为防护门供气。安全门在开管片前安装,防护门耐压设计值为 0.3 MPa。安装后进行气密试验,要求在不停空压机时能够保持设计值,组织应急演练。

7. 开挖构筑

确定进行开挖之前需结合测温孔资料、探孔情况等方面的数据综合考虑,需具备和满足设计要求条件后,方可开挖,并对所有人员(包括管理人员、技术人员、冷冻站及开挖队)进行开挖前的总动员及各项交底;24 h不间断施工,合理安排人员、工序,缩短开挖工期,从而有效降低施工风险。

开挖验收条件见表5-2-2。

表5-2-2　开挖验收条件列表

序　号	项　目	数　值	备　注
1	冻结帷幕厚度	1.8 m	作图分析
2	冻结帷幕平均温度	≤-10 ℃	用成冰公式法计算
3	盐水温度	≤-28 ℃	用测温仪监测
4	盐水去、回路温差	2.0 ℃以内	冻结至设计温度时
5	开挖人员、设备和材料	全部充分准备到位	
6	应急物资	充分准备到位	
7	探孔	无压力泥水流出	
8	应急演练	组织开挖应急演练	
9	远程监控	视频监控器和电话通信正常	
10	关键节点验收	通过冻结效果和开挖条件验收	

开挖与构筑施工流程如图5-2-10所示。

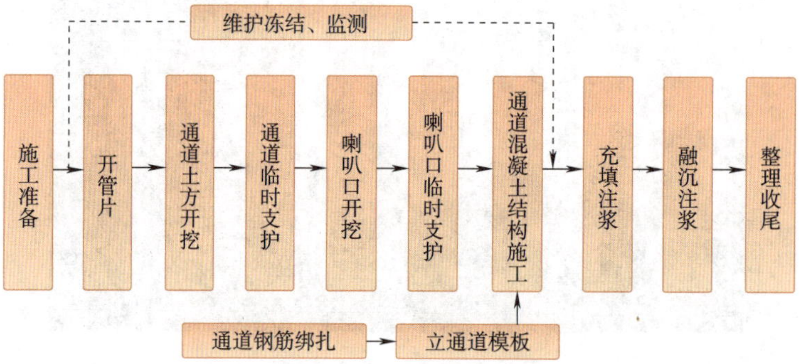

图5-2-10　联络通道开挖构筑施工工艺流程图

8. 融沉注浆

联络通道施工完毕后,停止供冷,土体解冻过程中会引起地面的沉陷,如果沉陷过大,不但对隧道而且对地面建筑、地下管线都将产生不利影响。为减少土体解冻产生的沉降量,可通过预留的注浆孔,根据观测到的隧道及地层沉降情况,遵循由下而上、少量多次均匀的原则,及时地对地层进行补偿注浆。融沉注浆是一个漫长的过程,注不到位会影响联络通道甚至隧道的质量,要以监测数据为指导。

5.2.4　经验小结

1. 冻结效果

冷冻机于2018年8月18日正式运转，冻结第7天盐水温度去路降至 -20.3 ℃，冻结第15天盐水温度去路降至 -24.2 ℃，冻结运转第31天盐水温度去路降至 -28.1 ℃，回路温度降至 -26.7 ℃，去、回路温差1.4 ℃，此后维持在 -28 ℃ ~ -30 ℃之间。

通过资料看，冻土最慢发展速度为25.86 mm/d。以最慢发展速度计算到10月10日（积极冻结运转第54天），冻土发展半径 $r=1\ 396.44$ mm，按冻结发展半径1 396.44 mm作图，从图上测量出：联络通道冻结帷幕厚度最薄为2 411.2 mm（设计帷幕冻结有效厚度为1 800 mm）。冻结帷幕效果如图5-2-11所示。

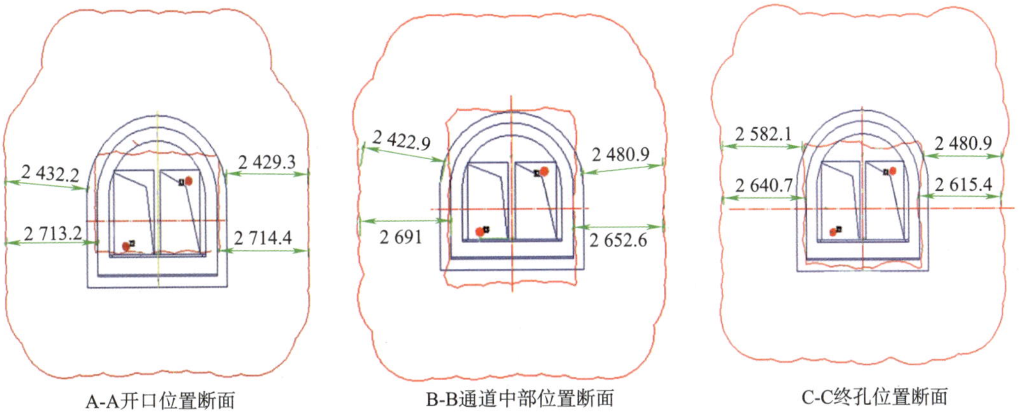

图5-2-11　冻结帷幕效果图

（1）泄压孔压力分析

该联络通道共设4个泄压孔，左线2个，右线2个。从2018年8月18日开始记录，初始压力X1点处为0.1 MPa，X2点处为0.11 MPa，X3点处为0.11 MPa，X4点处为0.12 MPa，到2018年9月14日泄压孔开始涨压，压力X1点处为0.231 MPa，X2点处为0.25 MPa，X3点处为0.24 MPa，X4点处为0.26 MPa。这个迹象说明冻结帷幕已经开始胶圈。泄压曲线如图5-2-12所示，总去和总回温度曲线如图5-2-13所示。

（2）冻土平均温度计算

根据成冰公式计算：

$$t_{cp}=t_c\left(1.135-0.352\sqrt{l}-\frac{0.875}{\sqrt[3]{E}}+0.266\sqrt{\frac{l}{E}}\right)-0.466 \tag{5-2-2}$$

$$t'_{cp}=t_{cp}+\omega\cdot t_n \tag{5-2-3}$$

式中　t_c——盐水温度，取 -29.4 ℃；

l——孔间距，取1.039 m；

E——冻土厚度，取2.411 m；

ω——经验系数，取0.25～0.3；

t_n——井帮温度，取－6.1 ℃，

计算得 $t'_{cp}=-10.8$ ℃。

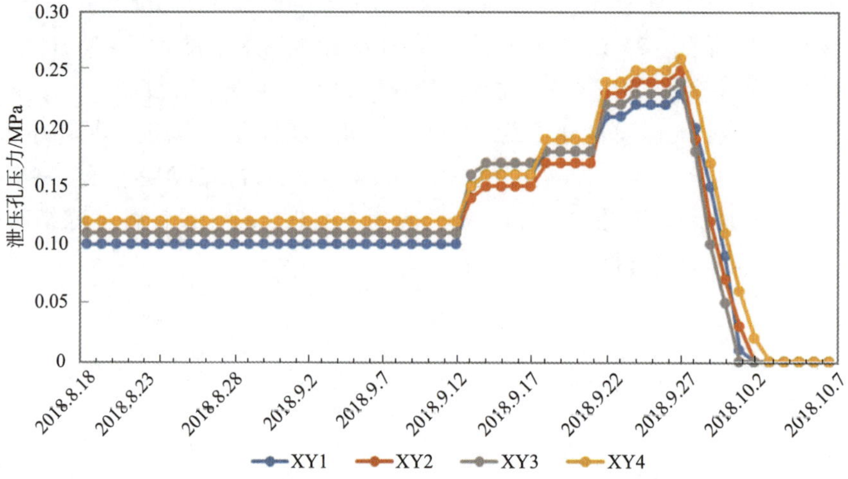

图5-2-12　泄压曲线

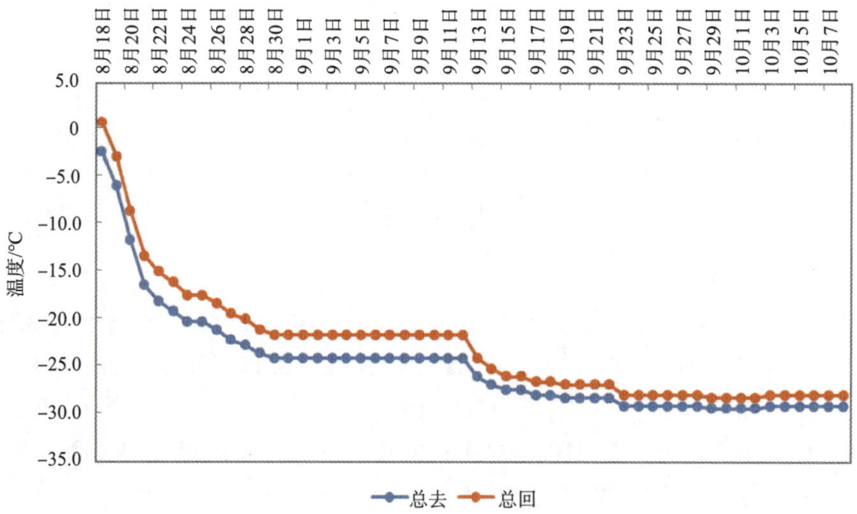

图5-2-13　总去和总回温度曲线

(3)探孔施工

2018年10月10日，在联络通道安全门内施工两个探孔，探孔内无泥水流出，如图5-2-14所示。经过测温T1温度为－2.5 ℃，T2温度为0 ℃。

(4)冻结结论

截至2018年10月12日(冻结56 d)，通道正常段及泵站部位冻结帷幕厚度最薄为2.411 m(设计通道部位冻结帷幕厚度1.8 m)，平均温度－10.8 ℃(设计－10 ℃)，符合设计

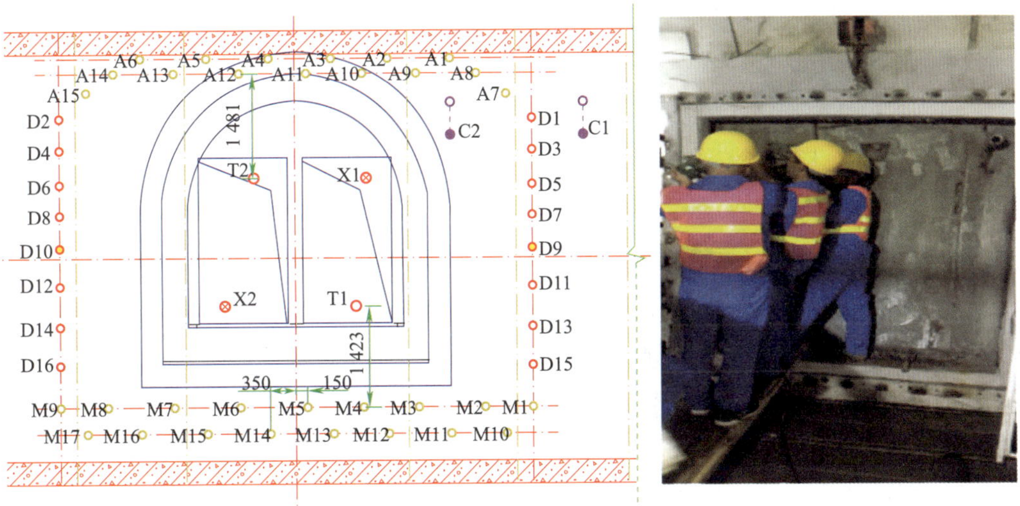

图 5-2-14　探孔施工(单位:mm)

要求。各项开挖准备工作已就绪,具备开挖条件。

2. 实施评价

区间 3 号联络通道,历经 25 d 的冻结孔钻孔施工及冻结系统安装、近 50 d 的积极冻结、15 d 开挖及构筑施工,总耗时 90 d,最终圆满完成二衬混凝土浇筑,联络通道观感良好、质量优良。冻结掌子面及开挖如图 5-2-15 所示。

图 5-2-15　冻结掌子面及开挖

施工过程中安全、质量及进度均得到了有效保证,无质量安全事故发生,收效良好。这是冻结法施工联络通道首次在深圳地铁的成功应用,为深圳地铁建设积累了宝贵的施工经验。

第6章　辅助工法技术应用

盾构隧道的顺利实施离不开辅助技术的应用，深圳地铁在建设过程中应用盾构洞内解体、克泥效填充、三维激光扫描、刀具综合管控、预应力锚索跟管钻进等新技术，克服了多种复杂地质条件和不利环境条件限制。

6.1　盾构洞内解体技术

6.1.1　工程概况

地铁2号线三期工程莲塘口岸站—仙湖路站区间（以下简称“莲仙区间”），其中莲塘口岸站—中兴花园段（下穿塘排山段）1 314 m采用标准断面矿山法，中兴花园—仙湖路段（下穿国威路段）440 m采用盾构法，采用2台复合式土压平衡盾构机施工。莲仙区间隧道平面如图6-1-1所示。

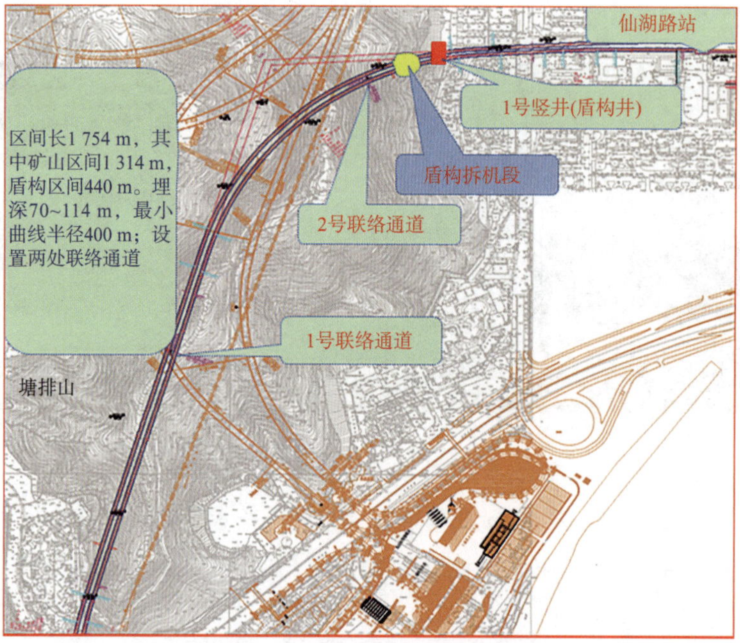

图6-1-1　莲仙区间隧道平面图

盾构机从仙湖路站始发，完成中兴花园—仙湖路段掘进任务，原设计方案为盾构法与矿山法交界处设置施工竖井，将盾构机由竖井吊出，但考虑竖井位置位于塘排山脚下，涉及高边坡支护，且进出道路需占用中兴花园小区道路，协调难度较大。最终经过方案比选，改为施作 15 m 长扩大段作为盾构解体段，在洞内接收并进行弃壳解体作业，盾构机解体后将其从洞内原路返回到仙湖路站吊出地面。

6.1.2 方案比选

1. 初步设计方案

莲仙区间初步设计方案计划在盾构法与矿山法交界处设置施工竖井（兼盾构吊出），如图 6-1-2 所示。盾构吊出井采用钻孔桩支护，混凝土侧墙 + 环框梁结构形式。

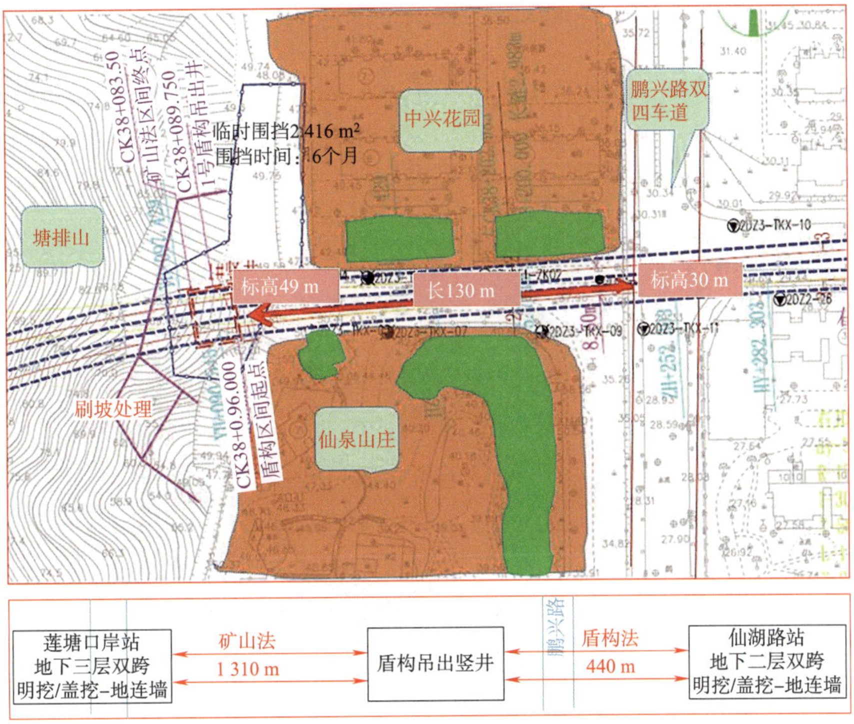

图 6-1-2 初步设计方案示意图

经现场实地踏勘后研究发现，初步设计方案存在如下情况：

（1）设计盾构吊出井位于塘排山脚下，中兴花园与仙泉山庄交界处，后续现场踏勘发现存在临时建筑（中兴花园）。设计竖井深度约 48 m，竖井布置场地需对现状塘排山边坡进行刷坡处理，根据工期显示，竖井施工正值雨季，施工风险极大。另外，施工时进出通道需修建临时道路，并对周边的市政管线进行迁改等。

（2）施工临时道路连接鹏兴路为坡度 15% 的下坡路，重型车、设备吊装车出入困难，与鹏兴路路口连接存在一定危险。盾构竖井位置距离仙泉山庄 2 层别墅（浅基础）和中兴花园（浅基础）最小净距 3.5 m，施工可能会造成房屋的沉降，安全风险较大，如图 6-1-3 所示。

（3）需协调周边小区临时通道使用，并拆除部分小区的围墙。另外，还需协调与鹏兴路

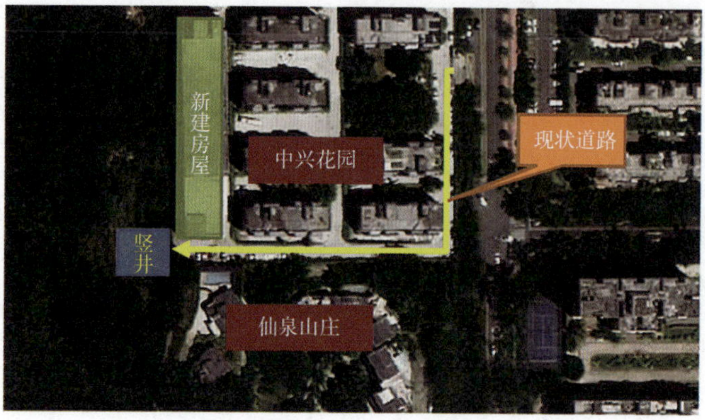

图 6-1-3　现场实景情况图

的出入道路接口。竖井施工过程中可能影响周边建筑和地面的稳定性,周边小区及道路使用协调难度较大。

综上,初步设计方案场地平整、交通疏解、管线迁改、征地拆迁等整体难度较大,且存在较大的安全风险。

2. 洞内解体方案

莲仙区间采用的洞内解体设计方案示意如图 6-1-4 所示。

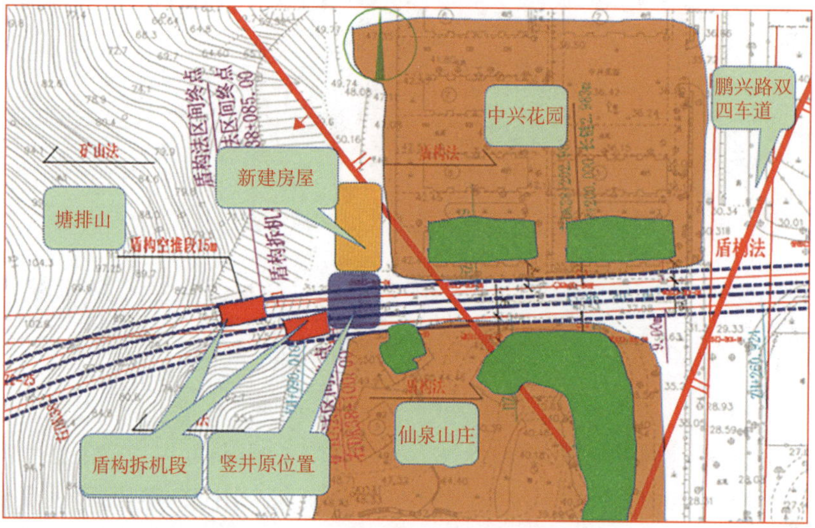

图 6-1-4　洞内解体方案示意图

(1)根据盾构解体需要的空间参数,设置一段 15 m 长直径为 7.8 m 的扩大段作为盾构解体段,该段采用矿山法施工。

(2)解体段与盾构段交界处采用玻璃纤维筋混凝土墙封堵。

(3)根据区间隧道地质情况图(图 6-1-5),解体位置为微风化粉砂岩与中风化粉砂岩交界处,主要为Ⅱ、Ⅲ级围岩,埋深约 60 m,稳定性较好,该位置进行洞内解体作业施工风险较低。

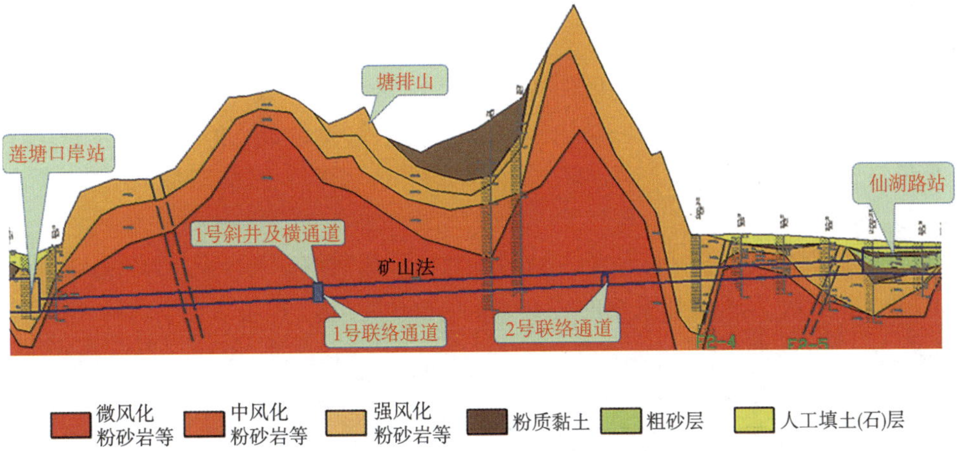

图 6-1-5　莲仙区间隧道地质纵断面图

6.1.3　关键技术分析

1. 主要拆除构件

本工程洞内解体的 2 台盾构机是中船重型装备有限公司生产的 54 号和 55 号复合式土压平衡盾构机。盾构机主要由刀盘(面板式)、前盾、中盾、尾盾、七节后配套台车等部件组成,以及 1 套辅助配套内燃机车组。盾构机全长 87.3 m,总重约 588 t。

盾构区间掘进完成后需拆解的主要构件见表 6-1-1。

表 6-1-1　主要拆除构件清单

序　　号	名　　称	重量/t	备　　注
1	刀盘	55	按 9 件分块,最重 9.5 t,不含刀 8.9 t
2	管片拼装机	13	大齿圈重 5.5 t
3	喂片机	6	
4	连接桥	25	包括两侧走台、管路
5	1 号 ~7 号台车钢结构	162	
6	螺旋输送机	26	含螺旋机 A 筒重 5.5 t
7	张出台	6.6	
8	主驱动	30	
9	主驱动电机减速机	4	单件,共 6 件
10	中心回转体	2	
11	人闸	5	
12	推进油缸	1.2	单件,共 24 件
13	铰接油缸	0.7	单件,共 16 件

2. 盾构机的拆解

(1)吊装准备

莲仙区间盾构机洞内解体后的散件从仙湖路站西端吊装井被吊装出井。由于吊装作业施工场地相对狭小,吊装工艺繁杂,洞内解体多数为散件,重量最大的零件为主驱动及3号台车,重量约30 t,且体积较大。通过多方面因素的分析和考虑,吊装时拟采用200 t汽车吊进行吊装。

莲仙盾构区间左线吊装区域位于车站吊装井口顶板回填后的硬化区域,吊装区域吊车站位如图6-1-6所示,场地硬化采用的是40 cm厚C50混凝土,配备双层钢筋网片,强度满足吊装要求。

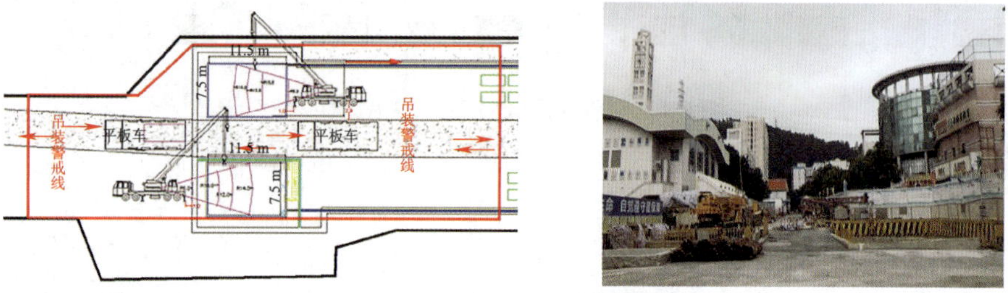

图6-1-6　吊装场地布置图

吊点布置:共设置承重30 t以上吊点8个,并在吊点上安装20 t双链倒链;设置管片承重吊点2个,吊点上安装吊耳。其中有4个吊点主要用于主驱动电机、人闸、主轴承的拆解以及主轴承拆解后的牵引平放。吊梁主要用于刀盘和牛腿的拆解,其余吊点主要用于螺旋机及散件的吊装。

(2)洞内解体流程

盾构机掘进到洞内解体指定里程后,停机开始准备洞内解体。总体解体方案及步骤为:前期准备→刀盘旋转解体并放置在扩大段前端→连接桥、台车管线分离→台车逐一运至吊装井(按从7号到1号到连接桥的顺序)→连接桥运至吊装井→螺旋输送机拆除并转运至吊装井→管片拼装机拆除及转运至吊装井→管片双臂梁拆除及转运至吊装井→推进油缸及其管线阀组拆除及转运→中盾中间支撑梁拆除→人仓拆除→中心回转体拆除→拆除主驱动电机马达及减速机并加设盖板→主驱动轴承外圈支撑环分离→主轴承翻转放置平板加固→主驱动轴承拆除及转运→前体压力隔板割除运出→刀盘散件运出→完成收尾清理。

3. 解体重难点

(1)刀盘及主驱动解体

刀盘按照从上到下、从外圈到内圈的顺序分成9块进行气刨割除(如图6-1-7所示红线位置)并加焊定位码,通过刀盘旋转将1～9块刀盘拆除,依次顺时针旋转刀盘,让拆除位置降至最低点,然后按照⑦→③→①→⑤→⑥→②→④→⑧→⑨将各个分块依次拆除,在前盾土仓顶部焊接2个吊耳,用手拉葫芦吊住牛腿法兰进行拆卸,割除主驱动轴承与牛腿法兰连接螺丝的保护盖板,拆除螺栓,将牛腿与主驱动分离后放下。

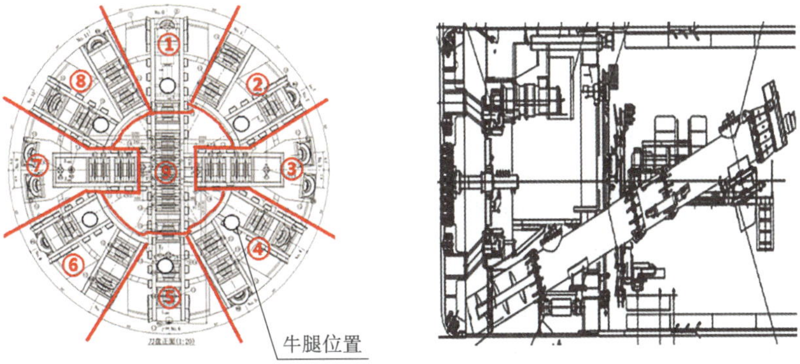

图 6-1-7　刀盘及主驱动解体平面图

经验总结:拆解过程中可利用牛腿位置来固定部分分块不脱落,割断各筋板及焊缝后再拆卸牛腿螺栓将各分块依次放下,在拆除刀盘时利用扩大段横梁上布置吊点及前盾土仓内焊接吊点将刀盘分块吊转到空洞处存放,在拆运完主驱动之后,最终由门吊装置将各分块吊至管片平板车上从后方已形成盾构隧道路径运出并吊至地面。特别注意扩大段横梁上的吊点布置的合理性,确保吊装时省时省力。

(2)螺旋机拆除

螺旋机总重量约 22 t,总长约 12.2 m。在盾尾上方顶部用特定钢板制作吊耳并在顶部进行焊接,每间隔 1 m 布置 2 个吊点。用 4 个 10 t 手拉葫芦换点对螺旋机进行拆除。螺旋机拆解需拆除螺旋机驱动,将螺旋轴与筒体固定焊接,将销轴拆除后吊下驱动,放平板车加固运输出井。拆除螺旋机驱动箱体后,螺旋机可从安装座内拔出,利用中盾尾部 4 个吊点及盾尾后方管片上 2 个吊点悬挂 10 t 葫芦,缓慢将螺旋机从筒体内拔出。将一辆空的平板车预先放在拼装机后方,车上固定带门字钢架停放,将拆下来的螺旋机筒体带螺旋轴固定在平板车支撑架上。将拆卸下来的螺旋机零部件用内燃机车运至始发井,吊出井口。螺旋机拆除及吊出如图 6-1-8、图 6-1-9 所示。

图 6-1-8　螺旋机拆除

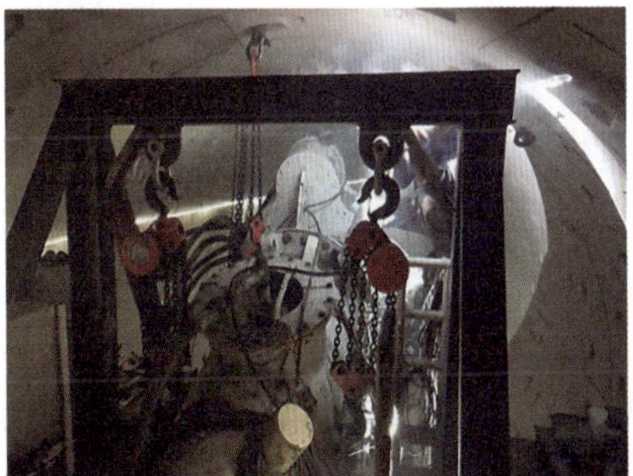

图 6-1-9　螺旋机吊出

经验总结：由于螺旋机是整个解体过程中长度最长的构件，因此在盾尾布置吊点时务必确保距离满足要求，在实际施工过程中第一次吊点布置无法满足螺旋机拔出距离，在重新布置吊点后螺旋机顺利拔出。

(3)拼装机、张出台拆除

拆卸拼装机利用拆除螺旋机焊接吊点，把4个10 t拉链葫芦吊点选好，使倒链葫芦处于受力状态，准备将拼装机吊离拼装机滑道。先将伸缩油缸及抓举头拆除，接下来拆除托辊及支撑轮，将油马达和拼装机卷盘拆除，最后吊装大齿圈及配重等结构件，将拆下的部件用拉链葫芦接力把拼装机翻身平放到管片车上运出。

张出台拆除需利用盾尾上吊点悬挂葫芦，受力后拆卸张出台螺栓，在管片小车上用工字钢做好支撑，随后将张出台固定在平板车支撑架上，用内燃机车运至始发井，吊出井口。

经验总结：拼装机和张出台拆除均可利用螺旋机拆除时布置的吊点，且拼装机和张出台构件不规则，需特别注意拆除过程中必须处于受力状态，避免构件拆除过程中对工人造成人身伤害，同时为防止张出台变形，需在张出台横梁上纵向焊接圆钢或工字钢。

(4)推进油缸拆除

割除推进油缸的定位调节块，将推进油缸从顶部的油缸拆起，先将油缸的撑靴部位拆除，在管片上安装吊点再将油缸分别单条水平抽出，不能一起抽出，然后利用盾尾顶部及侧面焊接的吊点将油缸慢慢放置在准备好的管片小车上运出。

经验总结：推进油缸拆除前要确保管片与油缸回收状态的间距超过2 400 mm，同时将推进油缸的进回油管拆除并做好封堵，对推进油缸行程传感器提前做好相应保护。油缸运输过程中容易滑落，必须做好加固措施。

(5)主驱动拆除

首先对盾构机人闸进行拆卸，利用前盾4个吊点进行人闸拆卸，必要时在人闸外壳焊接用于吊装的吊耳。挂4个10 t倒链将人闸放置在平板车上。

拆除驱动上的电机减速机，从下向上将主驱动马达减速机整体拆除，拆除后需要安装盖板保护，各连接螺栓分类装箱封存运至洞口吊出。割除主驱动下方土仓隔板，将轨道延伸到主驱动下方。把全部电机减速机拆除完后选好吊点挂上倒链葫芦。前盾体上选好吊点4个，用20 t的葫芦，必要时在中盾上安装1个，用于翻身。环土仓两侧焊支撑加强盾体，同时把倒链葫芦挂好，拉到绷紧为止。割除主驱动支撑板，先把筋板主驱动连接壳体割开，顺序从下向上。割除主驱动后部定位焊接板。利用前盾及中盾的吊点，将主驱动放置于平板车进行加固后运出。主驱动拆除如图6-1-10所示，主驱动运输固定如图6-1-11所示。

经验总结：主驱动是单个重量最大的构件，拆除过程中注意焊接吊耳不能有夹渣、气泡现象，手拉葫芦选用20 t。

4. 盾壳处理及隧道清理

由于盾壳拆除工作量较大，且拆除完成后产生的废弃构件无法回收利用，因此施工过程中对盾壳内的杂物进行清理(图6-1-12)并打磨盾壳，将清理的杂物通过管片车运出后，后续进行二衬施工(图6-1-13)。

图 6-1-10　主驱动拆除

图 6-1-11　主驱动运输固定

图 6-1-12　盾壳处理

图 6-1-13　二衬施工

6.1.4　安全管控重点

1. 洞内吊装安全

洞内解体过程中涉及吊装作业较多，但洞内施工无法启用大型吊装设备，均采用人工手拉葫芦进行操作，施工风险较大。因此，在施工过程中必须保证吊点牢固可靠，构件在拆除过程中做好加固，吊装过程中必须做好防护措施，不可随意摆动或滑动。

2. 洞内运输安全

洞内运输车辆驾驶员必须取得操作合格证，并严格执行机械设备的操作规程，在构件运输过程中要做好固定措施，特殊大型构件及易滑动构件要做好特殊固定措施，如油缸运输过程中要做好防滑措施等。运输设备不可人料混装，进入隧道的内燃机与其他工程车辆选用带净化装置的柴油机，汽油机械与车辆不进入洞内，装载机具设备时不超出装载限界。

3. 狭小空间作业安全

盾构机洞内解体需要进行大量的焊接及切割作业，洞内通风须符合隧道设计和施工规范的要求，氧气及乙炔的使用须严格按照规范操作。隧道内的空气成分每半月取样分析一次，含尘量每周检测一次。工人作业过程中务必做好个人防护，必要时按要求戴好防护面罩及防护手套。

6.1.5 效益分析

1. 经济效益分析

若采用区间设置盾构吊出井方案,则吊出井需对竖井施工场地进行边坡处理,竖井深度约48 m,围护结构采用钻孔桩、环框梁+混凝土对撑,工程造价约2 081万元(不含临时用地及道路恢复等费用)。

若采用洞内解体方案,中船重型装备有限公司初期预算价格为2 500万元,施工完成后经过项目核算,在扣除解体后主要构件残值后的总费用约2 052万元。

2. 社会效益分析

采用洞内解体技术有效避免了征地拆迁及管线改迁等工作,同时施工过程中不会对周边小区造成噪声、粉尘等污染。每台盾构机解体工期约2个月,相较于竖井施工,工期得以缩短,在施工难度与施工风险上得到有效降低,具有良好的社会效益。

6.1.6 经验小结

深圳地铁2号线三期工程的莲仙区间洞内解体技术的实施,实现了矿山法区间与盾构区间的无缝接驳,也为复杂环境下解体作业积累了丰富的施工经验。同时它突破了盾构必须从接收井内拆解吊出的传统思路,给区间隧道施工方案设计带来新的选择,在取得较大经济效益的同时,避免了诸多社会矛盾,取得了良好的社会效益。

6.2 克泥效辅助控制技术

6.2.1 工法概述

1. 工法简介

克泥效工法是将高浓度的泥水材料与塑强调整剂(即水玻璃)两种液体分别以配管压送到指定位置,将此两种液体以适当比例混合成高黏度塑性胶化体后,再通过径向孔注入的一种新型工法。混合后的流动塑性胶化体不易受水稀释,且其黏性也不随时间而变化。

2. 浆液配比及特性

克泥效原材与水按照1∶2.16(质量比)配置成A液,然后与B液(即水玻璃原液)按照体积比20∶1混合后即可产生塑性状态的变化,混合4.5 s后,浆液黏度可达到300~500 dPa·s(一般发蜡黏度约为450 dPa·s)。浆液最终形成可塑性黏土材料,且软硬度可以通过混合液配比加以调整,但不会硬化,如图6-2-1所示。克泥效浆液特性主要有以下几点:

(1)凝结时间快。

(2)黏稠度高,一般为300~500 dPa·s。

(3)具有抗稀释性和挡水性,浸入水中12 h后不发生稀释现象。

(4)永不凝固,不会发生盾体抱死的现象。

(5)具有较高的抗沉陷性。

图 6-2-1　克泥效浆液

3. 克泥效注入设备

由于克泥效配比中 A 液与 B 液的注入量相差较大，且要求注入比例精确、快速可调，才能确保混合液达到较大的黏度，因此采用 1 台独立变频控制的软管挤压泵注入 A 液，另选用 1 台独立变频控制的螺杆泵注入 B 液，并配备了搅拌器、混合器、电子流量计及显示器等配套设备，实现了克泥效两种液体的精确配比控制及流量压力监测显示。同时，该设备体型小，便于携带，适合于盾构掘进时同步施工。注入设备如图 6-2-2 所示。

图 6-2-2　克泥效注入设备

4. 克泥效注入流程

采用克泥效、水玻璃注浆主要是有效减小盾构切口环和盾体间隙，从而达到控制沉降的目的。克泥效、水玻璃注浆的位置在前盾左上和右上位置。A 液为克泥效浆液，配合比为克泥效 : 水 = 125 : 270(质量比)，B 液为水玻璃原液。注浆要求通过控制变频器来控制 A 液和 B 液的注入量，A 液和 B 液同时注入，A 液和 B 液的流量比为 20 : 1(可调整)。通过控制单环注入量及注入压力判定是否满足施工要求。注入流程如图 6-2-3 所示。

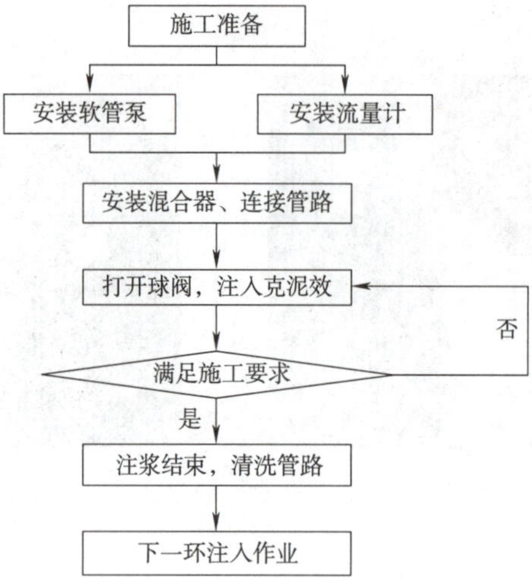

图 6-2-3　克泥效注入流程

6.2.2　应用案例

1. 工程案例

(1)平面线路及地质条件

地铁10号线坂田北站—贝尔路站区间(以下简称“坂贝区间”)位于龙岗区,线路设计起点为坂田北站。左线起讫里程为DK15+177.379~DK15+822.050,长度为627.492 m(含短链17.179 m);右线起讫里程为DK15+177.379~DK15+822.050,长度为644.671 m。区间平面线路示意如图6-2-4所示。

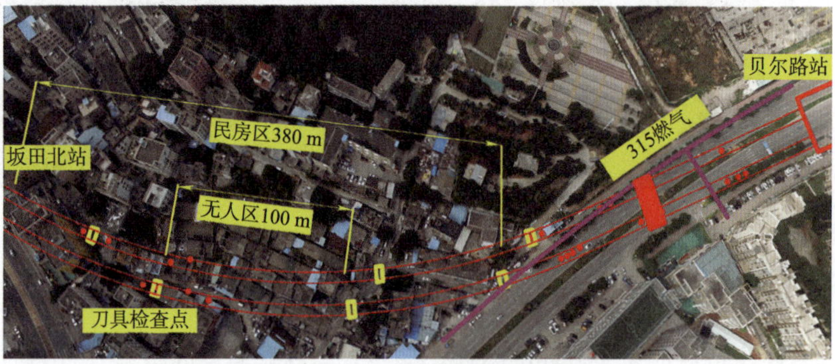

图 6-2-4　区间平面线路示意图

坂贝区间采用ϕ6280土压平衡盾构机施工,盾构从贝尔路站小里程端始发,下穿坂雪岗大道,然后右转下穿坂田村民房区后行进约110 m后到达坂田北站。区间左线下穿民房区长度约380 m(DK15+220.93~DK15+609.24),右线约310 m(DK15+308.14~DK15+610.10)。民房类型包括砖混结构,低、多层钢筋混凝土结构。砖混结构及低层钢筋混凝土结构房屋基础为浅基础,多层钢筋混凝土结构基础为管桩基础。

坂贝区间隧道覆土深度为 12.86 ~ 20.18 m,结合地质勘察报告,坂贝区间共计探测到 24 处孤石(其中左线 15 处,右线 9 处)、2 段“上软下硬”地层,地质断面如图 6-2-5 所示。

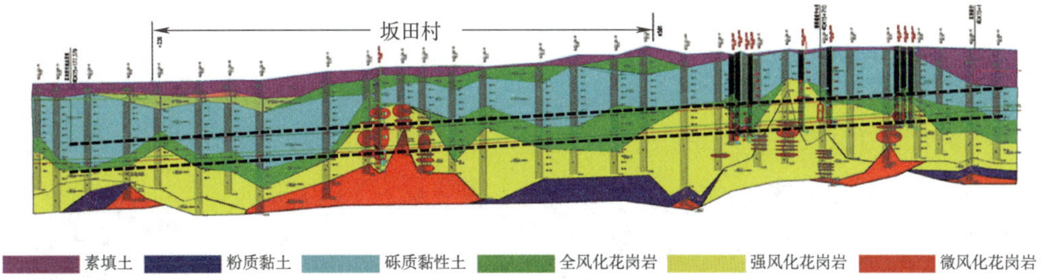

图 6-2-5　区间地质纵断面图

(2)水文地质情况

根据其赋存介质的类型,区间地下水主要有两种类型:一种是松散岩类孔隙水,主要赋存于第四系松散岩土层中;另一种为基岩裂隙水,主要赋存于块状强风化、中等风化带中,略具承压性。

①松散岩类孔隙水

主要分布在第四系冲洪积砂层和残积砾质黏性土层中,主要由大气降水补给,排泄方式主要为蒸发和地下径流,水量较丰富,水质易被污染。

②基岩裂隙水

岩层裂隙水广泛分布于基岩的块状强风化 ~ 中等风化带裂隙中,透水性和富水性因基岩裂隙发育程度、贯通度以及与地表水源的连通性等情况而变化,稳定水位一般高于含水层顶面。主要由大气降水、孔隙潜水补给。因地层分布的不均一性、岩土层富水性及透水性的差异性,导致基岩裂隙水局部具微承压性。

勘察期间测得地下水位埋深 1.80 ~ 8.4 m,标高 63.78 ~ 79.56 m。全线单坡(下坡),最大坡度约 29‰。

(3)施工风险辨识

①下穿建筑物施工风险

盾构在其邻近或下方穿越建筑物时,上方荷载变化较大且不均匀,且盾构正面压力及掘进姿态难以掌控,此时既要避免正面压力及同步注浆压力不足引起沉降,又要防止正面压力及注浆压力过高导致地层扰动过大或地面冒浆。同时,盾构隧道渗漏及自身长期沉降可能导致地面沉降加剧,施工风险较大。

②带压开仓作业风险

盾构机在建(构)筑物下方因异常情况停机,又必须进入土仓工作,被动开仓检查,在检查、更换刀具时,必须清空土仓内的部分渣土以提供工作空间,原有的土压平衡被打破,掌子面土体在气压不稳时容易坍塌,导致作业人员受伤或引起建(构)筑物沉降。

2. 工程应用

为降低盾构施工风险,本工程主要从以下几方面考虑,利用克泥效材料特性辅助控制盾构施工风险。

(1)辅助控制不良地质段地表及建筑物沉降

根据以往施工经验,可将盾构施工过程中地表及建筑物沉降分为5个阶段,如图6-2-6所示,其中第三阶段沉降原因为刀盘开挖直径大于盾体直径,导致盾构掘进过程中盾体与土体间存在空隙,造成盾体上方土层随地下水流动逐层向下剥落,引起地面沉降。

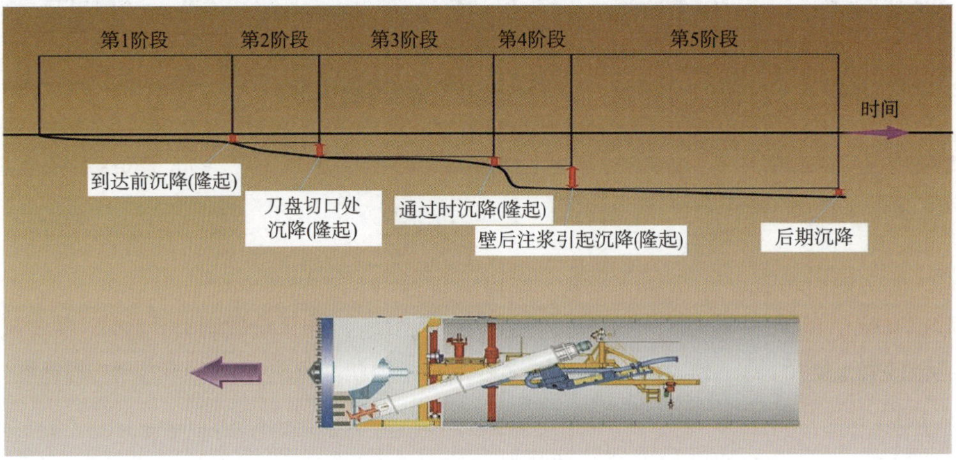

图6-2-6　盾构施工过程中5大沉降阶段

本工程中,盾构始发前,将克泥效注入设备安装固定在6号台车尾部,随盾构掘进同步前行,在盾构遇到孤石、"上软下硬"等不良地质或下穿民房时,掘进速度较慢(约0~10 mm/min),此时将克泥效浆液从盾体径向孔注入,及时填充盾体及土体间的空隙,辅助控制因土体下沉引起的地表及建筑物沉降,确保施工安全。注入位置如图6-2-7所示。

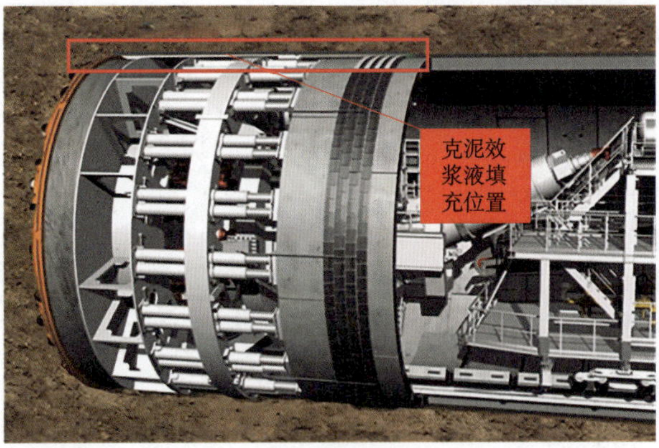

图6-2-7　克泥效填充位置示意图

主要施工方法如下:提前按照一定配比配制克泥效A液,每环开始掘进的同时按照20:1的体积比注入A、B液,注入点位为1点及11点,过程中通过混合器的泄压阀来检查浆液初凝时间和凝结效果,做好记录。根据实际效果和掘进速度及注入压力,不断地修正变频器参数来改变注入速度,每环注入量达到0.8 m^3或注入压力达到0.9 MPa停止注入。

通过对比盾构在不良地质段掘进的地表及建筑物监测数据，发现采用克泥效辅助措施能有效降低盾构掘进期间地表及建筑物沉降，如图 6-2-8 所示。

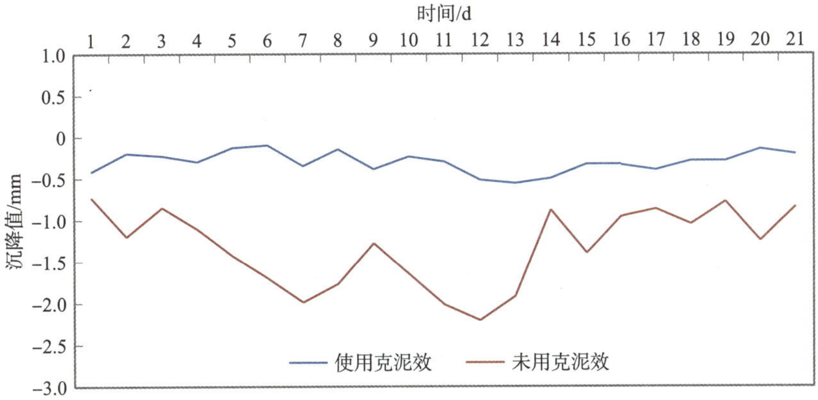

图 6-2-8 不良地质段掘进地面沉降监测数据统计

(2)辅助控制带压开仓作业施工风险

本工程施工过程中，区间线路均为下坡，且地下水含量丰富，带压开仓期间盾构需长时间停机，因此采用克泥效填充盾体与土体间的空隙，可有效加强地下水封堵，同时起到防止盾体被同步浆液固结的作用；另外，开仓前，在螺旋机闸门位置注入克泥效进行封堵，增强保压效果，有效降低带压开仓作业风险，且作业结束后克泥效浆液的润滑性能可减少盾构机复推时的推力及扭矩，确保施工安全。

(3)辅助控制盾构始发、接收施工风险

①辅助建立盾构始发时土仓压力，确保始发施工安全

盾构始发时，由于土仓内土压需逐步建立，可能出现因端头土体改良效果不佳导致地面坍塌等事故。始发前，向土仓内注入克泥效浆液，可有效辅助土仓内土压建立，随盾构向前推进，土仓内克泥效被切削下来的渣土置换出来，辅助控制盾构始发风险。

②填充盾体与土层间隙，加强地下水封堵

盾构始发及接收时，均需在洞门环梁外部设置止水密封装置——洞门帘布，防止地下水流失。但实际施工时，密封装置存在一定的安装偏差，密封效果可能达不到施工要求，导致盾构始发、接收时出现涌水、涌砂现象，引起地面坍塌事故。

实际施工过程中，从前盾进入加固体至尾盾出加固体(始发)以及刀盘到达加固体范围前 5 ~ 10 环(接收)，同步从盾体径向孔向盾壳外部注入克泥效，进一步加强地下水封堵效果，有效降低盾构始发、接收施工风险，确保施工安全。

(4)辅助控制盾构长时间停机风险

在土压平衡盾构工法中，保持开挖面土压是非常重要的。盾构机的切削一旦停止，土压平衡工法中的土压保持就无法像泥水加压工法般容易。此时，会考虑使土仓土压跟加泥泵来进行联动以保持所需的正常泥土压。为了达到土仓内的渣土改良以及改善挖掘面前面松软土质的目的，可将克泥效注入土仓内，并启动切削刀头回转进行渣土搅拌，有效地实现土

压的保持。

同时,当盾构处于停工阶段,螺旋机闸门处会出现少量漏水,土砂会逐渐沉淀后堆积在土仓的下半部,一旦遇到挖掘面的崩坏或再度挖掘时,会造成切削刀或螺旋机的扭矩超过负荷。因此,盾构停机前,在靠近螺旋机位置的注入口或土仓的注入口注入克泥效,可以让土仓内部获得完全的填充,也能确保复推时刀盘扭矩、推力等参数不会产生超负荷运转,保障施工安全。

6.2.3 经验小结

(1)根据监测数据反映,在使用克泥效辅助施工时,盾构在不良地质条件下穿建筑物期间沉降速率与未使用克泥效施工相比,沉降趋势较小且平缓,侧面印证采用克泥效辅助施工能够更好地控制盾构掘进时引起的地层变形及地表建筑物的沉降。

(2)本工程采用克泥效辅助带压开仓作业施工,在不良地质及房屋下方成功开仓 40 余仓,更换刀具约 80 把,作业期间土压保持良好,且复推时推力、扭矩等参数较为正常,说明克泥效封堵螺旋机闸门、填充盾体外部间隙及润滑性能较好。

(3)结合实际施工情况,通过调整混合液配合比,可调节克泥效浆液的凝固强度及凝固速度,既起到填充盾体外侧的作用,又能避免盾体卡死的风险。

(4)克泥效辅助施工是一种完全创新的施工方法。一般盾构施工过程中,针对第三阶段沉降趋势毫无措施,只能通过快速掘进、利用同步注浆及二次注浆的方式进行管片间隙填充,从而控制后期沉降。但一旦盾构遇到硬岩地层,掘进速度较慢时,该方式不能及时起到控制沉降的作用。而克泥效技术的应用填补了盾构施工第三阶段沉降控制措施的空白,有效加强了施工风险管控,进一步提高了盾构施工安全。

6.3 三维激光扫描技术

6.3.1 技术概述

在隧道工程施工及运营维护中,隧道测量工作是指导施工及监测隧道结构形变以保障隧道施工和运营安全的重要手段。在隧道测量工作中,传统的全站仪位移变形测量、水准仪高程测量及断面仪断面测量等测量方法已被广泛应用于隧道超欠挖检测、竣工测量及隧道变形监测等工程之中。然而,这些传统的测量手段主要是对施工现场的部分点和断面的数据进行提取,存在工作量大、效率低、观测时段受限等缺点。

三维激光扫描技术兴起于 20 世纪 90 年代,它应用高速激光测距原理,在空间内自动化、高密度、快速、高精度地测量空间实体表面三维空间坐标信息,应用其采集的高密度点云数据可以实现空间实体的“实景复刻”。该技术比传统的水准仪水准测量、经纬仪角度测量、测距仪距离测量以及全站仪空间坐标测量等单一测绘技术具备自动化、高精度、大数据、全息性、数字化空间信息采集的特点。由于该技术具有诸多优点,逐渐受到测绘学界的广泛关注。经过几十年的发展,三维激光扫描技术已日趋成熟,并广泛应用于测绘工程、建筑及构筑物逆向工程、历史文化遗迹保护、高危无人自动化作业、数字娱乐产业、军事侦察及自然灾害监控预警等诸多领域。

三维激光扫描技术能提供视场内有效测程的一定采样密度的高精度点云数据,构建三维模型数据场,能够全面准确地反映监测对象的细节信息。因此,利用三维激光扫描仪采集隧道空间点云数据,可以实现对隧道三维空间信息的实景复刻采样,可集成隧道安全与质量信息,精确得到隧道的整体变形和轮廓信息。应用计算机技术对采集的点云数据进行处理分析,可以提取隧道特征轴线及特征断面,实现对隧道空间结构状态及变形信息的高效、高精度、立体可视化的分析与测量,进而实现其在隧道工程中的施工超欠挖控制以及隧道变形监测等一系列重要应用。

鉴于三维激光扫描技术的诸多优点,对部分区段矿山法隧道开挖面进行自动化监测,以指导后续施工工作的开展,提高工作效率,保障施工质量。

6.3.2　工程概况

1. 总路线概况

10 号线南北向贯穿深圳市区,起自福田区福田口岸站,终至龙岗区平湖中心站,途经福田区、龙华新区和龙岗区。线路全长 29.237 km,采用地下敷设方式,共设站 24 座。最大站间距 4.030 km(梅林东至创新园区间),最小站间距 0.668 km(木古至华南城区间),平均站间距为 1.245 km。10 号线 1012-1B 标起点里程为 DK19 +107,终点里程为 DK21 +525,线路正线长度为 2.418 km。设计线路由龙岗区中浩一路与板澜大道交叉路口位置入地,沿中浩一路向东穿行,下穿依云山庄后进入山岭,下穿托坑水库、平南铁路、220 kV 高压电塔、华南警犬基地、清平高速、秀峰工业园后到达甘坑站。

深圳市轨道交通 10 号线 1012-1B 标包括两站一区间:雪象站(原雪象北站)、雪甘区间以及甘坑站。雪甘区间长达 2.4 km,其中有 1 km 为盾构法隧道,1.4 km 为矿山法隧道(含 157 m 盾构空推拼管片隧道)。区间附属建筑物包括中间风井 1 座、联络通道 4 处(1 号联络通道、2 号联络通道兼中间风井、3 号联络通道和 4 号联络通道)。其中 2 号联络通道设置于中间风井中,距离雪象站约 1 160 m,既作为盾构吊出井,又作为矿山法区间隧道渣土外运井。区间线路最小曲线半径为 500 m,最大纵坡为 14.453‰,隧道覆土埋深约为 5 ~ 87 m。盾构法隧道段采用 2 台土压平衡盾构机施工,盾构管片宽 1.5 m、厚 0.3 m、内径 5.4 m、外径 6 m,每环隧道衬砌由 3 块标准管片、2 块邻接管片和 1 块封顶块管片组成,管片采用通用管片错缝拼装。

2. 区间工程概况

雪象站—雪甘区间中间风井段(图 6-3-1)采用盾构法施工,本区间位于深圳市龙岗区,区间出雪象站后依次下穿坂澜大道、依云山庄、托坑水库、平南铁路、变电站电塔后到达区间风井解体吊出。其中左线设计里程范围为 ZDK19 + 107.033 ~ ZDK20 + 287.693,全长 1 180.66 m(其中实推段 989 m,空推段 191.66 m);右线设计里程范围为 YDK19 +108.029 ~

YDK20 + 292. 450,全长 1 184. 421 m(其中实推段 961. 971 m,空推段 222. 450 m)。区间设置 1 个联络通道,里程为 YDK19 + 706。

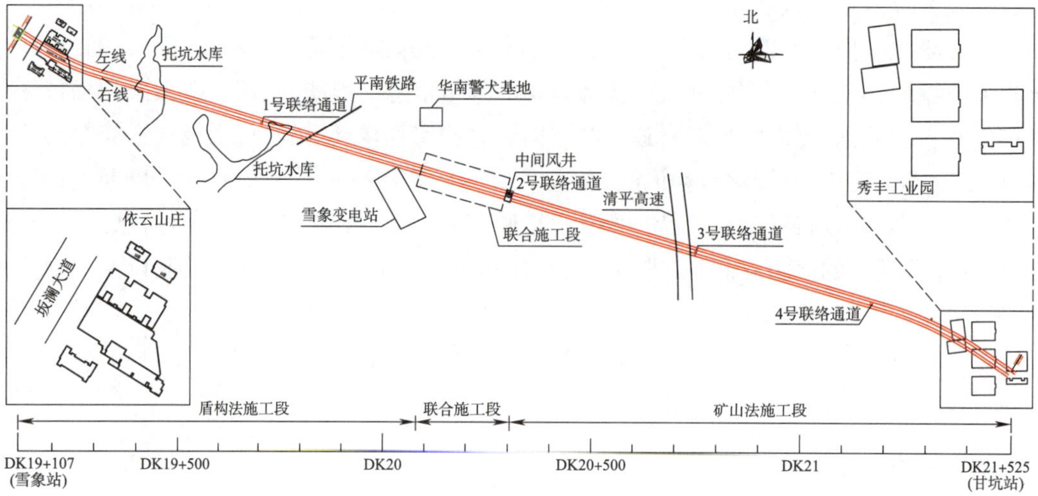

图 6-3-1　雪象站—雪甘区间中间风井线路图

3. 周边环境

雪象站—中间风井,区间沿线通过地区的原始地貌主要为丘陵地貌。地形起伏大,高程 100 ~ 150 m,沟谷发育,坡面段树木成林,杂草丛生,植被覆盖好,总地势东高西低。区间出雪象站(原雪象北站)后横穿坂澜大道、下穿依云山庄后进入山岭,依次下穿托坑水库、平南铁路,后到达中间风井吊出。

4. 工程范围

本方案中涉及的矿山法施工段隧道,位于盾构区间尾部,左、右线线路平面均位于直线上,纵断面位于 14‰的上坡。空推段左线地质剖面如图 6-3-2 所示。

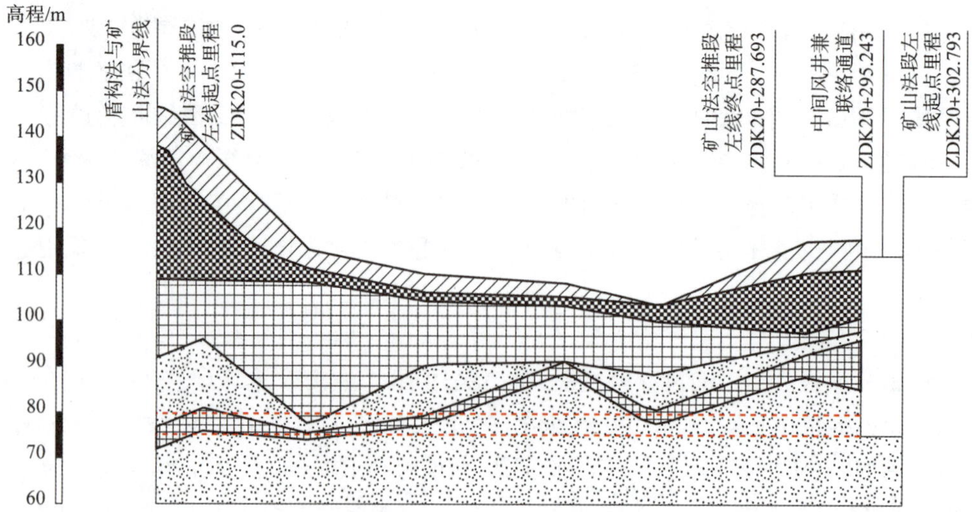

图 6-3-2　左线矿山法隧道段纵断面图

5. 区间线路纵断面设计

该段工程设计采用矿山法施工并进行初期支护，盾构贯通后拼装管片沿混凝土弧形导台通过；隧道防水采用管片自身防水＋管片背后回填豆石＋注浆的方式。根据设计图纸，矿山法隧道为圆形结构，初支采用格栅钢架＋喷射混凝土，共分Ⅲ、Ⅳ、Ⅴ型 3 种断面，设计净空竖向 6. 5 m、横向 6. 4 m，盾构法隧道管片外径 6. 0 m、内径 5. 4 m，刀盘面直径 6. 28 m。不同围岩等级下矿山法隧道与盾构隧道及管片关系如图 6-3-3 所示。

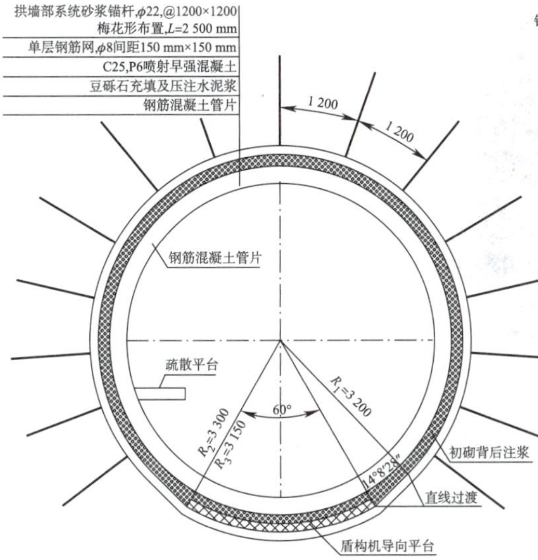

（a）Ⅲ级

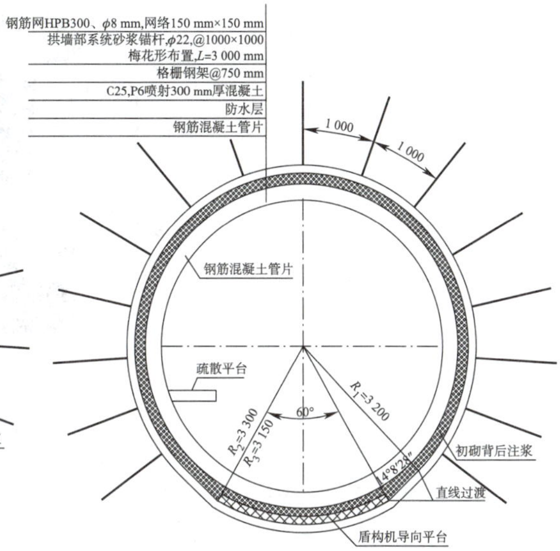

（b）Ⅳ级

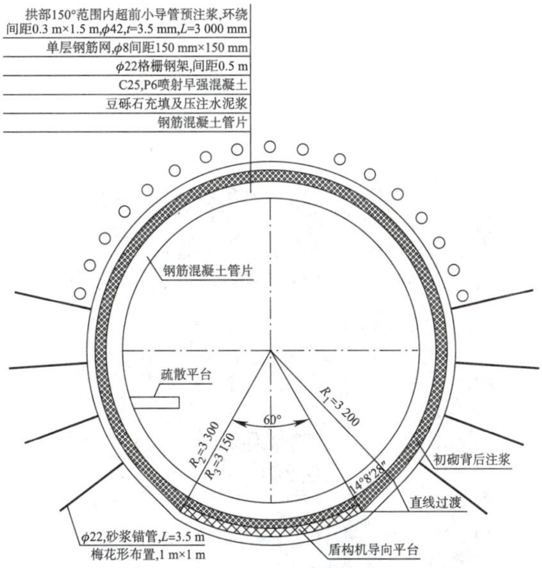

（c）Ⅴ级

图 6-3-3　不同围岩等级矿山法隧道衬砌断面设计图（单位：mm）

6.3.3 应用案例

1. 点云数据采集

本次扫描区间为雪甘区间左线空推段隧道，采用 Leica ScanStation P40/P30 三维激光扫描仪进行扫描，扫描区间长度约为 170 m。图 6-3-4 为 ScanStation P40/P30 扫描仪，扫描仪的现场控制点分布及扫描的测站和标靶布设方式如图 6-3-5 所示，现场扫描如图 6-3-6 所示。

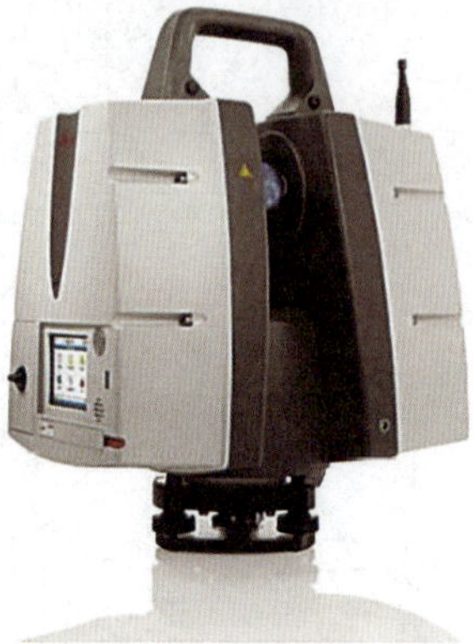

图 6-3-4　ScanStation P40/P30 三维激光扫描仪

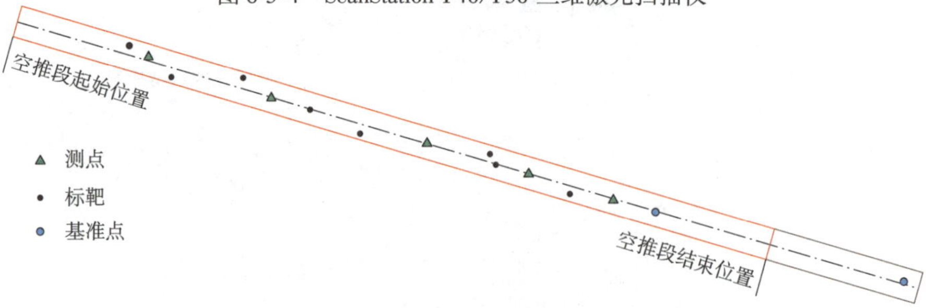

图 6-3-5　扫描的测站和标靶布设方式示意图

图 6-3-6　施工现场扫描

2. 数据预处理

三维激光扫描仪获取的数据量十分庞大,但其中部分点对于隧道断面监测分析来说并不起作用,甚至会起到反面效果。如果使用所有数据,就会放大误差的范围。例如,点云中有跃出扫描设定范围的点、不属于监测对象本身的点等。另外,激光光束在传播过程中可能发生离散效应,离散后接收器会接收到很多杂乱光束。这些反射光束加上隧道管线、现场人员等会造成很多噪声点,这种噪声点在监测对象边缘十分明显。这些点的存在使得结果中保留了大量的冗余数据,影响监测分析的精度和效率,因此就需要在数据分析前去除这些冗余数据。

在采集数据完成后,将扫描得到的数据信息导入到配套后处理软件 Cyclone 中。提取标靶的中心点坐标并进行数据拼接,然后基于控制点的已知坐标将数据转换到统一的坐标系中。再经去噪后,得到的点云图像如图 6-3-7 所示。

(a)隧道轮廓正视图　　(b)隧道轮廓侧视图

图 6-3-7　隧道轮廓扫描点云图像

借助 Geomegic 软件,基于上述去噪后的点云数据生成隧道结构的三角网实体模型,如图 6-3-8 所示。通过三角网实体模型可以较好地反映隧道轮廓的基本形状,便于从整体上观察隧道的开挖质量。

图 6-3-8　隧道结构的三角网实体模型

3. 断面提取

由于上述三角网实体模型只能大致反映隧道轮廓,而无法精确检测出隧道超欠挖量以及位置，因此隧道超欠挖的检测方法通常是选取固定断面进行断面轮廓分析。在本工程中，隧道超欠挖质量检测主要检测实际施工断面与隧道初期支护设计断面的吻合情况。另外，盾构空推段还应保证隧道开挖面净空能够包络整个盾构机刀盘面，以便盾构机向前空推不致被前方突出障碍物卡住；同时也应排除超量开挖的情况。因此，本次扫描的一个重要目的是检测出超欠挖部分，并予以充填或凿除。

按照设计要求，在三维激光扫描点云数据配准后，将整个隧道的点云数据以 5.0 m 的间隔切取 34 个断面，如图 6-3-9 所示，为了便于查看，图中只显示了部分切取断面。

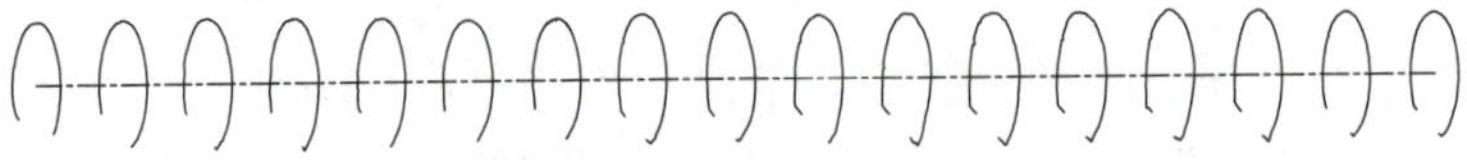

图 6-3-9　空推段隧道断面切取(部分)

由于点云数据是由若干离散空间坐标点构成的离散点集，在任意断面的部分位置不一定存在采集点，而在另一部分位置却存在过量采集点。过少的采集点会使得信息量不足；过量的采集点则会使数据处理速度变慢。因此，在断面切取过程中，应赋予一定宽度 d 提取断面点云数据。对比 d 为 2 cm、6 cm、10 cm 和 20 cm 时断面所切取的点云情况，如图 6-3-10 所示。由图 6-3-10 可见，d 值越小，截面所包含的邻域点云越少。由于采集数据的密度限制，若 d 值过小，会造成提取的断面信息缺失，而较宽的切取宽度能够根据断面附近信息改善断面的信息缺失情况，避免断面的片面性和偶然误差。经测试，取 $d=6$ cm 时，断面点云数据包含的信息已足够。

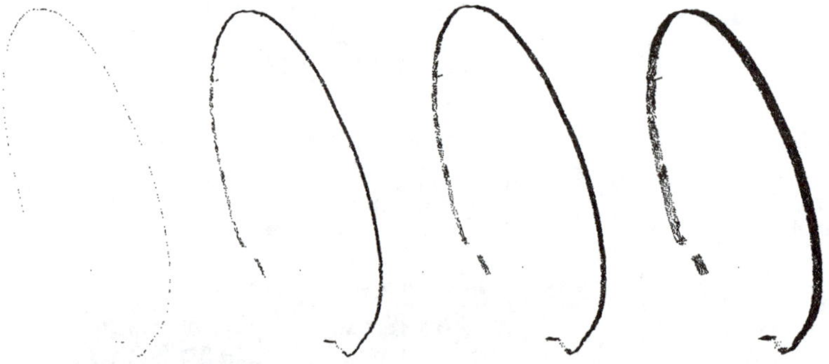

(a) $d=2$ cm　(b) $d=6$ cm　(c) $d=10$ cm　(d) $d=20$ cm

图 6-3-10　不同切取宽度的隧道断面点云数据

6.3.4　经验小结

1. 超欠挖分析

在隧道开挖过程中，对初支后施工隧道进行断面测量并比对设计断面计算超欠挖情况对指导隧道工程后续施工具有重要意义。本次分析根据提取的断面点云数据，采用 B 样条曲线进行拟合，并与初期支护设计断面进行直观对比，检测隧道施工质量，得到初期支护的最大超挖量、平均超挖量、最小欠挖量等数据。图 6-3-11 显示了几个代表性的初期支护断面的拟合曲线以及与设计断面的对比。

由于在进行初期支护施工时隧道开挖需遵守“尽量减少超挖、严格控制欠挖”的施工原则，故在进行隧道初期支护施工时，开挖断面往往会计划外放一定尺寸，通常 5 cm 左右，以免施工误差及隧道结构形变导致隧道侵入二次衬砌界限，所以从断面图中可见明显的超挖情况，部分断面存在欠挖情况。

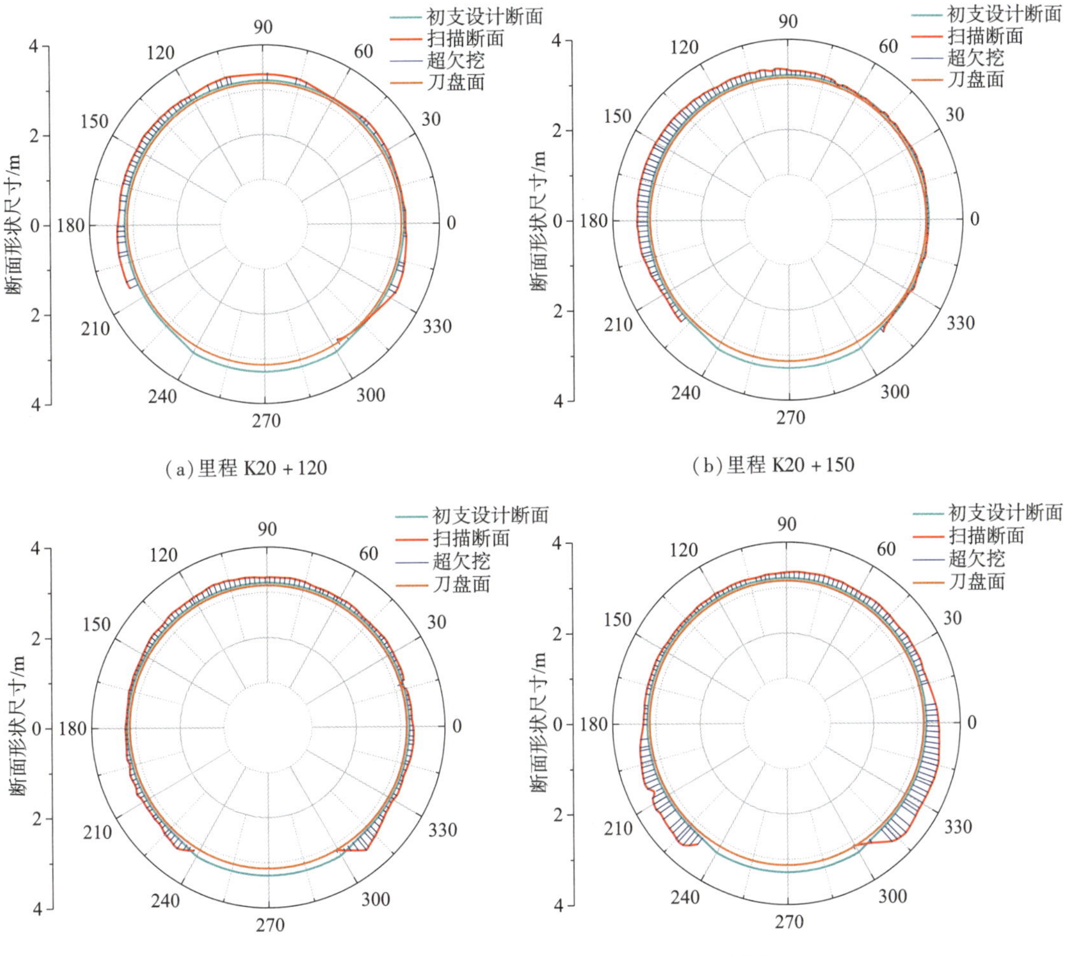

(a) 里程 K20 + 120　　(b) 里程 K20 + 150

(c) 里程 K20 + 250　　(d) 里程 K20 + 285

图 6-3-11　空推段隧道断面示意图

2. 施工效果改进

为进一步量化分析超欠挖情况，对 34 个断面的扫描情况进行了统计分析，结果见表 6-3-1。由表 6-3-1 可以看出，区间隧道超挖量偏大，每个断面均出现了不同程度的超挖现象。对图 6-3-11 所示的 4 个断面进行分析，计算得到 4 个截面超挖面积分别约为设计断面的 8. 49%、8. 13%、8. 57% 与 13. 81%，前三个断面超挖面积均控制在了 10% 以下，较好地达到了控制标准，对于第四个截面，在得到了超挖部分比例后，也能够较好地进行注浆补救。

表 6-3-1　隧道断面超欠挖情况统计

断面序号	里　程	是否欠挖	是否侵限刀盘面	欠挖比例/%	最大超挖量/cm	最大欠挖量/cm
1	K20 + 120	是	是	1. 3	22	12
2	K20 + 125	否	否	—	25	—
3	K20 + 130	否	否	—	39	—
4	K20 + 135	否	否	—	53	—
5	K20 + 140	否	否	—	44	—
6	K20 + 145	是	否	4	46	1
7	K20 + 150	是	是	37	26	7
8	K20 + 155	否	否	—	27	—
9	K20 + 160	是	是	3. 3	30	8
10	K20 + 165	否	否	—	50	—
11	K20 + 170	否	否	—	64	—
12	K20 + 175	否	否	—	69	—
13	K20 + 180	否	否	—	54	—
14	K20 + 185	否	否	—	56	—
15	K20 + 190	是	否	5	55	3
16	K20 + 195	是	是	20. 7	25	7
17	K20 + 200	是	否	20	22	4
18	K20 + 205	否	否	—	21	—
19	K20 + 210	是	是	1. 3	22	10
20	K20 + 215	否	否	—	37	—
21	K20 + 220	是	否	0. 7	38	3
22	K20 + 225	否	否	—	39	—
23	K20 + 230	否	否	—	33	—
24	K20 + 235	是	是	25. 3	43	22
25	K20 + 240	是	否	0. 7	40	6
26	K20 + 245	是	否	1. 3	30	2
27	K20 + 250	否	否	—	34	—
28	K20 + 255	是	是	27. 2	46	11
29	K20 + 260	是	是	11. 8	46	8
30	K20 + 265	否	否	—	44	—
31	K20 + 270	否	否	—	58	—
32	K20 + 275	否	否	—	64	—
33	K20 + 280	是	否	7. 3	70	6
34	K20 + 285	否	否	—	46	—

此外，共有15个断面出现欠挖情况，其中断面7、16、17、24、28和29欠挖严重，欠挖比例超过10%。尤其是断面7，虽然最大欠挖值不大，但整个断面欠挖比例却高达37%，表明初期支护施工存在一定的质量问题。超挖断面中有8个断面由于欠挖值超过控制界限，已直接影响盾构机向前空推。为避免盾构机掘进过程中受到阻碍，需要对这些断面的欠挖部分进行二次开挖凿除。

根据现场复核，由三维激光扫描技术确定的隧道断面超欠挖位置与实际情况非常吻合。基于超欠挖统计分析结果，对超挖截面进行注浆补充，对欠挖截面进行开凿修复工作，最终盾构机顺利空推通过矿山法隧道段。

3. 结论

(1)三维激光扫描技术作为一项先进的技术，可以准确、快速地获取隧道空间数据，提高了测量施工作业效率，其测量精度能够满足隧道结构监测的要求。

(2)通过对10号线1012-1B项目空推段隧道34个截面进行三维激光扫描，得到15个截面欠挖、所有截面都超挖的结果。对4个断面分析得到超挖比例分别为8.49%、8.13%、8.57%与13.81%，基本满足控制要求；欠挖截面由于影响盾构机空推，有8个欠挖截面需进行二次开凿修复。

(3)本次扫描工作在短时间内完成了项目空推段隧道的结构轮廓数据采集，清晰地反映了隧道实际施工轮廓线与设计尺寸的吻合情况。通过对比可以方便地检查施工质量，并针对性地采取开凿修复措施。实际施工效果表明，三维激光扫描技术值得在城市地铁隧道净空及变形相关的监测中推广应用。

6.4 复杂地层刀具管理技术

6.4.1 工程概况

6号线二期深圳北站—梅林关站区间(以下简称“深梅区间”)从深圳北站预留工程接口处开始，沿新区大道中央绿化带布置，整体呈南北走向，至石龙路口盾构井处转至地下进行盾构施工，区间全长1 626.285 m。区间线路最小曲线半径350 m，线间距4.7～15.2 m；梅林关始发井至书香小学为下坡，最大纵坡28‰；书香小学至U形槽接收井为上坡，最大纵坡29.8‰，隧道埋深5～35 m。

深梅区间地层复杂多变，一条隧道同时出现多种地层，其中最为典型的有隧道拱顶超厚杂填土地段、全断面硬岩、上软下硬、孤石、风化夹层等地层软硬不均的复合地层。根据地质勘察报告揭示，全断面硬岩层，最大单轴抗压强度约90 MPa，最小单轴抗压强度21.5 MPa，标准值67 MPa。实际补充勘察发现岩石强度为68.8～141 MPa。深梅区间地质剖面如图6-4-1所示。

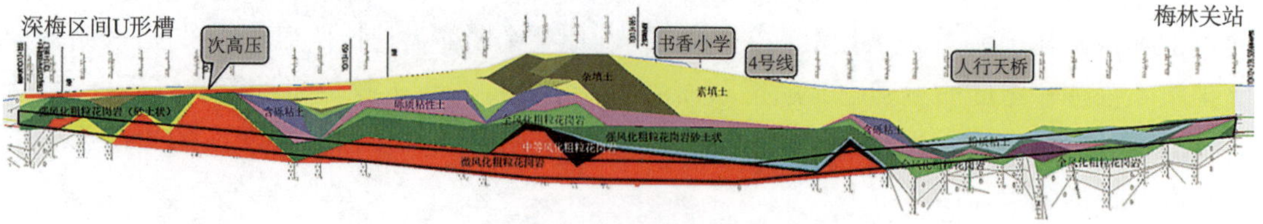

(a)左线地质纵断面图

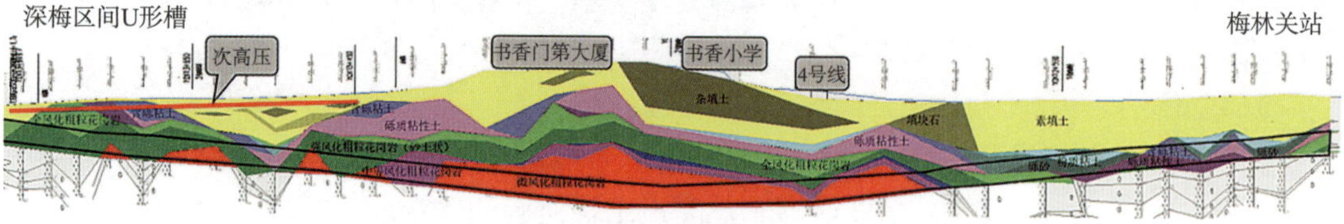

(b)右线地质纵断面图

图 6-4-1　深梅区间地质断面图

6.4.2　刀具损坏分析

1. 硬岩段刀具整体情况分析

深梅区间全断面硬岩共计 713 环,其中既有盾构右线全断面硬岩 200 环,新增盾构右线全断面硬岩 160 环;既有盾构左线 198 环,新增盾构左线 155 环。区间由 4 台复合式盾构机组织完成隧道掘进任务,深梅区间由于地质条件过于复杂,在全断面硬岩及上软下硬地层中掘进时经常出现刀圈崩裂、刀具偏磨严重等一系列非正常磨损状况,如图 6-4-2 所示。

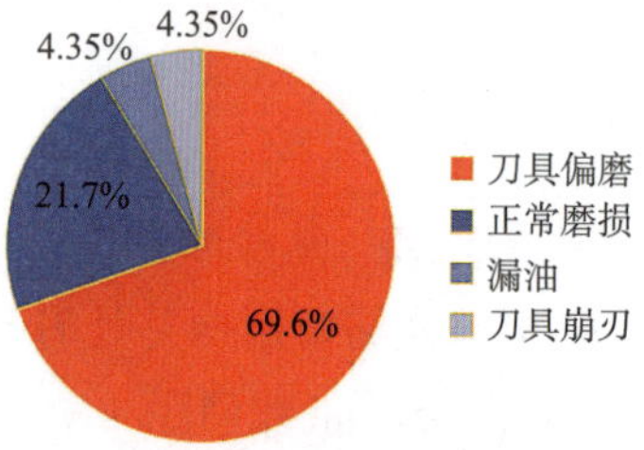

(a)左线刀具磨损统计饼状图

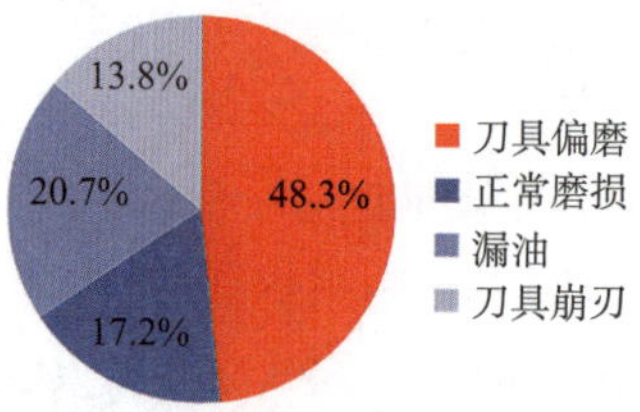

(b)右线刀具磨损统计饼状图

图 6-4-2　刀具损耗情况统计图

2. 刀具易损状态分析

(1)刀具在复杂地层掘进偏磨原因分析

①盾构机泡沫系统多路堵塞,不能对地层进行良好的渣土改良,不能对刀具进行有效降温。

②隧道拱顶杂填土覆土过厚地层松散,盾构掘进时漏气严重,辅助气压模式不适用,仓内结泥饼导致刀具停止转动。

③刀具启动扭矩过低,浮动密封间隙过大,在高中压掘进时容易将泥砂压进挤入刀轴污

染轴承，如图 6-4-3 所示。

（a）刀具轴承进泥砂　　（b）轴承被油污及泥砂糊死　　（c）新刀漏油

图 6-4-3　刀具易损现象

④刀具启动扭矩调至过高，在软土中掘进时不能提供足够扭矩供刀具旋转。

⑤使用旧刀或简易维修过的刀具时，刀具内混有杂物引起浮动密封划伤失效。

⑥使用新刀，但刀具进场后没有得到妥善存放导致刀具经过日晒雨淋后出现漏油或密封老化，轴承锈死。

⑦刀具在上软下硬地层受到较大撞击或偏载受力使刀具轴承的承载面点蚀剥落，剥落的金属片及颗粒使密封失效。

（2）刀具在复杂地层掘进刀圈断裂、脱落，刀毂压痕原因分析

①滚刀在软硬不均地层施工时，滚刀不易实现纯滚动，造成滚刀时转时不转现象，容易发生刀圈断裂，如图 6-4-4 所示。

（a）刀具刀圈断裂　　（b）刀具刀圈脱落　　（c）刀具刀毂压痕

图 6-4-4　刀圈断裂、刀毂压痕图

②掘进过程中，由于地层突然变硬、刀盘某些部件脱落或其他铁件卡在刀刃与底层之间，会导致刀圈局部过载而使刀圈应力集中发生断裂，同时刀圈与刀体配合过盈量未达到要求也会造成刀圈断裂。

③岩石条件急剧变化或换刀不合理（相邻刀具磨损量相差较多）也会造成个别刀具过载，导致刀圈断裂。

④掘进过程中，强度较高的大石块或崩断的正面齿刀、边刮刀、刀齿、断掉的刀圈，掉落的楔块、压块、拉紧块、螺栓、换刀工具等挤卡在刀体某个部位，使其受挤压变形引起刀具滑动密封失效。

⑤部分盾构机中心滚刀的安装方式设计不合理，盾构机在硬岩及上软下硬地层中掘进时极易发生连接螺栓断裂的现象，脱落的铁件进入土仓后对其他刀具造成损伤，如图6-4-5所示。

图6-4-5　仓内异物、刀具配件掉落

⑥掘进参数控制不到位，使得刀盘扭矩忽大忽小跳动较大，导致个别刀具刀圈表面产生疲劳裂纹，逐步扩展导致微观断裂，最终导致刀圈炸裂或脱落。

6.4.3　解决措施

(1)采用17英寸山东易斯特重型滚刀，在全断面硬岩掘进中刀具启动扭矩值设定为30 N·m。对刀圈硬度下调，由原来的54～56 HRC调至47 HRC，刀毂硬度由原来的30～40 HRC调至42 HRC，从而提高刀圈耐冲击性、刀毂耐磨性。

(2)对拉紧块刀具螺栓进行改造，在螺钉六角处打孔，使用过程中用一根铁丝将两颗相邻螺栓互穿相连。

(3)对刀具端盖螺栓进行点焊并涂抹密封胶，防止螺栓退出卡住刀箱。

(4)掉落三角块补焊时，采用两块三角板固定的形式。如现场条件实在不满足焊接两块三角板，可以采用一块较厚的三角板同时加大焊口，保证焊接强度。

(5)刀箱尽量打磨平整，将三角块抵紧，减小三角块活动范围。将抵住三角块的三角板采用二保焊焊接，焊缝需饱满，保证焊接质量。

(6)为了防止补焊的三角块再次掉落至土仓，三角块用钢丝与刀箱连接，连接方式可采用在三角块侧面和刀箱侧壁焊接螺母的形式，同时采用钢丝绳连接。

(7)将刀箱使用网兜封闭起来。刀具后部添加，可采用刀箱侧壁或后部焊接螺母固定网兜，钢丝网兜质量要好，进一步防止三角块掉落至土仓，如图6-4-6所示。

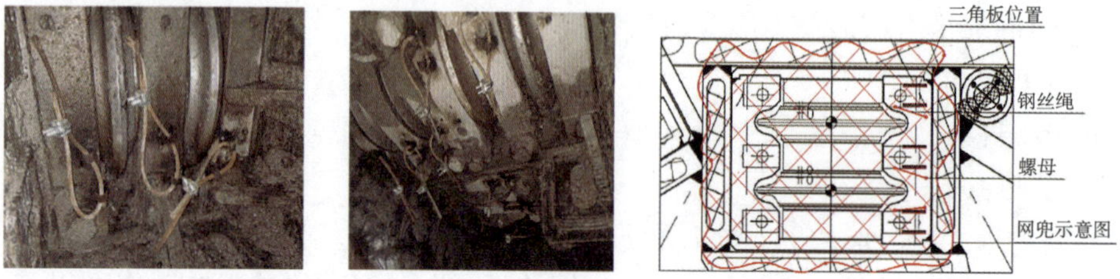

图6-4-6　对于易掉落的刀具配件采取的措施图

6.4.4 经验小结

刀具的损耗问题一直是盾构施工中的突出问题，造成刀具损坏的原因多种多样，因此在复杂地层中掘进，刀具管理非常重要。

深梅区间涵盖孤石、全断面硬岩、上软下硬等复杂地层，在盾构掘进过程中采取针对性的刀具管理措施，取得了较好的效果，可为类似工程提供参考。

6.5 锚索跟管钻进套取技术

6.5.1 工程概况

9 号线二期工程粤海站—学府路站区间左线起讫里程 ZDK4 +636.80 ~ ZDK3 +742.50，长链 0.652 m，长 895.002 m；右线起讫里程 YDK4 +636.80 ~ YDK3 +742.50，长 894.35 m。采用盾构法施工，盾构机从学府路站始发，从粤海站吊出，区间设联络通道兼废水泵房一座。

芒果网大厦基坑及怡化金融科技大厦基坑的部分预应力锚索倾入盾构隧道，锚索影响区段对应的里程为 ZDK3 +802.710 ~ YDK3 +895.000，长度约为 93 m，影响区段内共有锚索 83 束，单束锚索长 21 ~26 m。基坑锚索与隧道平面关系如图 6-5-1 所示。

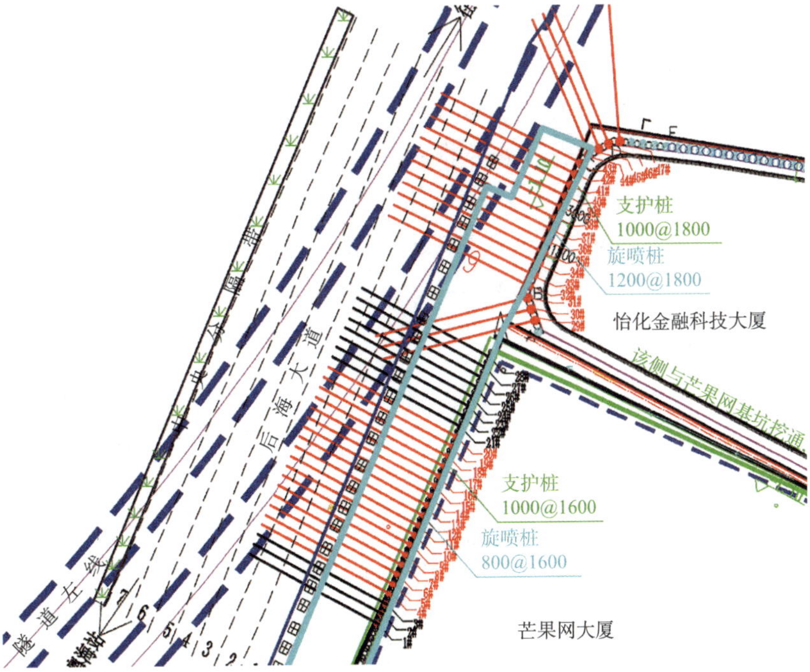

图 6-5-1 基坑锚索与隧道平面关系图

1. 芒果网大厦基坑

根据设计图纸显示，芒果网大厦基坑的预应力锚索为基坑支护。锚索锚固于支护桩间的旋喷桩中，每根旋喷桩竖向设置 3 束锚索，锚索采用 3 ×7ϕ5 mm、材料为 1 860 MPa 的高强钢绞线，设计抗拔力为 240 kN、300 kN、350 kN，竖向间距为 3. 6 m，水平间距为 1. 6 m，向下倾角为 20°。单束锚索长 24 m、26 m，锚固段长 17 m、19 m，自由端长 5 m、7 m、9 m。粤学区间右线隧道与芒果网大厦基坑剖面关系如图 6-5-2 所示。

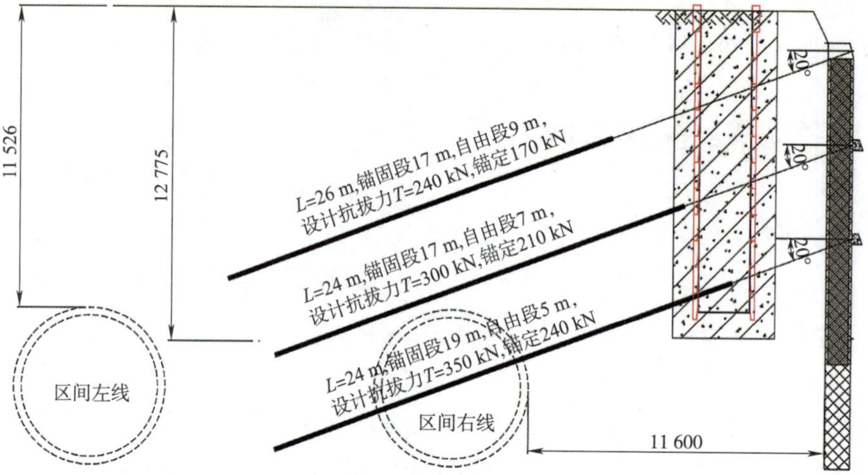

图 6-5-2　区间隧道与芒果网大厦基坑关系图(单位:mm)

2. 怡化金融科技大厦基坑

根据设计图纸显示，怡化金融科技大厦基坑的预应力锚索为基坑支护。锚索锚固于支护桩间的旋喷桩中，每根旋喷桩竖向设置 3 束锚索，锚索采用 4 ×7ϕ5 mm、材料为 1 860 MPa 的高强钢绞线，设计抗拔力为 350 kN、400 kN、450 kN，竖向间距为 3. 5 m，水平间距为 1. 8 m，向下倾角为 15°、20°。单束锚索长 21 m、24 m、2 m，锚固段长 16 m、18 m、19 m，自由端长 5 m、8 m。粤学区间与怡化金融科技大厦基坑剖面关系如图 6-5-3 所示。

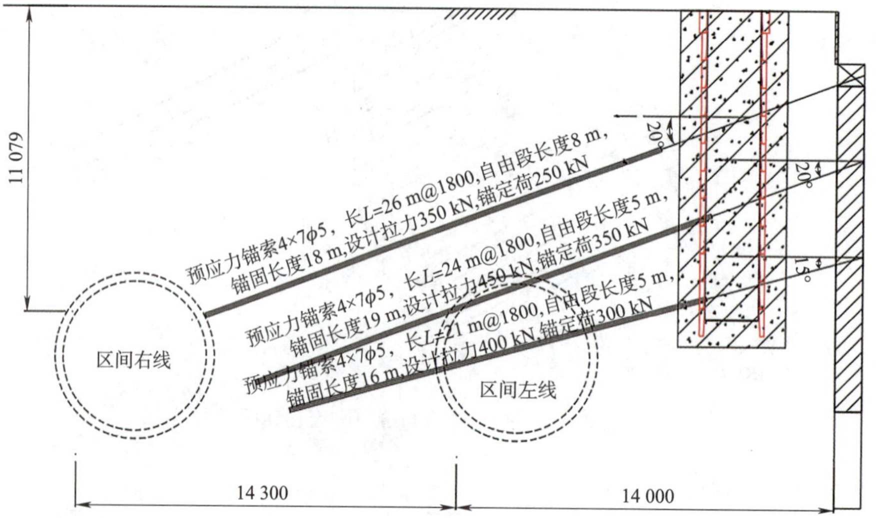

图 6-5-3　区间隧道与怡化金融大厦基坑关系图(单位:mm)

6.5.2　关键技术

跟管钻进套取法的工作原理是将锚索套进特制套管(空心钻杆)内,通过钻机沿着锚索方向掘进,直至钻到锚固体端头,破除锚索周围的锚固体,从而将锚索拔除。

1. 竖井施工

竖井净空大小 2.5 m×3.5 m,竖井护壁厚度 20 cm,护壁形式为喇叭状(除第一节外),护壁混凝土强度等级 C25。护壁配筋情况:第一节(含锁口)横向钢筋型号为 ϕ14、间距 20 cm,竖向钢筋型号为 ϕ14、间距 20 cm;其他护壁横向钢筋型号为 ϕ14、间距 10 cm,竖向钢筋型号为 ϕ12、间距 15 cm。钢筋搭接长度不小于 25 cm,钢筋均使用 HRB400 级。竖井结构设计图如图 6-5-4 所示。

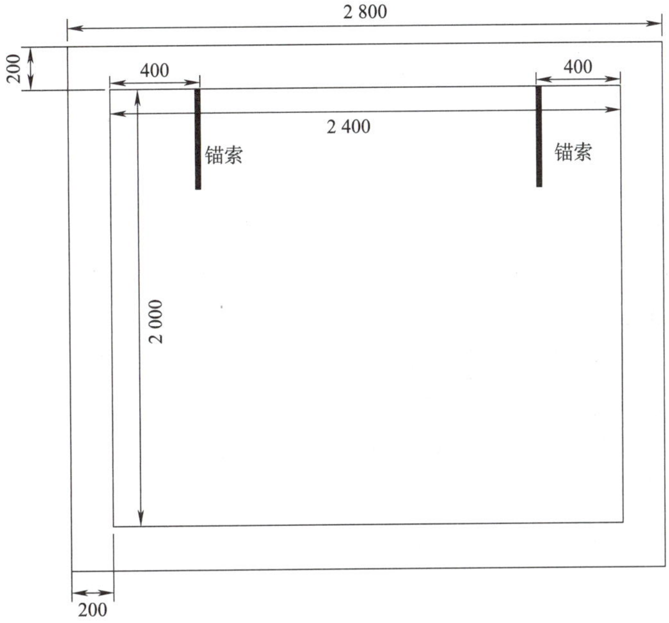

图 6-5-4　竖井结构设计图(单位:mm)

2. 设备配置

采用 FDP-6A 型非开挖导向钻机,由于本次工程场地所限,对 FDP-6A 型钻机进行改造,由整体改为分体,将长型改为短小型,以适应窄小竖井,如图 6-5-5 所示。改进后的钻机技术参数如下:设计压力为 32 MPa,扭矩为 1 800 kN · m,起拔力为 6 t,行程 1 m,前后支架可调角度为 5°~26°。

3. 技术要求

(1)要求钻机定位准确,钻杆前进方向必须与锚索方向一致,随时掌握掘进情况,及时调整参数及钻机角度,避免钻头切削锚索。

(2)要求钻头能破除锚固体而不损伤锚索本身。因锚索在土层中的情况未知,且受施工本身影响和长期的重力影响,锚索很难保持直线形态,使得钻头在掘进时极易损害锚索本

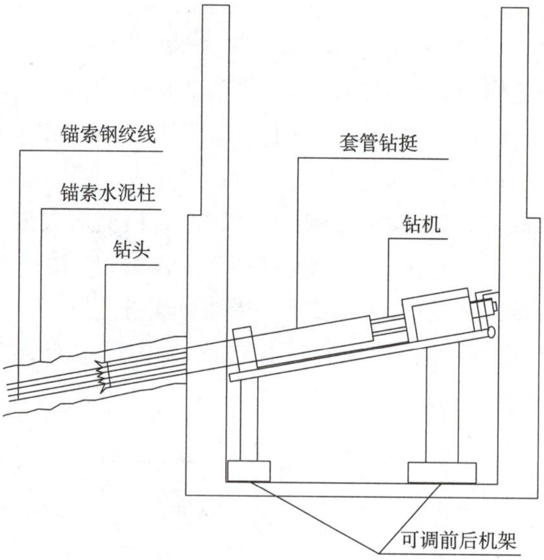

图 6-5-5　FDP-6 型(改造型)钻机

身,一旦锚索被钻断,里面的锚索将很难取出,将会给后期盾构施工造成极大麻烦。为此,本试验采用喇叭形钻头,钻头的顶端镶上半球形合金,钻头外径为 130 mm。

(3)由于本次需套取锚索较长(最长达 26 m),如果只采用同一种类型的钻杆掘进,后期将无法提供足够的动力带动钻杆。为此,在本次试验中采取了一种减小钻杆与周围土体摩阻力的方法——“先大后小法”,即在钻机就位后,沿着锚索方向先采用大钻杆钻进(大钻杆为:ϕ200 mm 钻头,ϕ180 mm 钻杆,钻杆单根长 48 cm),将孔口 10 m 的土体全部松动并通过高压泥浆泵将土体冲洗出来,以减小后期小钻杆与周围土体的摩阻力。然后将大钻杆取出,换成小钻杆钻进(小钻杆为:ϕ138 mm 钻头,ϕ108 mm 钻杆,钻杆单根长亦为 48 cm),直至锚固端头。

(4)在掘进过程中,需严控制好泥浆密度,随时检测泥浆密度,根据现场抽检情况,泥浆密度基本稳定在 1.0 ~1.2 g/cm^3 之间。同时,随时注意泥浆泵的压力,一般控制在 0.5 ~0.8 MPa 之间。

6.5.3　施工工艺

1. 工艺流程

锚索套取施工工艺流程如图 6-5-6 所示。

2. 操作要点

(1)调整钻机、精确角度

锚索能否套取成功的关键因素在于钻机的最终定位是否准确。钻机定位不准,有可能直接将锚索切断,导致后面锚索无法拔出。

根据两点确定一条直线的原理,现场将围护桩一侧护壁凿除,找出原切断锚索头,通过

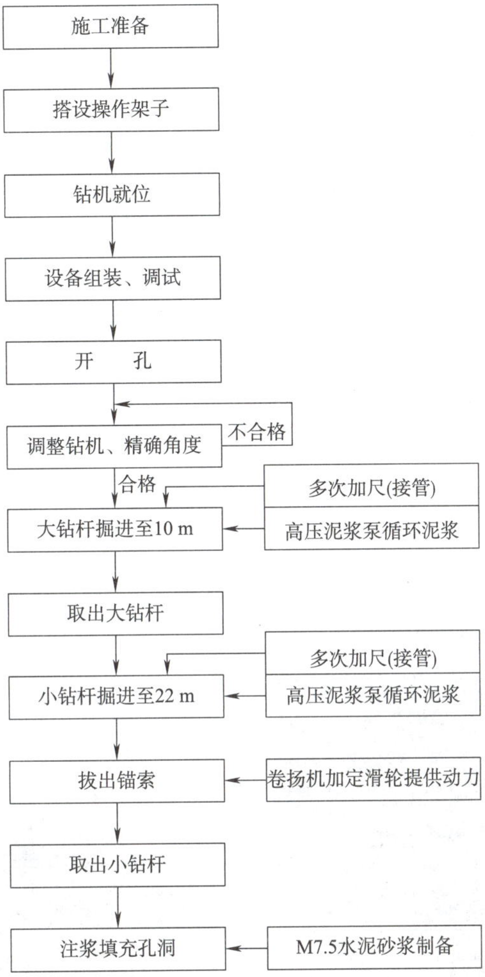

图 6-5-6 锚索套取施工工艺流程

两端锚索头量出锚索与水平面的夹角(根据现场量测,本条锚索与水平面实际夹角为21.5°,设计角度为20°),然后通过手拉葫芦调整钻机,将钻机角度调整为与锚索同一角度,如图6-5-7所示。

(2)大钻杆钻进技术

为减小后期小钻杆掘进时与周围土体的摩阻力,在小钻杆掘进前采用大钻杆掘进10 m,将前10 m孔口的土体通过高压泥浆泵冲出。大钻杆掘进时钻头大小为ϕ200 mm,钻杆直径为180 mm,单根钻杆长度为48 cm,钻杆与钻杆通过内丝连接,单根大钻杆全部掘进

图 6-5-7 现场调整钻机角度

土层中所需时间基本在 10 ~ 12 min,加钻杆操作时间大约 7 min。钻机掘进时转速在 20 r/min 左右。钻进至 10 m 左右时将大钻杆一一取出,将大钻头换成小钻头继续掘进。

(3)小钻杆钻进技术

取出大钻杆后,将 ϕ200 mm 大钻头换成 ϕ130 mm 小钻头继续掘进,由于前 10 m 基本已被大钻头洗空,只需要加管,进尺速度较快。

本工程当进尺至 10 m 后速度开始减慢,10 ~ 15 m 之间每根小钻杆掘进所需时间基本保持在 11 ~ 13 min,加钻杆操作时间大约 6 min。随着进尺的加深,钻杆与周围土体的摩阻力加大,掘进速度越来越慢,15 ~ 21 m 之间每根小钻杆掘进所需时间基本保持在 14 ~ 16 min,钻机掘进时转速在 20 r/min 左右。当钻至 22 m 时(第 46 根钻杆),油压表压力突然减小,掘进速度加快,根据实际经验,此时已钻穿锚固体,将锚索头固定在钻机上,通过钻机能轻松带动整条锚索,说明此时已经钻穿整个锚固体,无需再加钻杆。

(4)锚索拔除技术(图 6-5-8 ~ 图 6-5-10)

将锚索头固定在钻机机头上往外拔,每拔出 50 cm 需重新固定。当锚索拔出将近 3 m,采用卷扬机加定滑轮的形式将锚索拔出,即卷扬机卸扣扣住锚索头,在钻机位置安装一个定滑轮,致使锚索在卷扬机的拉动下顺着定滑轮滑动,以此将锚索全部从土层拔除。

图 6-5-8　钻机带动锚索

图 6-5-9　卷扬机加定滑轮拔锚索

图 6-5-10　锚索套出(长 22 m)

6.5.4 监控量测

竖井开挖过程中核实地质情况，了解土体的自立性和支护结构的变形、开裂、地下水渗漏等情况，以及地表或上方的建(构)筑物变形、下沉、开裂情况。锚索套取过程中，在井内及地表设收敛、沉降观测点，密切监测变化情况，同时派专人巡视周边情况，一旦发现收敛及沉降超标、井壁开裂等情况，根据情况采取相应措施或直接停止锚索钻进套取施工。

6.5.5 经验小结

1. 竖井施工

(1)有毒有害气体应采用专门仪器检测并安排专人记录，每次下井操作前，必须检查井下气体，预防窒息、中毒等。

(2)当竖井开挖深度超过5 m时，应在井底以上3 m左右处的护壁凸缘上设置密眼钢筋做成的安全防护网，防护网的大小为竖井尺寸的一半，在吊桶上下时，作业人员必须站在防护网下面，停止挖土，保证安全。

(3)竖井内必须放置爬梯，随挖掘深度增加放长至工作面，以作安全使用。

(4)施工场内的一切电源电线的安装和拆除必须由持证电工专管，电器必须严格接地、接零和使用漏电保护器。

2. 锚索套取

(1)使用前检查机械设备各部件是否正常。

(2)机械使用时应严格遵守规定，切忌超高超载。

(3)重物重心要选择适中合理，底部要垫平，同时要考虑底面软硬条件，是否要衬垫坚韧的木材等，放置是否平稳，以免严重下陷或倾斜。

(4)使用过程中应避免钻机剧烈振动。

(5)注意观察护壁的受力情况，发现护壁受力变形过大而开裂时，应及时加横撑。

第7章　深圳地铁盾构创新技术应用展望

盾构问世至今已有近200年的历史,始于英国,发展于日本和德国。我国盾构技术经过70余年的积累,已处于世界先进水平。今后,盾构技术将致力于"更安全、更环保、更高效、更经济、更智能"。

7.1　双模式盾构

随着地质条件和周边环境的复杂多变,单一模式盾构已无法满足工程建设需要。针对区间隧道既有硬岩又有软土的复杂地质情况,深圳地铁四期工程将一次性投入16台土压平衡/TBM双模式盾构,将累计掘进31 km、完成模式转换30次。实现同一区间隧道土压平衡盾构模式和硬岩TBM模式的相互转换,减少盾构设备投入数量和始发、吊出井的数量,降低工程投资的同时,也减少对沿线自然及人文环境的干扰和破坏,可取得较大的经济和社会效益。

7.2　类矩形盾构

随着城市的快速建设和发展,城市地下空间不断开发,可利用地下空间不断减少,特别在城市核心区域。类矩形盾构工法可有效节约城市地下空间,更好地适应更为复杂的城市环境。在深圳地铁5号线西延线折返线区间隧道施工中,将首次采用类矩形盾构法,开挖断面尺寸11.50 m×6.94 m,并针对深圳特殊地层,重点对刀盘结构形式、主驱动及拼装系统等关键部件进行针对性设计和优化。同时,计划在12号线二期工程中首次采用类矩形盾构施工地下车站。

7.3　新型联络通道盾构

联络通道是位于地铁区间上、下行线之间的一项消防疏散工程,目前此类工程多为现浇结构,采用矿山法施工,辅以冻结或注浆加固。施工工艺存在施工工期长、安全风险大、质量管控难和工程造价高等问题。

为有效解决上述传统工法联络通道施工问题,深圳地铁计划在五期工程中首次应用联络通道盾构。采用盾构法施工联络通道,主要有以下技术:(1)地铁盾构隧道内置式泵房技术;(2)既有地铁盾构隧道装备集成技术;(3)复杂盾构结构受力体设计技术;(4)微加固始发与到达技术；(5)联络通道快速施工技术；(6)高精度推进技术；(7)精细化、信息化施工管理技术。

7.4　新型辅助技术

1. 刀具状态智能感知技术

刀具状态智能感知技术主要对刀具温度、磨损量及滚刀转速等主要参数进行智能感知，并通过监测界面进行实时传输显示。

2. 土压平衡盾构渣土连续化运输系统

土压平衡盾构掘进渣土通过螺旋输送机、U形转渣槽、隧道水平皮带机及竖井垂直皮带机运送至地面渣土池，以实现连续化出渣，从而提高土压平衡盾构的施工效率。

参 考 文 献

[1]张书起,胡德华,段志宏,等.盾构隧道孤石地层探测及处理关键技术[M].北京:中国铁道出版社,2018.

[2]竺维彬,鞠世健,等.复合地层中的盾构施工技术[M].北京:中国科学技术出版社,2006.

[3]竺维彬,鞠世健,等.地铁盾构施工风险源及典型事故的研究[M].广州:暨南大学出版社,2009.

[4]竺维彬,钟长平,米普生.衡盾泥辅助盾构施工技术[M].北京:人民交通出版社,2019.

[5]刘建国.深圳地铁盾构隧道技术研究与实践[M].北京:人民交通出版社,2011.

[6]胡琦佳.三维激光扫描技术在隧道工程监测中的应用研究[D].成都:西南交通大学,2013.

[7]徐正元.基于三维激光点云数据的隧道断面提取及应用研究[D].长春:吉林建筑大学,2018.

[8]沈宁.三维激光扫描技术在隧道变形监测中的应用研究[D].泰安:山东科技大学,2017.

[9]唐志强.双护盾 TBM 在城市轨道交通中应用的关键技术[J].铁道标准设计,2016,60(11):81-89.

[10]赵小龙.复合式 TBM 小半径通道步进技术[J].四川建材,2016,42(6):130-132.

[11]赵岗领,王立川.城市地铁盾构通过暗挖隧道施工案例[J].隧道建设,2010,30(3):298-303.

[12]吕向红,杨冬梅,郑青.全断面卵石地层盾构近距离下穿地铁区间隧道施工技术[J].现代隧道技术,2013,50(5):152-158.

[13]周智辉.复合式土压平衡盾构机在高强度硬岩中的掘进技术分析与研究[J].现代隧道技术,2018,55(6):204-209.

[14]贾科.极硬岩层条件下盾构推进参数的优化[J].路基工程,2010(3):164-166.

[15]杨海涛.土压平衡盾构机过全断面硬岩刀具异常磨损分析[J].文摘版:工程技术,2015(4):90-92.

[16]宋天田,周顺华.复合地层条件下盾构刀盘设计研究[J].地下空间与工程学报,2007,3(3):479-482.

[17] 钟长平,竺维彬,周翠英.花岗岩风化地层中盾构施工风险和对策研究[J].现代隧道技术,2013,50(3):17-23.

[18]朱殿华,孙斌.基于均衡破岩量的 TBM 正滚刀多目标优化布局[J].机械设计,2017,34

(11):1-6.
[19]罗长征. 城市地铁双护盾 TBM 穿越不良地质技术[J]. 价值工程,2020,39(11):209-210.
[20]林刚,史宣陶,陈军. 双护盾 TBM 在青岛城市轨道交通工程中的应用与实践[J]. 隧道建设,2019,39(12):2020-2029.
[21]白亮. 双护盾 TBM 掘进地质条件适应性研究[J]. 工程技术研究,2019,4(23):3-4.
[22]张海奎. TBM 双护盾技术在地铁工程施工中的应用[J]. 中国高新科技,2019(22):52-54.
[23]宋天田,李宏波,陈岗. 双护盾 TBM 在深圳地铁应用中存在的问题及对策[J]. 隧道建设,2019,39(6):998-1004.
[24]巫敏. 浅谈双护盾 TBM 管片错台及应对措施[J]. 企业技术开发,2019,38(6):58-61.
[25]罗勇,吴圣智,王明年,等. 城市轨道交通隧道双护盾 TBM 施工适应性研究[J]. 地下空间与工程学报,2019,15(2):525-532.
[26]张兵. 双护盾 TBM 在城市地铁隧道中的应用研究[J]. 铁道标准设计,2019,63(10):118-123.
[27]周冠南,周顺华,候刚,等. 邻近盾构施工中的桩基托换效果研究[J]. 地下空间与工程学报,2010,6(4):803-809.
[28]李成军,何国杨. 盾构空推过矿山法隧道施工方案设计[J]. 低温建筑技术,2019,41(5):138-141.
[29]张磊. 盾构机穿越人防工程空推过矿山法隧道技术应用[J]. 低温建筑技术,2019,41(11):89-91.
[30]杨亿希. 盾构空推过矿山法隧道的施工管理与经济效益[J]. 工程技术研究,2020,5(2):139-140.
[31]马焱鑫. 地铁盾构空推过暗挖隧道施工关键技术[J]. 科技资讯,2018,16(35):71,73.

各章节编写人员名单

章　节	编写人员
第1章	贾科、宋天田、杨军伍、杨晨
第2章	唐忠勇、李大为、孙劲舟
	刘忠、周文杰、胡昭睿
	陈鸿、张浩、林思涛、汤剑、孙劲舟
	周凯、苟亚辉、尹鹏程、王义军
	张勇、刘云龙、曹敏、黄剑锋
	李宗晟、何聪
	陈鸿、张建忠、汤剑、麦尔刚、杨夫泽
第3章	宋天田、李宏波、陈岗
	解廷伟、刘忠、胡昭睿
	戴四化、刘金海、杨易成、帅怀刚
	马宁、刘忠、杜成
	刘应军、舒进
第4章	赵铭、甄雪东、杨晓亮、蔡发洪
	郝保安、唐能
	郭高杰、刘立
	李尚辉、贾磊
第5章	汪正银、汪猛、姜立国、赵琰
	陈鸿、张建忠、汤剑、孙劲舟、麦尔刚
第6章	荆浩、冯俊琦、石福龙
	李涛
	张力学
	何文波、刘云龙、王学龙
	刘双红、李冬、孙劲舟
第7章	贾科、宋天田、杨军伍、杨晨

特别鸣谢

本书在编写过程中,对给予提供大力支持和帮助的以下单位表示感谢:
铁科院(深圳)研究设计院有限公司
盾构及掘进技术国家重点实验室
广州轨道交通建设监理有限公司
中国铁路设计集团有限公司
中铁隧道局集团有限公司
中铁五局集团电务城通工程有限责任公司
中铁六局集团有限公司交通工程分公司
中铁十二局集团第二工程有限公司
中铁建大桥工程局集团第二工程有限公司
中铁十六局集团北京轨道交通工程建设有限公司
中铁二局集团有限公司城通分公司
中交一公局集团有限公司
中建三局第一建设工程有限责任公司
中国建筑第四工程局有限公司
中建八局轨道交通建设有限公司
中国水利水电第七工程局有限责任公司
中交(深圳)工程局有限公司
中交第二航务工程局有限公司